阅读成就思想……

Read to Achieve

思考者 Thinker 系列

最后一英里

影响和改变人类决策的
行为洞察力

［加］迪利普·索曼（Dilip Soman）◎著　王尔笙◎译

THE LAST MILE

Creating Social and Economic Value from Behavioral Insights

中国人民大学出版社
·北京·

图书在版编目（CIP）数据

最后一英里：影响和改变人类决策的行为洞察力／（加）迪利普·索曼著；王尔笙译．--北京：中国人民大学出版社，2018.7

书名原文：The Last Mile: Creating Social and Economic Value from Behavioral Insights

ISBN 978-7-300-25408-1

Ⅰ．①最… Ⅱ．①迪… ②王… Ⅲ．①组织管理学 Ⅳ．① C936

中国版本图书馆 CIP 数据核字（2018）第 006340 号

最后一英里：影响和改变人类决策的行为洞察力
[加] 迪利普·索曼　著
王尔笙　译
Zuihou Yi Yingli: Yingxing he Gaibian Renlei Juece de Xingwei Dongchali

出版发行	中国人民大学出版社			
社　　址	北京中关村大街 31 号		邮政编码	100080
电　　话	010-62511242（总编室）		010-62511770（质管部）	
	010-82501766（邮购部）		010-62514148（门市部）	
	010-62515195（发行公司）		010-62515275（盗版举报）	
网　　址	http://www.crup.com.cn			
	http://www.ttrnet.com（人大教研网）			
经　　销	新华书店			
印　　刷	天津中印联印务有限公司			
规　　格	170mm×230mm　16 开本		版　次	2018 年 7 月第 1 版
印　　张	15.75　插页 1		印　次	2019 年 7 月第 5 次印刷
字　　数	210 000		定　价	69.00 元

版权所有　　侵权必究　　印装差错　　负责调换

The Last Mile
Creating Social and Economic Value from Behavioral Insights

推荐序

学术界是个小圈子。从我博士毕业到现在已经16年了,每年,我都会在行业年会跟同行见面,与一些同行有十几年、几十面的缘分,我和他们从陌生人变成熟悉的朋友。迪利普(Dilip)就是这样一位朋友,他是全球商学院里出类拔萃的行为学研究者,从芝加哥大学取得博士学位,先后在香港科技大学和多伦多大学任教。生活和工作场景的不断变化给予他丰富的观察和体验,多年来,他对决策和选择助推(nudging of choice and decision)进行的研究终于在大量慕课的驱动下,汇集成了这本有体系、有洞见并出版非常及时的《最后一英里》一书。

2015年,这本书刚面市时在多伦多大学有个发布会,恰巧我在多伦多出差,应迪利普的邀请去了现场,随后,我就买了一本该书的kindle电子版,并且几乎是一口气将它读完的。迪利普在书中整理了大量严谨的学术研究,用通俗易懂的语言来为读者科普。书中既涵盖了作者迪利普自己和团队多年原创的知识,也有行为经济学里诸多大咖的研究成果,诸如诺贝尔经济学奖获得者丹尼尔·卡尼曼(Daniel kahneman)、诺贝尔经济学奖得主理查德·泰勒(Richard Thaler)和行为经济学跨界狂人丹·艾瑞里(Dan Ariely)的故事。《最后一英里》一书着实"有种有料",并且最重要的是把这些"料"转化成人人(个体的人到政策商业决策的人)都需要了解的洞见,从而让现在比较"失控"的世界开始变得有序。2017年,我跟迪利普讨论后,想让这本力作早些进入中国,让中国的读者也能一读为快,所以便将其推荐给了中国人民大学出版社。我对中国人民大学出版社的翻译速度真的非常惊喜,该书的译稿完成了!

"我们是我们的选择"（We are our choice）——法国哲学家萨特（Sartre）的这句话可以完美地总结这本书。其实"最后一英里"指的是我们作为人的一种特性，指的就是"梦想的巨人"和"行动的矮子"（planner vs doer）之间的差距。我们的世界里所有的失控都是行为没有达到设想而造成的断裂（gap）。这本书用丰富的科研成果告诉我们以下几点：（1）为什么会出现这样的断裂（我们的认知误区、偏见，第1~6章）；（2）怎样检测发现认知误区（第7~8章）；（3）怎样重建认知、修复选择点，避免延误行动（第9~14章）。

这本书的中文译本有200多页，内容全是干货，言之凿凿，我觉得本书会成为行为学的经典著作之一。作为行为学研究者，我觉得这本书以及行为学这个领域最大的贡献就是对我们作为决策者和选择主体做出新的认知。我们并不像古典经济学描述的那样理性（rational）；我们也没有认知派假设的那样会非常精确和努力地计算选择（accurate and effortful）；我们也不是社会心理学派认为的只是被情感和社会规范所驱动（emotional and social factors）。

这本书用详尽的研究展示：我们的选择和决策（choices and decisions）都是微环境和场景造成的结果，想要改变行为和选择，就要重新设计选择的微环境。我们捐献器官不是因为我们伟大，而是作为某个国家的公民，我们的公民卡里哪个是默认的选项（default option）。我们选择B，是因为临近的A和C都太极端（compromise effect）。我们之所以去健身房，也许就是因为耐克跑步App提醒我们"你这个懒蛋，已经两天没跑步了！这两天预估你的体重增长了4斤"（这是我自己创造的提示语），这就是对跑步选项进行的意识刺激和不跑的成本提示（choice salience and risk of opting out）。本书中的内容和行为学领域的相关知识提醒我们：作为人，我们的默认选项常常跟自己想要的结果背道而驰。想要结果，就要在默认选项的设计里、在选择微环境的设计里大下功夫。

《最后一英里》里应下的功夫指的就是：（1）深刻了解我们的认知、决策习惯和流程；（2）把决策分解成决策点（decision points）；（3）对关键决策点进行干预（intervention）。比如，为了让人们买健康食品，可以把不健康的食品放在很难够到的地方；或者，餐厅里都是甜点蛋糕的味道（scent），人们在这样的气味下更容易选择沙拉等健康食品 [来自 2018 年南福罗里达比斯瓦斯（Biswas）教授的最新研究]。

在我看来，所有看似需要重复的选择都十分重要，如运动、健康饮食、储蓄、工作、投资、公益活动。迪利普认为，如果我们想助推（nudge）这些重要的行为，我们就需要在深刻认知这些行为流程和习惯的基础上做到以下三点：（1）改变微场景而助推（context design）；（2）设计和修复选择的结构和行为的过程（choice repair）；（3）对新行为不断强化来改变我们对行为的动力系统（motivation）。

最后，我用三个"最后一英里"巨人的故事来启发我们思考行为助推和行为改变。这三个巨人都是我的朋友，他们都是我们想要树立的"保持运动习惯，健身、健美、健康"的榜样。

齐夫是希伯来大学某学院院长、耶路撒冷男子 50 岁组马拉松冠军。他说："我的秘诀是我必须跟受伤的可能性战斗。所以，我在每周的 5 天里每天只跑 3 公里，剩下 1 天跑 10 公里，休息一天，这个习惯我坚持了 10 年。"

卢克是我在加拿大曼尼托巴大学的好友，他通过运动在 8 个月内减了 30 公斤，成为健康运动生活方式的引领者。他说："每周 6 天，我每天 5 点起床，做 20 分钟有氧运动、400 个腹肌运动、20 分钟肌肉练习、45 次每组肌肉运动。我这样坚持是因为害怕回到那个旧时的自己和重新经历当时那种悲惨的心情。"

金是加拿大最大的银行的女性资深高管，她 50 岁，拥有令人骄傲的马甲线。她说："我出差频繁，这是我最大的敌人。所以我不出差的时候，每周健身教练会来我家 3 次，进行 30 分钟肌肉练习。每天，我会骑 45 分钟室内单车。出差时，我每天在酒店健身房骑 45 分钟单车。我有个不二原则：不允许自己超过两天不运动，不允许自己坏了规矩。"

三个行动巨人的故事贯穿了《最后一英里》这本书中涉及的几种选择助推技

巧。原来，对于运动的空想者（sophisticates）来说，运动是一种模糊的行为，它可以发生在现在或者未来，也可以只停留在想象和计划模式里。

对于行为的巨人来说，运动是默认的选项（没有不去运动的选项）。这种运动是具体的（specific），它有时间性（time frame）、任务细节（task details）和行为类别（categories of actions）。他们的大脑具备执行模式（implementation mode），他们能够坚持的动力（motivation）就是跟反势力斗争（不建立受伤的行为结构，不做回与过去的自己建构的行为模式，跟自己出差战斗的行为模式）。心理学关于动力系统的研究表明，跟相反的势力战斗才能激发最强的动力。

希望读者能从这本书领悟智慧，构建或者修复选择微环境和框架，做行动的巨人，持续地完成"最后一英里"！

万方

博士、博导、加拿大曼尼托巴大学艾斯博商学院市场营销系教授

2018 年 7 月于深圳

The Last Mile

Creating Social and Economic Value from Behavioral Insights

前言

站在最后一英里处

据我了解，每个组织所从事的事业都在改变人的行为，以营利为目的的公司都会努力说服目前购买它们竞争对手产品的消费者转投自己的怀抱。一个政府可能希望说服公民通过网络准时纳税或更新他们的驾照，因为这样做会更有效率也更快捷。一家公共福利机构可能希望符合条件的家庭为子女的教育着想，让其签署并接受援助或学费资助。事实上，我并未发现有哪个组织还没有做改变服务对象行为的工作。

如果你思考一下组织中的人员通常要做的工作，就会发现他们所付出的努力都花在我所称的第一英里的问题上。这些努力专注于开发战略、提出新产品和服务、设计创新流程，并仔细思考竞争格局。然而，几乎没有哪个组织会重视最后一英里问题：最后一英里指的是理论付诸实践；最后一英里指的是消费者光临你的网站、造访你的零售店或与你的销售代表面谈，然后决定转而接受你的产品；最后一英里指的是公民与福利机构相互影响，并决定是否签署一个计划；最后一英里指的是一个个体来到一间政府办公室以便获得某项服务，然后选择接受服务，或者其双手一摊，怀着沮丧的心情回家。

当一个人思考最后一英里问题并聆听消费者和公民的故事，而那些人在这方面并没有什么有用的经验时，这个人便会认识到并不是只有大事重要，小事同样重要。在最后一英里处，决策做出的方式、环境氛围、向人们提问时的措辞、印刷表格所用纸张的颜色或者与消费者打交道的代理人和蔼可亲的态度等诸如此类的小事都会成为购买产品、开立账户乃至消费某项服务时做决策的决定因素。我想说，作为一个社会，尤其是作为一所商学院，我们已经在第一英里的问题上花费了大量的时间和精力，而实际上，我们应该思考的是最后一英里的问题。最后一英里会成就一个组织，也会毁掉一个组织。然而，许多组织倾向于以外包最后一英里的形式为服务对象提供服务。在我看来，这并非明智之举。

一个卓越的最后一英里理论源于何处呢？任何最后一英里理论都要包括一个行为变化理论。多年来，我一直在研究行为变化。我认识到，我们的产品在属性上与其他产品并没有什么差别，而其在涉及最后一英里的各种小事上却有很大不同。我是工程师出身，而我的第一份工作是重型土方机械销售和服务。在工作了一段时间之后，我去读了 MBA，然后在芝加哥大学商学院取得了博士学位。

在芝加哥大学决策研究中心，我有机会与自己接触过的一些最睿智的研究人员合作。这段经历结束后，我又先后在科罗拉多大学波德分校和香港理工大学工作，最后来到多伦多大学罗特曼管理学院任教。在这些年的所有经历中，我有过借助学术与理论透镜、实践透镜、行为透镜和工程透镜思考决策过程的机会。我的研究方向可以用一句简单的话来概括：我对有趣的人类行为感兴趣，也对确认利用那些有趣的行为帮助人们实现自助的方式感兴趣。

在过去的几年里，学术界掀起一股行为科学热，这在很大程度上是因为丹·艾瑞里的《怪诞行为学》（*Predictably Irrational*）、理查德·泰勒和卡斯·桑斯坦（Cass Sunstein）的《助推》（*Nudge*），以及丹尼尔·卡尼曼（Daniel kahneman）的《思考，快与慢》（*Thinking, Fast and Slow*）等书的出版，这些专著乃至其他类似书籍为我们带来了巨大的灵感。我一直在思考如何用这些创见（行为科学领域里有趣的发现）帮助个人和组织做出更好的选择方式，这些导致了罗特曼管理学院的一个研究团体（其被称为"行为经济学应用"，简称"BEA@R"）的出现，它以产业、政府和福利机构为合作伙伴开展研究工作，以严谨且颇为恰当的方式解读现实世界的状况。最近，我准备开一门网络公开课（MOOC），这门课程就叫《行为经济学应用》，它的初始目标是引导学生们将所谓的"行为经济学"付诸实践的同时，也帮助他们像行为科学家那样思考和行动。为了做到这些，学生们需要具备阅读能力，尤其要具备用批判的眼光去考察行为科学领域相关研究的能力。更重要的是，学生们要具备观察现实世界的状况和识别干预措施的能力，从而帮助人们更好地做出选择。在开展网络公开课授课的过程中，我们不仅可以改进自身的教学方法，而且还可以把自己所了解的行为科学以更细腻的方式展示给学生们。如果你也是研究者，或者你在某个希望处理特定问题的组织工作，那么你会倾向于观察那个问题的基本状态和重要的细节特征。你倾向于"只见树木不见森林"。而教师的身份使我可以站在更高的层面上看问题。我可以摆脱任何特定的研究或咨询项目中枝节问题的纠缠，转而观察森林的全景。

本书所选用的材料涵盖了我的授课内容以及在网络公开课和在多伦多大学罗特曼管理学院课堂上的讨论。我最初的设想是将其编成一本与我的课程相配套的参考书，但在酝酿阶段，该书便表现出与众不同的生命力，所以现在呈现在读者面前的是一本完整的、拥有独立思维的书。我曾经的学生们会觉得其中的某些内容似曾相识，但我相信他们可以从中获得很多新的洞察力。就像在我的课堂上讲的那样，这本书的目标也并非只是罗列开创性的新思维，而是帮助你认真思考这些新思维能为你做什么，以及行为科学如何为你服务。

为了真正征服最后一英里，你需要做好哪些准备工作呢？首先，你需要了解在最后一英里会发生什么："你的利益相关者（消费者或公民）如何做出选择以及这些选择的影响因素有哪些？"这一问题是前六章讨论的重点。首先，我会介绍最后一英里的概念（第1章）和"选择架构"的定义（第2章）。我在接下来的三章里将深入探讨有关选择、货币和时间心理学的概念（第3章至第5章）。我将在第6章中提出决策点理论，该理论将为理解人们如何调整自己的消费行为打下基础。其次，你需要了解研究最后一英里的最佳方法。我将在第7章和第8章中讨论行为实验（或者说是更为常用的"实验"）和了解偏好的方法。再次，你需要在接受这些思维的基础上解决"如何做"的问题。我将在最后六章中着手处理最后一英里不同方面的问题，包括一个选择修复的大框架（第9章）、一个设计助推的过程（第 10 章）、决策拐杖（第 11 章）、一个专注于信息披露的行为透镜（第 12 章）、深入考察零售业（第 13 章）。最后，我将介绍如何征服最后一英里的一些"处方"（第 14 章）。

The Last Mile
Creating Social and
Economic Value from
Behavioral Insights

目录

第一部分 最后一英里问题：关于行为科学，我们了解多少

01 成败在此一举：最后一英里问题 // 3
最后一英里问题 // 5
第一英里和最后一英里 // 8
非理性1.0：当我们对他人行为的期待不正确时 // 10
人类决策的三大支柱 // 15
非理性2.0：意愿与行动之间的差距 // 16
解决最后一英里问题：转化、应用和干预 // 17
站在巨人的肩膀上 // 18

02 改变人类行为的核心方法：选择架构与助推 // 20
组织都在致力于行为变化的事业 // 21
如果律师、经济学家、市场营销者和行为科学家同时走进一家酒吧 // 23
助推：改变人们行为的强大技术手段 // 30

03 人们如何做出选择与决策 // 37
选择与决策的三种研究方法 // 38
选择与决策领域的四大核心主题 // 46

04 心理账户与支付手段对最后一英里行为的影响 // 62
为货币贴上标签：心理账户 // 63

心理账户的创建过程与结果　//　66

我们是如何在心里记账的："罐头瓶会计法"　//　70

支付手段对人们行为的影响　//　72

持家好手与洗衣　//　75

货币面值对消费者偏好的影响　//　76

05　时间心理学　//　78

人们对时间的感知与理解　//　79

等待和排队的启示　//　83

取得进展对任务完成的重要性　//　85

把事情做好的含义　//　90

应对"时间尚早不必着急"的问题　//　92

06　决策点理论对改变行为的有效性　//　94

为什么我们清楚应该做什么，却总是无法兑现　//　97

制止冲动消费的妙招：设定分割与决策点　//　99

参加交易成本形成有效干预　//　101

提醒物助力人们做出决策　//　103

信封与储蓄行为　//　104

为停下来思考消费提供机会　//　104

第二部分　行为科学实验

07　行为科学家如何进行行为实验　//　109

行为实验　//　111

每日一便士：编制实验程序　//　114

行为实验中的变量　//　118

关于实验设计　//　119

付款方式改变花钱的方式　//　121

实验的类型研究　//　123

08　了解偏好与判断　//　126
针对不可观测因素的判断　//　128

判断机器　//　131

你的判断机器真的比你好吗　//　134

直觉：赋予决策与判断的洞察力　//　135

培养良好的直觉　//　138

消费词汇表的妙用　//　139

第三部分　站在最后一英里处：行为变化设计

09　做出更好的选择：关于选择修复　//　145
行为改变的四大策略　//　148

行为修正方法：去偏与纠偏策略　//　150

10　助推：解决最后一英里问题最有效的工具　//　155
助推在日常生活的应用　//　158

如何设计助推干预　//　162

11　五大决策拐杖　//　170
反馈：改善决策过程　//　171

如何获取建议　//　174

决策支持系统：以案例为基础和以模型为基础　//　177

12　如何让信息披露更有效　//　182
产品特征信息披露　//　184

利益冲突的信息披露　//　187

公开信息披露　//　188

什么让信息披露政策有效果　//　191

　　　　如何判断有效的决策源 // 192

13　零售中的消费者行为洞察 // 195
　　　　行为定价策略：展望理论与价格展示 // 196
　　　　折扣的设定对消费者行为的影响 // 201
　　　　消费者眼里的公平定价 // 202
　　　　零售商店如何挣到钱 // 203
　　　　店面陈设如何设计才能让客流量最大化 // 205
　　　　把逛客变为买家：提高转化率的秘诀 // 205
　　　　如何提高消费者的单次购物额 // 207
　　　　行为干预的最佳实验场所 // 208

14　最后一英里的最后一英里 // 209
　　　　任何事情都是重要的 // 211
　　　　拥抱行为洞察力 // 213
　　　　构建资源与文化 // 215
　　　　选择的大一统理论 // 218
　　　　实验室实验还是现场研究 // 218
　　　　助推还是素养 // 220
　　　　一次一个助推 // 221

附录1　行为洞察力与助推设计集锦 // 222

附录2　选择架构工具 // 234

译者后记 // 236

The Last Mile

第一部分

最后一英里问题：关于行为科学，我们了解多少

Creating Social and Economic Value from Behavioral Insights

The Last Mile 01
Creating Social and
Economic Value from
Behavioral Insights

成败在此一举：最后一英里问题

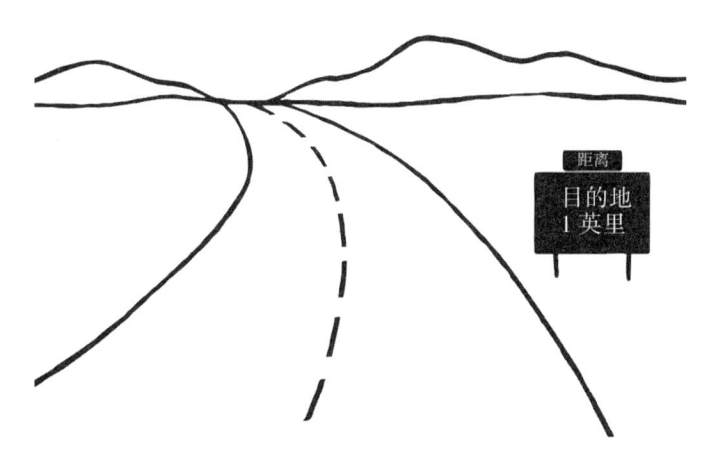

在第 1 章中，你将找到以下问题的答案：

1. 什么是价值链中的最后一英里，为什么说它关乎组织的成功？
2. 为什么人类的行为如此集中在最后一英里上？
3. 人类行为的三大支柱是什么？
4. 为什么中杯咖啡销量最好？
5. 尽管人们知道要做什么，为什么还不能按照自己的最大利益做事？
6. 为了征服最后一英里，组织需要从事的三项活动是什么？

这是 1997 年年中的一个美丽的夏日，我正在做一次横穿美国的自驾游，而这次旅行的最后一程是从纽约上州前往马萨诸塞州的波士顿。当时还没有谷歌地图，当然也没有 GPS 可用。朋友告诉我，开车大约要用 6 个半小时的时间。请你

The Last Mile
最后一英里

设想一下我当时的惊喜之情：在开车 6 个半小时之后，我看到公路边的一块交通指示牌上写着"波士顿，1 英里①"，紧接着又看到一块指示牌上写着"波士顿欢迎你"。我的心情非常愉快，原因是明摆着的，我实际驾驶的时间与预测和期待吻合。而且我想，我马上就要到达目的地了，但是我错了。

有些亲爱的读者可能还记得，波士顿当时正在实施一项重大道路建设与改造计划，即"大开挖"（The Big Dig）计划。道路都被挖开了，高架路都要通过改建转入地下，波士顿地图都要重新修订，到处都是施工设备。

事实上，城市路网每天都在发生变化。一些道路在某个特定的日子对某个方向实施单向行驶，而在次日又对另一个方向实施单向行驶。当我驶出高速公路并前往位于波士顿市区的目的地时，我陷入了恍如迷宫的建设工地、单行路和如蜗牛般移动的土方设备的重重包围之中。从我驶离高速路开始，一直到抵达我所希望的目的地为止，我足足用了 50 分钟的时间。此时的我便是所谓的"最后一英里问题"的牺牲品。

当我回首并思考这次在 1997 年所做的旅行时，我被这段行程的前后两段和它们之间的差异惊呆了。在第一段行程中，我从纽约上州沿高速公路轻松地前往波士顿。在第二段行程中，我离开高速公路，接下来赶往位于波士顿市区的准确地址。这个小故事并不仅仅在波士顿上演。如果你在英国的高速公路上行驶前往目的地伦敦，你会经历和我一样的挫折感；或者你来到印度，当你在普纳至孟买的公路上行驶 3 个小时后赶到孟买，你会很清楚地知道我所说的最后一英里问题。

在现实世界里，这一窘境存在很多类似的变体。请你思考一下实物产品的分销体系。假如你是一家公司，正在全国分销你的产品，想一想把产品从纽约上州运到波士顿的困难程度，以及那些产品一旦被运抵波士顿之后再将其送到每家商店或每个家庭的成本。

可以想象，与第一段分销体系相比，第二段分销体系的成本将是巨大的，这

---

① 1 英里 = 1.60934 千米。——译者注

就像我驾车旅行一样。我在第一段旅行上花费的时间和精力与在第二段旅程上花费和体会到的挫折感相比是苍白而无力的，这就是最后一英里问题的经典案例。

最后一英里问题

"最后一英里问题"的概念在电报时代早期便已出现。电报是一项古老的技术，人们利用它并借助遍布全国的电线相互发送信息，它也是一项具有划时代意义的技术。在它之前，你与他人唯一的通信方式是邮寄信件，而信件到达收信人处要花很长的时间。电报还是一项不可思议的技术，因为你只需简单敲击几下键盘，电报线路另一端的人便会在几个小时之内收到一段电文。几乎在转瞬之间，信息便可以被送到几千英里之外。当然，电报也存在最后一英里问题。虽然信息可以从发送地轻松地抵达电报线路的另一端，但还会有人不得不骑上马或自行车，经过最后一英里把电文送到真正的收报人那里。

从那时起，"最后一英里"便成为通信、有线电视和互联网行业常用的术语，它通常是指电信网络传输过程的最后一段。"最后一英里"尤其是指传输过程的末端，在此过程中，上述公司必须与零售客户建立起联系。任何通信网络的最后一英里指的都是实际到达消费者之前的其中一个环节。

最后一英里问题出现在很多不同的行业中。虽然这一术语主要用在通信领域，但它也与其他领域相关。我住在多伦多，我们这里最近正在选举新市长。在选举过程中，遇到的其中一个大问题就是公共交通。公共交通对于确保任何大城市之间的通达性和减轻道路负担都具有重要意义。放眼全世界，无论在哪座城市，公共交通都是需要全力推动的一项事业，因为我们知道公共交通发达会减少汽油消耗、减少交通拥堵，并让交通更便捷。然而，交通设计者还需要思考一个有趣的问题，其大致思路是这样的：虽然人们从 A 点运输到 B 点（也就是交通路网的两个车站之间）很容易，但我们需要关心人们如何从自己的家前往 A 点，以及他们如何从 B 点到达自己的工作场所。使用公共交通的一大阻碍是前往和离开交通站点的成本（体现在货币、时间和心理应激等方面）。我们该如何解决最后一英里问题呢？

解决方案有很多种。以多伦多为例，很多公交车都配备自行车停放架，这样人们实际上可以骑着自行车赶到公交车站，将他们的自行车固定在停放架上，然后乘车，等下车后再骑上自行车赶往最终目的地。欧洲也有一种名为"希力克都市电动车"（Hiriko City Car）的解决方案。这是一种双人电动车，专门填补从你家到公交车站和从公交车站到工作场所这两段路程的空白。当然还有其他解决方案，比如有一种名为"罗伯斯科特"（RoboScooter）的折叠电动轻便摩托车，还有一种名为"绿轮"（Green Wheel）的电动助力自行车。它们都属于较为简单的解决方案，有助于解决最后一英里问题，从而使消费者更便捷地使用公共交通工具。

让我们言归正传，从更广泛的视角思考最后一英里问题。前面我们讲到的例子仅仅涉及公共交通和产品分销等领域的最后一英里问题，但是这个问题的范围并非这么狭窄，在很多情形下都存在最后一英里的挑战，让我们再看几个不同的例子。

第一个例子，让我们审视一下新产品的世界。你将了解到新产品的成功率通常在1%至25%之间，这取决于你阅读哪份调查报告，也取决于这份调查报告如何定义"成功"这个概念。换句话说，有高达75%的新产品上市都以失败而告终。

为什么会发生这种情况？我想人们可能会总结出各种各样的原因。如果产品技术过于复杂，那它就可能具有使用困难和让消费者难以理解等特点。该产品可能有太多的市场沟通问题，也可能广告做得不够出色，或者消费者不知道这种产品或不清楚这种产品的用途。

另外，这种产品的定价也有可能是错误的。消费者本应以较低的价格买到产品，但是制造商却采取了错误的价格策略，导致那些真正欣赏这种产品的人也不购买它。

有个更简单的有关行为科学的故事也许能解释这种失败。这个小故事基于一种事实：虽然产品正在开发，但开发者没有真正思考过最后一英里问题，也就是需要让人们接受并使用这种产品应付出的努力。我的意见是，对于一个组织来说，我们花费了大量的时间和精力探索如何创造出一种新产品，使其成为最好的产品，甚至销售这种产品，但我们却不太关心产品的使用问题。我们如何才能让消费者可以使用并钟情于这种产品呢？通常，这个问题的答案并不是技术层面的，而是心理层面的。

第二个例子来自一个不同的领域——政府计划。在加拿大，联邦政府采纳了一项名为"加拿大学习基金"（CLB）的新提案。加拿大学习基金是一项很出色的计划，它将为符合条件的低收入家庭提供500加元的资助，这笔资助可以用于教育子女。显然，虽然政府在这笔资助如何使用的问题上会有一些详细的规定，但你可以想到，这笔价值500加元的免费资助是政府给予所有符合条件的家庭来教育子女的。

如果你是一位经济学家，你看到如此特别的安排，你会说："哦，白给500加元，谁会不要这笔钱呢？"作为一位经济学家，你预测加拿大学习基金的提取率会接近100%。然而，基金运作的第一年，基金提取率竟然低至16%。为什么84%符合条件的家庭没有提取这笔"免费钱"呢？个中原因与这项计划的性质根本没有关系。确实，这是一项很慷慨的计划。也许你已经猜到了，这是最后一英里问题。

这项计划的最后一英里问题在于，为了从这个计划中受益，符合条件的家庭需要开立一个银行账户。很多有资格申请这项特殊基金的家庭没有时间去银行开立这样一个账户，这些低收入家庭的家长都是同时打几份工。他们还有子女要照顾，每天晚上都要提前安排好谁照看孩子，因此没有机会前往银行开立账户应该是这项计划并不成功的主要原因。这是计划设计的问题，也是最后一英里问题。

最后一英里问题也体现在公共政策领域。请思考一下信息披露的重要性。假设你正在购买一所新房子或一款金融产品，但你不清楚与上述产品相关的风险。各国政府都在通过强制执行重要信息披露制度来保护消费者的权益，一些信息可能与风险、产品特征、消费者需要承担的潜在费用及收费有关。

人们要求强制信息披露背后的信念是简单的。这个信念就是：人们做出选择时掌握的信息越多，他们做出的选择就越好。事实上，"更好的知情选择"这个概念已经渐渐成为"更好的选择"的同义词。同样地，政策制定者和市场营销者也相信为人们提供更多的选择是件好事，因为这让他们的偏好更好地匹配市场上可以利用的资源。因此，在过去的几年里，我们在政策环节和市场营销领域看到的种种变化正在朝消费者可以获得更多选择权和信息量的方向发展。但信息披露总是有效果吗？它为人们提供的更多选择真的有意义吗？

针对行为科学所做的研究显示，上述两个问题的回答是明确的：不会！人类是有限的信息处理器，你给予他们的选择和提供的信息越多，他们就越有可能遭受某种程度的认知麻痹。例如，给予人们过量的信息（譬如缜密到家的信用卡声明）会导致他们完全忽视相关信息。类似地，为人们提供太多的选择会实际增加他们转向选择那些没有提供众多产品目录或品牌的可能性。

然而，上述这项计划还是最后一英里问题的另类经典案例。人们提供众多信息和选择的背后逻辑是令人信服的，但其提供方式可能会造成最后一英里问题，导致人们出现延迟选择和忽视被提供的信息。

第一英里和最后一英里

一般而言，记住这些例子和更多的例子之后，我相信作为商学院、政法学院以及学校主管部门都会明确战略（第一英里）和战术（最后一英里）之间的不同（见表1-1）。我们在战略上付出了不成比例的巨大努力和资源，而用在战术上的精力则少得可怜。

让我们思考一下我们看到的特定案例。在市场营销环境下，思考战略问题就是在思考"什么"的问题，即需要做什么？而思考战术问题就是把"如何与何时"

的问题摆在我们面前,即如何去做?类似地,在政界,制定政策是战略问题,实施政策是战术问题;形成一种新产品的创意是战略问题,将这种产品推向市场是战术问题。

最早使用"最后一英里问题"来描述政府计划领域执行失败的是哈佛大学经济学教授塞德希尔·穆来纳森(Sendhil Mullainathan)。疾病是导致儿童死亡的最重要的因素。在描述如何使用科学创新来帮助对抗疾病(例如腹泻)时,穆来纳森将科学发现的和负担得起的药品分销作为一方面,将正确接受和使用这些药物作为另一方面,而把它们区分开来。

最后一英里问题属于如何了解人类心理和利用洞察力的范畴,而并不是技术、产品和程序设计问题。最后一英里很棘手,因为它需要依赖行为洞察力,而且行为有各种各样的形态。最后一英里问题反映出我们作为公司、政策制定者和政府层面需要考虑很多细节,因为虽然我们拥有卓越的战略理论,但我们并不能掌握那么多卓越的战术理论。举个例子,我们能形成一种预测人们打开更多信件的好的理论吗?我们如何做到让人们阅读(并理解)信用卡背面的声明呢?我们如何让人们尝试新产品呢?我们如何让人们选择我们认为对其有益的选择呢?显然,我们缺乏帮助组织完成这些末端任务的工具。

表 1-1　　　　　　　　第一英里和最后一英里问题对比

第一英里	最后一英里
• 战略 • 重点关注"什么":体现在会议室、研究和开发工具以及计划委员会会议等方面 • 新产品开发 • 政策开发 • 福利计划设计	• 战术 • 重点关注"如何"和"何时":体现在零售空间、消费者服务场所、网页和在线服务以及电话支持等方面 • 接受和使用新产品 • 政策实施和执行 • 接受福利政策并领取优惠

我并不是第一个探讨行为洞察力(或行为经济学)概念的人,因为它已经渐渐为人所知。我喜欢行为洞察力(或行为科学)这个说法,更多是因为行为经济学只是代表了整个行为洞察力范畴中非常狭窄的一部分内容。许多作者已经在文

献中提到人类的决策是非理性的，以及人们做出的选择并不是由决策的标准经济模式预测出来的这样的事实。例如，在2008年出版的《助推》一书中，理查德·泰勒和卡斯·桑斯坦将经济人（Econ）与人类区分开来。经济人是决策领域的独角兽，是占据经济学课本书页的神兽；经济人则具有前瞻性，拥有无限的计算能力，它们是不动感情的，并且利用这种不可思议的能力将某种所谓的效用赋予其消费的每种产品或服务及其属性之中。从另一方面讲，社会人（真实的人类）是目光短浅的和易冲动的，情感指引他们做出决策，他们似乎并未经过过多思考便快速地做出决策。如果不坚持这些基本的经济学原则，那么我们最终将不得不把人类称为非理性动物。有关这个事实，我们已经有很多论述。

说到非理性，我的立场稍有不同。如果人们不遵守经济学法则，我并不认为他们是非理性的，而只是认为他们是人。事实上，任何试图把与人类所做的惯常决策中的不同决策套入某种结构的理论，可能并不是最好的用来描述人类行为的理论。

非理性1.0：当我们对他人行为的期待不正确时

我们需要稍微仔细地分析一下两种非理性形式。第一种形式是人们实际所做的决策与政策制定者和市场营销者认为人们可能会做的决策之间的差异。针对经济理性的问题，我们的政策制定者和我们的商学院学生受教育的程度越高，他们就越期待其他人的行为都符合理性模型。政策制定者可能很吃惊地发现，披露大量信息反而会弄巧成拙。类似地，一位提供优质产品的市场营销者可能很吃惊地发现，消费者并没有一窝蜂地冲到商店里购买他们的产品。当消费者实际的所作所为和我们的期待出现不匹配时，一种非理性形式便会滋生。尤其是，人们可能并不像市场营销者和政策制定者所期待的那样，会受到某一产品或计划特征的强烈影响；相反，他们可能会受到被认为与其决策根本无关的因素的影响。

这里，我们举出三个例子来解释这种非理性形式。第一个例子是基于哥伦比亚大学埃里克·约翰逊（Eric Johnson）和丹·古德斯腾（Dan Goldstein）所做的研究，其论文发表在 2003 年的《科学》（science）杂志上，两位优秀的研究人员对器官捐献领域做了一番调查。

作者在文章中根据几个欧洲国家的统计数据，制作了一份显示有效认捐比例的图表。所谓有效认捐比例，即宣布愿意捐献器官的人所占的比例。作者在这张图表中发现了有趣的内容。有几个国家的有效认捐率非常低，例如，丹麦的有效认捐率是 4.25%，德国的有效认捐率是 12%，英国的有效认捐率是 17%。但是，其他一些国家的有效认捐率却高得令人难以置信。奥地利的有效认捐率高达 99.98%，法国的有效认捐率是 99.91%，匈牙利的有效认捐率是 99.97%。那么，有什么理由可以解释两个地理位置并不遥远的国家的有效认捐率却存在巨大差异呢？

事实证明，人们能想到的最简单的回答并不能解释这些数据模式。例如，比利时、法国或奥地利的人均消费数据并不比丹麦或德国高。其中，有一些国家的广告推广计划（或者说广告计划的渗透力）与另外一些国家也没有什么不同。

这些国家之间的唯一不同点在于所谓的"默认选择"。让我们看一下北美洲的器官捐献流程。以加拿大为例，一个同意捐献器官的人需要前往车管所（DMV）领取一份表格。这份表格既冗长又复杂，而且通常不管你来办什么事，结束的时候都会递给你一份。譬如，在你换领新驾照后，办事人员就会递给你这份表格，并问你是否考虑成为一名器官捐献者。

这种隐含假定指的是：如果你不填好并提交这份表格，你就不会成为一名器官捐献者。这便是我们所说的"明确同意"程序，或者称为"选择性加入"程序。在一个明确同意程序的执行过程中，任何希望登记成为器官捐献者的人都需要采取积极的步骤来声明他们希望成为器官捐献者。

在像奥地利这样的国家里，默认选择是不同的。奥地利属于所谓的"假定同意"国家，或者称为"选择性退出"国家。你保留自由选择是否捐献器官的权利，但这个假定是除非你填好并提交一份表格，否则就是默认你希望捐献器官。所以这个国家的默认选择是你将捐献器官。在明确同意程序和假定同意程序之间这点小小的不同可以让器官捐献率大不相同，例如丹麦低至4.25%，而奥地利则高达99.98%。

这种默认选择之所以能发挥巨大的威力是基于两方面的原因。第一个原因是多年来的研究表明，我们人类无论在身体上还是认知上都是极其懒惰的。这种懒惰就暗示着人们会坚持默认选择，因为如果他们脱离默认选择，而不得不行使选择权，他们实际上就需要付出一份努力。我们知道人们都是厌恶付出努力的，所以除非他们特别反对某一默认选择，否则都会倾向于坚持默认选择。

第二个原因是人们倾向于表明某种形式的社会规范。如果默认选择是每个个体都是捐献者，那么人们可能会想，或许自己也应该成为一名捐献者。如果默认选择是没有人成为捐献者，那么他们可能会将其作为一种建议。

在很多不同的领域里，默认选择会以一种非常重要的方式塑造选择的形态。在中国香港生活期间，我有一次去申请信用卡，发现申请表上有一个选择性加入栏，如果我希望自己的联系信息与合作商家共享，我就要勾选并签名。在北美洲，类似的申请表上也有一个选择性退出栏，结果可想而知，我（因为懒得勾选）收到了很多诱导性的信息。默认选择在某些领域中会呈现正面的效果，因为它们可以帮助人们做出更好的决策。几年前，我参加过一个项目。我对如何让人们到自己的保健医生处做年度体检产生了兴趣，而在此类特定人群中，那些到医生诊所做例行年度体检的人仅有16%。

我很想弄明白为什么人们不去体检。当我询问他们时，我听到的最常见的借口是："我真的太忙了。"他们声称自己非常愿意去体检，但就是抽不出时间。同样是这些人，他们却有时间去度假、读书、看电视、看电影，还能一起轻轻松松地烧烤。

真实的情形很简单。他们中的一些人自己感觉很忙，但实际并不忙。更重要的是，他们如果去体检，还要做一些准备工作：拿起电话，预约体检，确定时间安排。做这件事的经济成本非常低,然而它似乎又像一件麻烦事,"麻烦成本"很高。

以事后诸葛亮的心态看,我们尝试去做的某件事情其实听起来极其简单。我们使用随机日期生成器随机安排人们接受医生的预约。例如,写给一位会员的邮件可能是这样的:"约翰,感谢您注册我们的健康计划。作为计划的一部分,您获得了一次让您的医生为您做年度体检的资格,您的体检时间被安排在6月26日上午10:00。假如您不能前来,请给我们打个电话。否则,我们届时将欢迎您的光临。"

一次改变默认选择的简单行动使得接受年度体检的人数增加。在这个特定的案例中,接受年度体检的人数比例从16%增加到了64%,而且改变默认选择还会给人的行为带来戏剧性的效果。这是一个使用简单方案解决最后一英里问题的经典案例。

接下来是第二个例子。这个例子与所谓的"中间效应"(最初称作"折中效应")有关。全世界的咖啡馆卖的咖啡不外乎大、中、小三种杯型,然而调查表明,卖的最火的杯型为中杯咖啡。我和6个不同国家的咖啡馆经理交流时,请他们估计三种杯型咖啡的销售情况,结果发现,在这些咖啡馆中,已经卖出的74%的咖啡都是中杯咖啡。

我还请这些经理告诉我三种咖啡杯型的容积容量是多少。有意思的是,我发

现在不同的国家，中杯咖啡的容量也是不同的：一些国家是 12 盎司①，一些国家是 8 盎司，还有一些国家是 14 盎司。中杯咖啡容量的多少实在无关紧要，事实上，这种中杯杯型增加了顾客购买的可能性。这一现象最早是由斯坦福大学教授伊塔马尔·西蒙森（Itamar Simonson）写入文献的。根据他的研究，事情并非只是把中杯称为"中号"那么简单，只要有更大和更贵的选择和更小和更便宜的选择，处在中间的这杯咖啡便最有可能被顾客选中。这就是所谓的"折中效应"，因为处在中间的这杯咖啡无论从哪个角度讲都不极端，它就是一种折中。当选项难以评估和人们没有很强的偏好或反感时，人们都倾向于选择折中的结果。

为了进一步验证这些思路，我在中国香港的一座写字楼大堂内的一家咖啡馆里做过一次简单的现场研究。咖啡馆里绝大多数顾客都是常客，也就是说，他们都是在写字楼里工作的人，我们要调查三种杯型的咖啡中的哪一种最受顾客欢迎。不出所料，最受欢迎的杯型是中杯咖啡。我和一位研究助手叫住了正准备离开咖啡馆的顾客，问他们为什么选择中杯咖啡。购买了中杯咖啡的人的回答仿佛是童话故事《金发姑娘和三只熊》的真实演绎：小杯咖啡太少了，大杯咖啡又太多了，只有中杯咖啡正合适。

在这家咖啡馆里，三种杯型的咖啡分别是 8 盎司、10 盎司和 12 盎司。在经过大约三四周之后，我们给每种杯型增加了 2 盎司。现在，三种杯型的容量依次是 10 盎司、12 盎司和 14 盎司。你瞧，新的中杯咖啡成了最受欢迎的咖啡。当我们再次叫住顾客并询问他们的选择时，我们听到了同样的回答：小杯咖啡太少了，而大杯咖啡又太多了！那些先前声称 12 盎司的咖啡太多的顾客，您正在喝这么多的咖啡！

这个案例的关键点在于，大多数人并不知道自己的中杯咖啡中有多少咖啡。显然，他们实际上也没有任何希望自己喝多少盎司咖啡的明确偏好。但他们的做法是，先了解这里的环境，观察不同的杯型，基于店方的供应情况做出自己应该选择何种杯型咖啡的推断。

---

① 1 盎司（英制）= 28.41 毫升。——译者注

这些例子阐明了这样一个事实，即改变默认选择可以改变偏好，而且在两种极端选择之间给出第三种选择会增加其被选中的机会。这会导致出现以下洞察力：偏好在很大程度上依赖于其所存在的环境。这种环境不仅能让人们根据其他参照物对产品和服务做出判断，还能让人们推断出什么受欢迎、什么不受欢迎。这是一种很重要的洞察力，因为在经济学中，我们假定人们能够把某种效用赋予可能独立于环境之外的某种产品上。但这种假定并不真实，重要的是我们要了解在特定环境下做出的决策，改变环境经常会改变决定。

当我们对公司进行市场调研时，我们会注意到这些公司向消费者提出的问题经常是不设定环境的。因此，当我们解释市场调研的结果时，务必要记住这一点。我们经常听到这样的问题："为什么消费者对某种产品很满意，但却不去买它呢？"或者"为什么民意调查告诉我候选人 A 将赢得选举，但却是候选人 B 最终获胜呢？"

基于市场调研所做的预测和现实之间的这些矛盾，我们可以根据一个事实做出解释：数据是在某种环境下收集的，而这种环境与实际做出决策时所处的环境有很大差别。

人类决策的三大支柱

在我看来，环境影响我们做出决策这一事实属于解析人类决策的三大支柱之一。

根据艾萨克·牛顿爵士的运动定律，我们很容易解释第二大支柱。一个静止的物体会继续保持静止，除非给予它一个额外的推力；而一个运动的物体将继续保持运动，除非有外力让其减速。人类的决策在很大程度上与此相似。正如我们在默认选择案例中所看到的那样，人们会继续做他们正在做的事，除非他们被逼迫做某种不同的事而改变默认选择，并因此会改变决策。同样地，研究表明，除非有外力让人们停下来，否则他们经常会不加节制地吃下去或花下去。在本书中，我们将看到很多体现这一特殊原则的案例。

基于所谓的"跨期选择",我们可以理解人类决策的第三大支柱。2004年,美国作家奥古斯丁·巴勒斯(Augusten Burroughs)出版了一本令我非常喜欢的书——《不可思议的思维》(*Magical Thinking*)。书的封底上写道:本书全是让我们产生无以名状的思考的真实故事。我想,这是对该书的一个非常好的概括。与我们有关决策的主题产生特别联系的是巴勒斯本人的评论:"我本人完全是由良好的意愿串联起来的缺陷构成的。"这是一份精彩的声明,因为它完美地概括了人类的行为。

让我们罗列一些我们认为的人们应该做出的,但实际并未做出的决策吧!例如,人们没有认真地锻炼身体,没有尽可能地吃健康食物,没有选择公共交通,由于工作太过辛苦,也没有抽出足够的时间与家人在一起。人们并不是不想做这些事,每个人都向往美好的生活、想吃健康的食物、想要健身、希望为将来存更多的钱,只不过生活有其运行轨迹,而并未按照我们的良好意愿展开。这一切都被奥古斯丁·巴勒斯非常完美地捕捉到了。

非理性2.0:意愿与行动之间的差距

我们需要把思考的重点放在第二种非理性上,也就是关注人们认为自己愿意去做什么和最终做了什么之间存在差距的事实。换句话说,意愿与行动之间存在鸿沟。在很多领域里,人们都具有意识,但却没有行动。想要解决这些最后一英里问题,其重点不仅在于创造意识,还在于促进行动。

以财富保障为例。为了应对较低的储蓄率,各国政府都推出了很多提高理财素养的举措,我认为这种做法非常有意义。但仅有理财素养还不够,很多人的储蓄水平与自己的经济状况不符,他们应该知道自己并未存上更多的钱。为了增加这些人的理财素养,我们需要考虑使用最后一英里解决方案,鼓励人们行动起来,开立银行账户。

概括起来,我们应该关注两种非理性形式。第一种非理性表现为这样一种想法：产品的销售者和政策的制定者认为，终端用户的决策过程与其实际行动并不相符。第二种非理性体现在人们的意愿与其行动不匹配上。站在最后一英里处，如果我们能够填平二者之间的鸿沟，我们最终将生活在一个最后一英里问题不像今天这样变成一种挑战的世界里。

解决最后一英里问题：转化、应用和干预

如果你已经看到这一节，认同存在最后一英里问题，而且相信该问题主要是心理问题，那么你很可能会问我："你说得都对，但一个组织怎样才能解决最后一英里问题呢？"

本书其余章节的目标都是帮助你回答这个问题，但我在此提出一个非常简单的涵盖其基本要素的框架。有三类活动需要组织参与，我将它们归纳为转化、应用（或审核）和干预（见图1-1），组织可以安排三支独立的团队各自负责其中一类活动。

在转化活动中，组织需要密切注意行为科学领域的学术研究，并将学术成果转化为商业洞察力和实践指南。本书的前6章中将介绍这部分内容，这些章节特别为行为变化和选择架构提供了一个框架，并针对货币、时间心理学以及消费行为开展了评价研究，在附录1中汇总了重要的研究成果及案例。

在应用活动中，组织需要了解最后一英里的特殊接触点，它们易受我们在书中强调的最后一英里问题类型的影响，本书在几个章节中集中讨论了其具体应用。第8章详细介绍了人们（消费者和利益相关者）产生偏好的方式。第11章、第12章和第13章分别深入探讨了一个特定的领域：组织如何帮助消费者做出更好的决策、如何以行为知情的方式披露信息以及如何在零售环境下运用行为洞察力。在每个领域，组织都需要积极审核在最后一英里环节发生的事情。它们需要提出的问题包括：当消费者或利益相关者做决策时，他们会经历什么阶段？在每个阶段会涉及什么样的信息、情感和决策环境？哪个阶段会成为瓶颈以及哪个阶段会得到改善？附录2中准备了一些当组织审核最后一英里时可以提出的有用的问题。

```
                解决最后一英里问题
         ↓              ↓              ↓
   ┌──────────┐   ┌──────────┐   ┌──────────┐
   │   转化   │   │   审核   │   │   干预   │
   │• 将学术成 │   │• 监督进程 │   │• 设计助推 │
   │  就转化为│   │  的效率  │   │  干预    │
   │  易于理解│   │• 确认瓶颈 │   │• 试用干预，│
   │  的洞察力│   │  和可以改 │   │  开展对照│
   │• 提出规范│   │  进的领域│   │  实验并监 │
   │  的建议  │   │• 使用心理 │   │  督成功的│
   │• 仔细思考│   │  学工具以 │   │  过程    │
   │  应用领域│   │  确定机会│   │• 重复和确 │
   │          │   │          │   │  认长期成 │
   │          │   │          │   │  功的因素│
   └──────────┘   └──────────┘   └──────────┘
```

图 1-1 征服最后一英里

在干预活动中，组织积极地改变最后一英里处的决策环境，并测量这些改变的效果。实施干预活动的工具也被称作对照试验（或实验），这是行为科学领域的叫法（第 7 章）。第 9 章推出了一个如何思考选择修复的大框架。第 10 章介绍了一个选择架构程序——设计助推，用其引导人们做出一种特殊选择的程序。

针对这三类活动，我要做出两点简要评论。首先，虽然我在本书中将它们分为明显不同的三类活动，但显而易见，它们是存在重叠的。例如，没有转化，便不容易审核应用。类似地，审核用来识别潜在的干预，但干预需要有后续审核跟进，才能确保其带来期望达到的效果。其次，读者会注意到，本书各章节并未完全按照这三类活动划分，其中包含两个原因。第一个原因与三类活动之间固有的重叠有关，而第二个原因则与开发恰当的词汇表有关。例如，除非我们知道实验的内容及其不同形式，否则很多应用可能并没有什么意义。

站在巨人的肩膀上

在我们开始最后一英里的旅程之前，我希望占用一点时间向那些让我站在其肩膀上的学术巨擘致敬。行为科学领域的发展离不开卓越的研究人员。

我需要认真介绍一下几位学术楷模，其中包括理查德·泰勒和卡斯·桑斯坦，他们是具有深远影响的《助推》一书的作者（前文述及）。这本书提出了一个简单却又令人信服的观点。如果我们知道环境会影响选择，那么我们可以通过改变环境来促使人们做出更好的选择吗？

该领域的另一位传奇人物是诺贝尔奖获得者丹尼尔·卡尼曼。20世纪70年代至90年代，丹尼尔·卡尼曼与阿摩司·特沃斯基（Amos Tversky）合作发表了一系列研究成果，完全改变了我们思考人类决策的方式。在上述系列研究中，他们通过检索文献证明了实验概括化——描述人们如何做决策的事实。如今，我们在这个研究领域中最常用的某些术语（例如，"损失厌恶"或"展望理论"）就是由卡尼曼和特沃斯基创造出来的。丹尼尔·卡尼曼的很多思想都在《思考，快与慢》这本书中展现得淋漓尽致。该书把人类使用的两类决策做了非常清晰的区分。第一个系统——"系统一"：快速、凭直觉和带着情绪做出的决策；第二个系统——"系统二"：虽然做决策的速度慢，但做出的决策经过深思熟虑、使用了更多的信息，而且通常被认为更具逻辑性。

不过，我在此想提出自己的观点：作为一个社会，我们往往过高估计使用系统二带给我们的好处，而事实上，使用系统一可能会非常有效。使用系统一让我们向环境学习，借助直觉快速做出某些重要的决策，但不会像使用系统二那样在复杂的决策过程中花费太多的时间。

除了这些学者以外，还有很多研究人员对我的思想产生了影响。在后面的章节中，你会读到众多学术领军人物的研究成果。这些学者的洞察力构成了我对行为科学做出思考的基石。在我们走过最后一英里旅程的时候，我将重点介绍他们以及其他学者的部分研究成果，以构建一个了解我们如何解决最后一英里问题的框架。

问题的解决方案非常简单，我们需要认真思考妨碍人们做出正确选择的行为洞察力。我们需要思考如何利用环境和我们提出问题的方式来突破那些障碍。接下来，我们需要确保决策过程既容易又充满乐趣，让做出选择变得容易，让做出正确选择充满乐趣，并引导决策指向正确的选项。

The Last Mile
02
Creating Social and
Economic Value from
Behavioral Insights

改变人类行为的核心方法：选择架构与助推

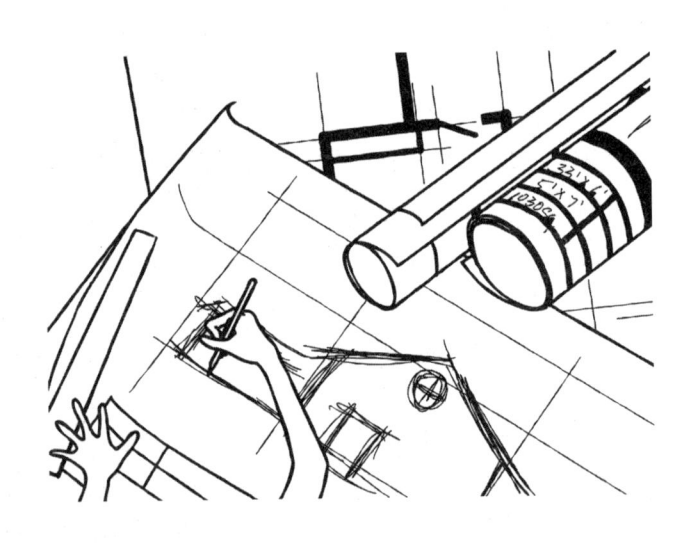

在第 2 章中，你将找到以下问题的答案：

1. 为什么每个组织都在从事改变行为的活动？
2. 一位律师、一位经济学家、一位市场营销者和一位行为科学家如何解决同一个行为变化问题？
3. 什么是助推，什么是选择架构？
4. 一个选择架构如何让更多的人投身于下列行为当中：吃健康食物、成为器官捐献者、接受流感疫苗注射、变得更诚实以及更具生产力？

20 世纪 90 年代，当我还在商学院读书时，我最早学会的一件事就是做电梯演讲。所谓电梯演讲，就是用一句话准确表达思想的艺术。电梯演讲在各种场合都有用。你可以通过电梯演讲向他人介绍自己，也可以介绍自己的事业，比如说一下你的公司是做什么的或卖什么的。举个例子，华特的迪士尼公司会说"我们是一家让人感到快乐的公司"，而一家制造业公司可能会说"我们从事制造和销售小型机械的业务"。如果我们更广泛地思考电梯演讲及其与企业（事实上，也包括各类组织）的关系，我相信会有一个能简单概括全世界所有组织工作的电梯演讲。

本书中有最通用且最广泛适用的电梯演讲——我的组织从事着改变人类行为的事业。其他人都有可能成为你的顾客，他们可能是其他利益相关者、你的供应商或你的卖方。如果你是一个政府，他们可能是你的公民。如果你是一家公共福利机构，他们可能是你在着力改善其福利的那些人。一般而言，最基本的最后一英里挑战或许就存在于行为变化的环节。

组织都在致力于行为变化的事业

让我们假设你在一家营利性公司工作，说得更具体些，你在一家市场营销公司工作。你想做的是让使用其他产品的人转而选择你的产品，这就是一个行为变化的例子。或者，你现在可能希望让此前从未在你的产品目录中购买产品的人完成一次采购。同样地，你可能希望你的顾客使用更廉价的方式与你联系。例如，如果你在一家零售银行工作，你希望顾客使用ATM机或网上银行来代替人类出纳员。这是行为变化的另一个例子。

你可能希望你的顾客向其他人推荐你的产品和服务，你可能希望他们囤积你的产品或服务。最终，你可能希望你的顾客在一段时间之内重复购买你的产品。这些都是你作为市场营销者正在寻求施加影响的特定行为。

如果你在政府工作，你可能也有一套特定的行为目标。这样一套目标可能与依从性有很大关系。例如，你希望人们按时缴纳税费。你希望新晋父母及时登记孩子的出生信息，你希望人们按时更新他们的护照。依从性（或者说把事情做好）

指的就是政府一直期望公民按时做事的心态。

你可能还希望确保依从性不仅体现在公民身上，也体现在其他利益相关者身上。如果你在政府工作，你希望每家公司按时填报报表、缴纳税费；当然，还要遵守其他要求，如遵守工作场所安全和劳工证文件上的规定等。虽然确保依从性是政府希望实现的一个很大的愿望，但政府还是希望实现过程更有效率。例如，如果你在政府机构工作，设有一个驾照管理中心，你可能希望人们在线更新他们的驾照，而非亲临中心办理，因为对各方而言，前者更有效率。对于公民来说，坐在舒适的家里很容易就能办理这些公事；对于机关来说，与人工办事的地点相比，在网上只需很低的成本即可提供服务。毫无疑问，你可以想到政府为了提高效率而去寻求改变公民、卖方或其他利益相关者行为的其他例证。

最后，作为政府工作人员，你可能希望利用"强制信息披露"的要求确保人们做出更好的选择。例如，如果在某个领域中存在某种产品风险（譬如，在金融市场中），政府会力求确保投资者使用正确的信息为自己保驾护航，这样他们便可以做出脚踏实地的选择。或者，政府希望有明确的法律，以确保购买某些医疗服务的患者可以就风险和副作用做出深思熟虑的选择。

如果你是一名医生，你可能希望鼓励你的病人做出许多行为上的变化。例如，吃更健康的食物或一日三餐定时定量，而不是整天以零食充饥。你或许希望他们多锻炼身体，而不是蜷缩在沙发上。你或许希望在学校里推动人们对体育活动的关注，或者鼓励人们坚持每年体检和在流感季节接受流感疫苗注射。

如果你是一家旨在帮助人们增加储蓄的公共福利机构，你可能希望鼓励人们开立银行账户、退休账户或儿童教育特别账户，而且你还会希望鼓励他们定期往账户里存钱。

不论你是谁，不论你是在卖肥皂还是洗发水，不论你是在关心公民福祉的政府、促进财富保障和人民身体健康的机构还是负责收税的机关，你所从事的肯定都是改变人们行为的事业。

如果律师、经济学家、市场营销者和行为科学家同时走进一家酒吧

现在，让我们尝试为行为变化问题建立一个模式。让我们想象一下，你的一位利益相关者是一个选择选项 A 的人，但你希望他选择选项 B。选项 A 和选项 B 可以具有任何含义，如产品、服务或行为。当我们鼓励或思考如何让人们从选项 A 转向选择选项 B 时，有没有信手拈来的各种工具或方法在等着我们呢？

我们有若干条理由可以解释为什么希望人们选择选项 B 而不是选项 A：或许让其他人选择选项 B 符合我们的利益，或许选项 B 是我们销售的产品，或许我们可以认识到选项 B 是比选项 A 更好的选择，但决策者却看不到这一点。或许消费者知道选项 B 是他们想去做的事，但他们只是无法去做。我们在前文中谈到一个事实：储蓄不足的人（即选择选项 A 的人）希望自己的储蓄可以越来越多（选项 B）。选项 B 可能是这样一种情形：人们希望把更多的钱存到银行账户里，而不是每天把钱送给咖啡馆，但他们就是做不到。

有个律师和经济学家到酒吧喝酒的小故事放在这里似乎很贴切。二人坐定

后，酒保提出了下面这个简单的问题——就是我们刚才问题的翻版。酒保说："刚才有位先生来喝酒。他问了我一个简单的问题：'如果我希望人们从选项A转向选择选项B，你说我该怎么办呢？'"

律师开口了："这很简单啊！答案是只需禁止选择选项A就可以了。你把选择选项A确定为非法的事。如果你这样做，并且前提是假定没有其他选项可供选择，那么人们就会选择选项B。"

事实证明，律师的思路是正确的。禁止/增加限制或者采取某种立法迫使对象依从，这是一种非常容易上手的改变行为的策略。如果你是一位市场营销者，你可能只需让人们无法获取选项A便可以设置这种限制。我们可以看到，这种现象在市场中比比皆是。当一种新型电子产品问世时，老型产品便会退出市场，人们现在只能购买新型产品。类似地，在公共福利领域和政府层面，人们对时任纽约市长的布隆伯格发布的一则禁止在纽约市销售大容量苏打饮料的禁令引发了颇多争论。该决定可以算作第一种行为变化策略（也就是禁令和限令理念）的案例。

接下来，轮到经济学家出面解开谜团了。这位经济学家说："不，我们什么都不用禁止。相反，我们为什么不采用激励措施，也就是胡萝卜加大棒策略呢？"

胡萝卜加大棒策略确实简单。它的基本论点是：如果你希望让人们从选项A转向选择选项B，你可以在人们选择选项A时征收某种形式的税，使他们在选择选项A时付出经济代价；或者在人们选择选项B时给予他们某种经济利益，使选择选项B从经济上更有吸引力。在消费市场领域，你可以简单地通过打折、买一送一之类的营销策略或者根据消费者的忠诚度做某种形式的促销来送出"胡萝卜"，也就是说，选择选项B会带来经济上的好处。在公共福利领域，作为政府工作人员，你努力让农民采用最新科技或使用某种农作物的高产品种。为了让选项B更吸引人，你可以提供某种补贴或对你力求避免的行为征收更高的税。碳税（对留下大量碳足迹的某种产品所征收的税）是另一个通过经济方法来推动行为变化的例子。

第三位给出答案的是那位市场营销者。他说："我们不要考虑什么禁令，也不要考虑出台什么经济限制措施了。人们不选择选项 B 可能是因为不了解它，或者不明白为什么它是一个优秀选项，或者他们只有经过一番劝导才会选择选项 B。"市场营销者采取的行为变化方式可以算作一种广告，这种方式需要提供更多信息。在这种特殊方式中，信息披露是核心。信息披露背后的基本原理非常简单：如果你为人们提供了更多帮助他们做出更好选择的信息，他们才会做出更好的选择。整个广告业的运行基于一个承诺：如果你给人们提供了正确的信息和一个具有说服力的购买选项 B 的好理由，他们实际上会这样去做。

行为科学家最后发言。他说："你们说的这些方法都不需要。相反，我们要做的事很简单，只需让人们更容易选择选项 B 而不是选项 A 即可。"

"我们创造一个更容易选择选项 B 的环境。在选择选项 A 时，人们需要付出某种努力和承受某种认知负荷。这就是让人们选择选项 B 而不是选项 A 的正确方法。"

律师、经济学家、市场营销者和行为科学家提出了四种思考行为变化的基本方法：限制方法、激励方法、劝导方法和助推（或称选择架构）方法。

到底什么叫助推呢？以下是助推的正式定义（摘自《助推》一书）：

选择架构是指以一种可以预料的方式在不禁止任何选项或显著改变经济后果的情况下改变人的行为，而助推则是指选择架构的任何一个侧面。如果将干预算作一种助推，那么你必须很容易和很廉价地就能避免这种干预。助推并不是命令。把食物放在眼前吸引你的注意力，从而增加被你选中的可能性，这算是一种助推。而对垃圾食物的禁令则不算是助推。

我们通过一个例子来做进一步的解读。这个例子在《助推》一书中提到过，在《从业者助推指南》报告中也使用过。设想有两家自助餐厅，它们希望能够帮助学生们减少对垃圾食物的消费。其中一家餐厅决定对垃圾食物征税，于是只提高了垃圾食物的价格，或者考虑采取完全禁止销售垃圾食物的替代方法。

另一家餐厅决定改变食物的陈列方式，使垃圾食物不太容易被选中，特别是把水果和蔬菜小吃放在陈列架前面比较明显的位置，这样消费者便可以伸手挑选那些小吃。而垃圾食物则被放在更高、更难够到的陈列架上，这样消费者想挑选它们就不太方便。两家自助餐厅都在努力减少垃圾食物的消费，但正像例子中所显示的那样，它们采取了非常不同的方法。

当然，这两种方式都完全剥夺了消费者的自由选择权。第一家餐厅试图通过激励选项，或者实施限制措施来影响消费者的行为；第二家餐厅摒弃了第一家餐厅的做法，而是采取助推策略。

虽然我把四种不同的行为变化策略做了明确区分，但我们要牢记，这只是一种有帮助作用的分类法，它有助于我们采取不同的方法去解决问题。有一点很重要，不要执着于确定干预是一种纯粹的助推方式还是一种纯粹的经济激励。事实上，创造行为变化最有效的方法可能含有以上两种要素。

例如，一家健身中心（或健康俱乐部）希望让人们多参加锻炼，于是便尝试采用提醒人们为了这个会员资格已经花费多少的策略。还有一个名叫"沉没成本效应"（我们将在第4章中讨论）的经典研究，这里沉没成本效应的意思是：当人们意识到自己已经花了很多钱之后，他们就会感到自己需要去消费那种特定的产品或服务。

为了助推人们增加健身的频率，健康俱乐部可以将600元的会员年费重新设计为每月50元或每周12元。可以想象，将费用限制在更短的期限内（每周12元）很有可能刺激人们使用特定的服务。它让人们认识到，他们哪周没有光顾健康俱乐部，就是让12元钱打了水漂。

这是一次基于经济考虑的干预，人们事实上已经为某项服务付费，但是在支付被拆分的费用的过程中，助推就已经被加入进来了。这是一个经典案例，在它所处的环境中，你采取的干预措施在本质上既包含了经济因素，也包含了助推因素。

现在，我们来讨论第二个例子。一家公共机构的呼叫中心发现，已经打入电话但接下来决定不继续等待的人非常多。一个人将电话打入中心后便进入了等待期，直到一位接线员接入他的电话并回答他的问题。在等待期内，电话线另一端的人什么都听不到。

研究显示，在一段时间内只是纯粹地等待，没有任何干预和可供消磨的内容，这样的时间被人认为比充满内容的时间更加令人厌恶。因此，呼叫中心可以想到的一个简单的干预便是在等待期内播放音乐，或者在等待期开始播放一段信息："您的电话对我们很重要，但我们目前出现接线高峰，请耐心等待。"

不过，这些干预似乎效果不佳，主要是因为基本应答过程本身就处于次佳状态。每个呼入电话都进入了等待序列，6个上岗的接线员采用顺序搜索的方式回答接入电话。然而在打入呼叫中心的电话中，有些电话可能更加紧急。事实上，一些呼入电话非常紧急，需要专业顾问应答，而其他电话可能并不需要具备专业技能的接线员处理。

一个较好的处理流程是：所有呼入电话都由一位专业顾问接听，接下来，他可以将呼入电话做适当分类，将更紧急的电话排至队首，并即刻处理某些容易回答的电话，避免让打电话者排队。一旦这种改进后的新系统投入使用，把人们留在线上的干预就可能更有效。

这个例子的关键点在于，为了助推那些有需要的人以及让行为干预为你所用，你需要确保基础流程尽可能地清晰和有效率。如果流程本身没什么效率，或者你销售的产品本身就不好，或者你所承诺的效益并不突出，那么即使再有力的助推都不能帮助你改变消费者（或客户）的行为。

在思考改变行为的四个策略时，有个最重要的问题是：每种情形对应的最佳策略是什么？我想说，虽然不会有正确的答案，但我们可以通过三四个判断标准来帮助自己决定采用哪种类型的策略。

第一个标准是强制执行是否可行以及性价比是否合适。当我们使用规定、限令以及激励措施作为改变行为的工具时，这一点就变得尤为重要。当我们使用这些特殊策略时，我们需要仔细考虑监督和强制执行是否真能付诸实施。某人正在做某种特殊行为时真的很容易监督吗？卫生监督人员真的很容易做到奖惩适当吗？如果监督行为的成本非常高，那么这些策略的性价比或许就不高。

第二个标准是自由选择是否是一个重要的考虑因素。我们在前面已经提到，企业在策划行为变化时，一个可能的选择是要消除选项 A，并让选项 B 成为市场中的唯一选择。尽管从一家公司的角度看，这种做法是可以接受的（值得一提的是，我们最近从 Facebook 和苹果之类的公司那里看到了一种趋势，它们的用户实际上在抵制此类策略），但显然，如果我们正在思考社会福利领域的行为变化，这种做法便不太恰当。

例如，如果选项 B 能够提高个体的生活水平，或者如果选项 A 会导致严重的社会或个体后果，那么政策制定者也应考虑到消除选择是否会导致社群或政府出现消极反应。

第三个标准来自可能的市场反应。服务于某个领域（例如金融服务和消费者保护）的政策制定者应该考虑到业内企业如何响应自己的政策。例如，要求它们禁止特定的产品，或要求它们从市场上退出特定的产品的同时可能还要为其引入新产品打开大门。类似地，企业为选择选项 B 提供激励措施，可能会导致其为用户选择选项 A 提供更有吸引力的激励措施。这就是牢记施加给服务的任何手段都会导致市场端响应的原因。

最后，第四个标准是要考虑高于和超出短期目标之外的干预所带来的潜在后果。虽然任何干预的特殊着眼点都是旨在获得干预的即刻结果，但政策制定者能够考虑到次生的和较长期的影响也很重要。

一个可能令人感觉不舒服的次生影响的例子来自对所谓"许可效应"的研究。许可效应显示，当人们做了某种良好的行为后，他们接下来可能就会做出某种不好的行为。举个例子，研究发现，节约用水的人通常会用更多的电。类似地，那些使用看上去由回收材料制成的纸巾的人更有可能消耗大量的纸巾。

这两个例子都为我们展现出一种好行为（保护资源）导致出现消极后续结果（使用量增加）的情形。显然，政策制定者需要认真思考任何干预措施导致的长期后果。

请记住所有这些因素，表2–1为我们的思考过程提供了一些指导，如特定的工具何时是有用的，以及何时选择架构或助推可以用于补充或增强某种特殊策略等。

表 2–1　　　　　　　　　　　　行为变化工具

规定	
（禁令、依从性原则、命令）	
在以下情形是有用的	• 当行为对社会产生具有高度风险、利用其他风险（例如，犯罪、故意欺诈、污染）、违反社会价值观或道德观（例如，种族歧视、言论自由）的后果时 • 当表现出第三者效应以及行为的后果并未完全被个体或企业消化时 • 当正在建立的标准可以提高生活水准或保护个体（例如，最低工资要求、产品安全）时 • 当强制执行可行且性价比高时
在以下情形是可以规避的	• 当规定被理解为过度限制或侵扰时 • 当个体可能会做出明确的反应或破坏监管时
当选择架构能够起作用时	• 强制执行可以实施，但效率可能不高。选择架构可能会帮助提高依从程度
经济激励措施	
（税收、处罚、政府奖助、补贴）	
在以下情形是有用的	• 当因成本和收益而引发行为时，以及当双曲贴现没有起效时（也就是说，眼前有收益，但损失较大） • 当激励措施对个体具有吸引力时 • 当市场表现与激励措施合拍，并且双方并无抵触时（例如，对节能产品的补贴与更廉价的产品直接竞争；对计算机征收"绿色"税收肯定对市场在努力销售的最新和最好的产品不利）

续表

在以下情形是可以规避的	• 当行为因公平、利他或社会规范而引发（例如，器官捐献）时 • 当税收和处罚为参与行为设立"许可证"时
当选择架构能够起作用时	• 行为受到认知影响因素（例如，损失厌恶、现状）的影响。选择架构可以帮助突显激励措施或减少获得激励措施的特殊障碍

信息和劝导	
（广告、信息披露、宣传素材）	
在以下情形是有用的	• 当与其他政策工具配合使用时 • 当鼓励学习以及随着时间推移可以提高决策技能时
在以下情形是可以规避的	• 当信息以复杂的方式呈现时 • 当信息与媒体或其他影响者（例如，同侪）的宣传发生冲突时
当选择架构能够起作用时	• 当信息过分复杂时，选择架构可以帮助改善使用助推技术（例如，突显和简化）的信息处理过程

助推和选择架构	
（默认选择、简化、选择性加入 VS 选择性退出）	
在以下情形是有用的	• 当自由选择很重要以及个体偏好改变时 • 当经济激励或处罚措施不适当时 • 当行为受到认知影响因素的影响以及个体在将意愿转化为行动这一过程中遇到困难时 • 当助推与目前的规定或激励措施合拍时
在以下情形是可以规避的	• 环境可能因市场中的企业或其他机构而发生改变，可能需要通过附加规定为市场行为设限；激励措施可能需要做出改变，以便改进与政策目标相一致 • 助推的预期结果可能与个体的意愿相违背

助推：改变人们行为的强大技术手段

为了认真思索助推到底是什么，让我们看一些有关助推的具体案例。第一个例子来自器官捐献领域。很多人支持器官捐献的想法，但始终未能实现他们的意愿。我们在第 1 章中提到过，其中一个提高器官捐献率的方法是在器官捐献表格设计中改变默认选项。

然而，我们还可以使用更简单的助推方法。在很多国家里，捐献者需要在车管所签署协议才能成为器官捐献者，但索取协议表格的责任却落在了潜在的捐献者身上。换句话说，潜在的捐献者在去车管所时，需要了解申请器官捐献的程序并记住索取一份表格，以此表示他们愿意捐献器官。

如果我们改变一下这个系统，设计一个提示性选择，主动问及驾照的申请者是否愿意捐献器官。研究结果显示，一个简单的助推就将美国伊利诺伊州的器官捐献率从38%提高到了60%。仅仅设计一个询问人们是否捐献器官的提示性选择（它会告诉人们还要做出选择），就增加了人们选择捐献的可能性。

第二个助推的例子发生在公共卫生领域，说得更明确一些，具体指的流感疫苗注射。我是在9月完成本书初稿的，在加拿大和北半球很多地区，这个月份是流感季节的开始。在9月和10月，人们经常在医院、诊所等公共场所看到鼓励人们前往执业医生、药店和诊所等地点接受流感疫苗注射的宣传牌。不过统计数据告诉我们，很多人并未接种疫苗。那么问题就来了，我们怎样才能设计一个干预措施来让更多的人免受季节性流感的侵袭呢？

达特茅斯学院的普纳姆·阿南德·凯勒（Punam Anand Keller）教授及其同事，与一家每年提供流感疫苗注射作为雇员医疗福利的公司合作。这家公司不仅安排公司内部诊所为雇员免费注射流感疫苗，而且给予那些接受疫苗注射的员工50美元的奖励。即使在这样（非常吸引人的）的条件下，仍有很多人没有接受流感疫苗注射。凯勒教授及其同事要做的就是采用三种不同的方法（问人们是否希望接受流感疫苗注射）开展实验。

在标准方式中，该公司（与其他很多提供类似医疗福利的公司一样）在9月或10月初向所有雇员发送电子邮件，通知他们流感季节已到，他们可以在一个即将建立起来的诊所里免费注射流感疫苗。这种方法与前面叙述的器官捐献案例非常相似，虽然使用电子邮件传递了这个信息，但还是需要每位雇员做出积极的选择——前往诊所接受流感疫苗注射。

研究人员对这种基本程序做了修改。第二组雇员不仅收到了注射流感疫苗的信息，还收到了一张卡或一张简短的调查表——征询他们对于注射流感疫苗的意愿。他们和此前一样看到了同样的信息，然后被要求在两个列表框中做出选择。第一个列表框中写道："是的，我希望今年秋天接受流感疫苗注射。"第二个列表框中写道："不，我不希望接受流感疫苗注射。"

这种标准方法还有第三种变体，就是作者们所谓的"强化主动选择"。卡片上会提供同样的信息，而且也给雇员提供了两个选项，但两个选项在措词上稍有变化。其中一个选项写道："是的，我将接受流感疫苗注射，以减少患上流感的风险，而且我喜欢 50 美元的奖励。"第二个选项写道："不，今年秋天我不会接受流感疫苗注射，因为我并不关心自己是否会有患上流感的风险，而且我也不在乎 50 美元的奖励。"

在这一实验中，三种不同的方法都没有改变经济激励措施，也绝对没有改变信息的内容。而且最关键的是，这些方法并没有要求每一位雇员都接受流感疫苗注射，而只是在表达问题的方式上做出了简单的改变。

实验的结果如何呢？他们发现，在标准方法（选择性加入）案例中，人们接收到了信息，但必须主动选择接受流感疫苗注射，有 42% 的雇员表达了想要接受流感疫苗注射的愿望。当雇员们收到的表格中出现"是"或"否"的主动选择时，上述比例从 42% 提高到了 62%。但更有趣的是，当他们强化主动选择时，表示希望接受流感疫苗注射的人数比例增加到 75%。

这些作者为我们呈现了一个非常简单的思路。他们的第一个建议是将选择突显在用户面前。由于我们在生活上有随波逐流的习惯，所以我们中的很多人并未注意到自己有做出选择的机会。我们不必每天都开车，还可以选择公共交通。我们不必喝昂贵的拿铁咖啡，也可以喝一杯白水。我们确实有接受流感疫苗注射的选项，或还有在同意上健身课的表格上签字的选项。然而，这些选项对我们来说并不明显，因此只需将其突显在人们面前，他们就可以做出选择了，这就是一次成功的助推。第二个建议是，在提供选择时，我们通过恰当的语言强调做出正确选择的好处和做出错误选择的代价。

第三个例子是基于我的同事尼娜·马萨尔（Nina Mazar）及其合作者有关不诚实的研究。尼娜和她的同事声称，当涉及自我报告的数字可能会产生相应的经济后果时，人们经常倾向于捏造那些数字。人们并非完全不诚实，我们真的不想欺骗别人，但我们确实有偶尔谎报数字的倾向，尤其是捏造那些数字可能会在短期内为我们带来好处时。举个例子，在我们填写纳税申报单时，为了抵免税费，我们通常会过高地估计可以核销的费用；当我们为自己的汽车填写保险单时，我们倾向于少报自己为开那辆车所需的费用。

尼娜和她的同事把参与者请到实验室做了一项实验。实验结束时，参与者必须在实验室里填写一个简单的表格，报告他们自认为在实验室里挣了多少钱。这个表格看起来很像一份标准的纳税申报表，参与者在上面写下自己的名字以及所有被问到的信息。为了将他们为本次实验所做的贡献定价，他们会被问到工作量有多少并为此付出了多大心血。接下来，他们要在表格的底部签署声明，宣布他们在这张纸上报告的一切都是真实的。

在人们填写这些问卷调查表时，他们感觉自己是一个诚实的人。他们的身份是作为一个诚实的人，这是该实验的背景。其实，等到他们签署这份声明时，他们具有捏造数字的自然倾向早已起了作用。研究人员提出了一个问题："我们怎样才能让被试作为一个诚实的人的自我认同看起来更突出呢？"

他们设计出了第二版表格，它与第一版表格很相似，只是把签名栏放在了顶部。被试要做的第一件事是签署一份声明，内容是："据我所知，我在这份表格上报告的一切都是事实。"之后，他们像在第一版表格中所做的那样继续报告所有的数字。

这一简单的助推措施对人们的诚实度有什么影响吗？尼娜和她的同事发现，

这会使数据的捏造率显著降低。事实上，数据显示，将签署声明放在表头之后，只有39%的人谎报数字；而签字栏在底部时，谎报数字的比例高达79%。

有关助推的第四个例子来自我在多伦多大学的另一位同事菲利普·奥雷普卢斯（Philip Oreopoulos）的研究。菲利普对下面这个问题产生了兴趣：如何提高高中毕业生选择上大学的比例？根据菲利普的调查，人们从小学升到初中和从初中升到高中的过程相对简单，这是因为默认选项的存在。你从六年级升到七年级可以什么都不用做，但你到十二年级时却并没有这样一个默认选项。为了上大学，你必须主动做些什么。

接受高等教育是一件很重要的事情，尤其对于低收入家庭更是如此。美国有很多旨在减轻学费负担的助学金计划，其中一个计划叫"联邦学生资助免费申请"（FAFSA）。令人遗憾的是，申请FAFSA是一个冗长而乏味的过程，它挫伤了很多学生及其家庭申请助学金的积极性；然而，它又是一份必须完成的重要证明文件，有了它，你才会获得能在很多州申请各种助学金的资格。

菲利普和他的同事决定与一家报税公司（H&R Block）开展合作，设计了一套干预措施，以降低申请FAFSA的复杂过程。颇为有趣的是，人们在填报FAFSA申请表时也会用到很多纳税申报表中的信息。当一个符合条件的家庭前往H&R Block公司签署纳税申报表时，其中一些家庭会被随机选中，并被询问是否愿意多花10分钟时间在该公司帮助下填写FAFSA申请表。在这种情况下，FAFSA申请表上的大多数信息都已经被自动地预填报在H&R Block公司的表格中，而只有大约1/3的表格需要等这个家庭离开H&R Block公司办公室后再填写。

结果显示，与没有接受H&R Block公司服务的家庭中只有30%提交了FAFSA申请相比，有40%接受H&R Block公司提议的家庭可能会提交FAFSA申请。问题并不在于给那些需要申请FAFSA的家庭提供了多少信息，这些信息似乎也不会改变申请FAFSA的成功率。但菲利普和他的同事发现，预填报让填写FAFSA申请表变得简单，也让人们相信他们可以顺利地填好申请表，从而增加了正式申请成功的可能性，也增加了申请者获批奖学金和留在大学的机会！

最后一个有关助推的例子来自我的另一位同事坦吉姆·侯赛因（Tanjim Hossain）教授的研究成果。坦吉姆和他的同事对如何激发人们的工作热情这一课题产生了兴趣。信息经济学领域的大量研究显示，这个问题最简单的答案是提供一份奖励人们多做工作的合同。然而，此类合同大都相当复杂，而且不具有太强的实操性。这些合同也从不考虑一个事实：人们的工作热情之所以被激发，并不仅仅出于得到奖金等方面的原因，其也会受到类似工作特点这样的非经济因素的影响。在他的研究中，坦吉姆和他的同事寻求使用不同的方式为相同的合同架构信息，并期望看到这些变化对工人的生产率产生影响。

他们来到中国，在一家高科技电子产品制造工厂里做了一系列现场实验。这家工厂里的所有工人只要完成一个事先设定好的生产目标都会得到一笔周奖。实验进行了4周的时间，根据承诺，其中一组工人得到了这笔奖金。例如，每个工人额外得到了80元人民币，大约是其周收入的25%，并以此作为其每周均达到生产目标的奖励。

根据奖金计划，第二组工人实际会在4周结束时得到320元的奖金，但他们被告知，只要有一周未完成生产目标，320元奖金就会被扣掉80元。同样都是经济激励措施，但一种激励措施表现为收益的形式，而另一种激励措施表现为潜在损失的形式。除此之外，这两份合同是完全相同的。

坦吉姆和他的同事发现，这两种奖金计划都会提高生产率，但对于按照"潜在损失"架构获得奖金的工人而言，他们的生产率增加幅度会更高一些。这两个组的生产率相差1%，看起来并不大，但别忘了这个差别仅仅源于合同措词的改变。另外，如果一直坚持生产率提高1%，就可能意味着总收入的显著增长。正如坦吉姆所总结的那样，生产率提高1%可能也就是发达国家和发展中国家之间的差别。

这个简单的助推会创造另一个不同的例证，其在劝导性手段的使用上没有区别，也没有禁令或限令，然而在行为上却有显著变化。

这五个例子都显示，你只需采用简单的助推干预便能让人们捐献更多的器官、接受流感疫苗注射、表现得更诚实、申请接受高等教育，以及在工厂环境中更努力地工作。获得这些结果没有使用禁令、没有使用明显的经济激励措施，也没有提供大量的信息或者使用特别的劝导性手段，这些都是精彩地解决棘手问题的最后一英里方案。

助推是一种强大的技术手段，适用于各种不同的领域。虽然各种微妙的状况与细微的差异都与不断发展的、有效的助推技术有关，但我们还是有可能创造一个总体框架以便认真思考助推和选择架构过程。

本书第1章之后的各个章节都占用了相当长的篇幅来考察人们的潜在心理。人们如何做出选择？他们会犯什么类型的错误？我们如何看待货币？而谈到人与货币的关系时，我们可以观察到什么现象呢？时间是什么？为什么人们会急躁？如果奖励来得早而不是来得晚，为什么人们愿意接受一个较小的奖励？面对人们在决策过程中表现出来的这些弱点，我们该如何解决呢？

这些只是我们在接下来的四章里将要处理的一些问题。在这四章中，我们也叙述了一个在任何组织需要执行的转化活动的例子，每一章均涉及学术研究的一个重要领域，回顾重要的研究成果，并提出与从业者相关的洞察力。

The Last Mile
Creating Social and Economic Value from Behavioral Insights

03 人们如何做出选择与决策

在第3章中，你将找到以下问题的答案：

1. 决策和选择的三种研究方法是什么？
2. 理性选择的"原理"是什么？
3. 为什么人们估计 $1×2×3×4×5×6×7×8×9×10$ 的值小于 $10×9×8×7×6×5×4×3×2×1$？
4. 为什么人们到拥有长菜单的餐厅就餐时不太可能尝试新增主菜？
5. "棉花糖实验"对我们做决策有什么启示？
6. 为什么我们都希望瘦身、健身、攒钱、成为更完美的人并努力工作，但这些都要从明天开始？我们如何使用预先承诺－锁定来帮助人们做出更好的决策？

社会科学家处理的一些最基本的问题都与人类行为背后的动机和决策过程有关。人们如何做出选择？他们应该怎样做出选择？无论对于行为科学的学术研究还是对于一个更广泛的最后一英里理论的发展来说，这些问题都是核心问题。

选择与决策的三种研究方法

有关判断和决策的研究据认为是伴随一本名为《博弈与经济行为理论》（*Theory of Games and Economic Behavior*）的经济学书籍的出版而兴起的。除了提出博弈论（一门致力于了解战略决策的学科）学说之外，该书还为效用测定提供了一个数学定理。概括地说，该书假定选择是由效用最大化的动机所推动的，并进而规定了一套公理——"理性的"决策者（表现出始终如一的选择模式）必须遵守的法则。由此便形成了期望效用理论的基础，接下来又出现了三股响应的浪潮。

第一股浪潮代表了一系列实证及实验性质的测试，证明公理也经常被违反。第二股浪潮代表了基于过程的辩论：为什么效用理论可能无法解释选择。这些研究表明，决策在有限认知装置的束缚下是理性的，并引出了有限理性的概念。第三股浪潮也是更重要的一股浪潮，其通过提供决策的替代模型而对效用理论的批判做出响应。

其中第一套模型结合了借此可以获得效用的新方法。例如根据次序，决策者可以依次看到以意义明确的功能呈现出来的选项或选项的队列，或获得（或失去）的价值。第二套模型引入了心理表征的概念。该范式的研究人员声称，心理表征除了研究如何做决策之外，还是研究消费者如何架构（或者说如何在心理上表征）决策问题的基石。例如，研究人员可能要求实验参与者在两个不确定的结果之间做出选择，每个选择都存在某个结果（V）的可能性（p）。不过，人们有可能在附加变量的配合下在心理上表征那些问题。这些心理表征可能包括风险（一些可能性似乎本来就存在危险，而其他可能性可能不存在危险的事实）、遗憾（决策者或许预见到其本该期望选择另一个选项的事实）、歧义（某一数据可以以多重方式给出解释的感觉）、得失架构和心理账户或结果分类。第三套模型提出了与效用理论非常不同的决策策略。这些策略的例证包括逐项删除（决策者删除无法满足某些标准的选项，直到最后只剩下一个选项）或编纂式决策［选择在最重要的问题（属性）上表现最佳的选项］。近年来，研究人员的兴趣已经从支撑决策的过程和模式转移到运用这些洞察力积极地影响判断和选择方式上。对更复杂的行为科学进化历史观感兴趣的读者，推荐阅读比尔·古德斯腾（Bill Goldstein）和罗宾·霍格思（Robin Hogarth）合著的一本书，其中特定章节的内容对此做出了全面的分析。

显然，我们可以通过很多不同的方法对决策开展研究。了解以下四种最主要的决策方法是有益的，因为这样可以让我们在更大的理论框架的背景下解释研究成果。

经济方法

经济方法将决策看作一个优化问题，人们借此让所谓的效用实现最大化。什么叫效用？概括地说，一个对象或一种结果的效用是指它的有用性，也就是它满足一种特殊需要的能力。在经济方法中，消费者被假定拥有评估各种产品（或各种属性）效用的能力，还能计算某一选项的总期望效用。期望效用理论假定：当消费者面临两个选项时，他们会选择可以提供最高期望效用的那个选项。

这一理论要求：行为应当与若干公理或信念保持一致。其中三大公理备受关注，每个公理乍看起来都呈现出完美的逻辑性。

完整性

在 x 与 y 之间做出选择时，一位决策者应该会选择 x 不选 y，或者选择 y 不选 x，或者根本不在乎选 x 还是选 y。换句话说，一个消费者一定有一个明确的偏好（或持中立态度），其不允许自己不知道在想什么。我们都能想到公理被违反的情形。我们通常并未掌握充分的替代选择信息，或者只是没有足够的动力去计算效用。每位读者都能回忆起遇到几十个选择时的情形,他们会说:"我真不知道选哪个好。"如果发生了这种情况,而你又不能表达自己的偏好,那么你就已经违反了完整性公理。

传递性

如果一位决策者选择 A 不选 B,或者选择 B 不选 C,那么他就应该选择 A 不选 C。且慢,这种逻辑关系听起来很完美,但并不总是成立的。请考虑以下情形,假设你是一位研究人员,你正在招募研究助手。你主要关心候选人具备两方面的特质:候选人的工作年限和他们的智商(可以看他们的 IQ 值)。即便如此,大家都很清楚,IQ 值存在一定程度的可变性,只有两个个体的 IQ 值差大于 15 分才比较有把握断言一个人比另一个人聪明。你的决策规则很简单:选择智力水平更高的人;如果两位候选人在智力上没有较大差异,就选择经验更丰富的一位。最终,有三位入围者(还是参考各自的 IQ 值和工作年限):安迪(100,3)、贝丝(110,2)和克里斯(120,1)。如果你对安迪和贝丝进行比较,你会得出他们的智力没有差别,但安迪更有经验,因此得出安迪胜出的结论。你使用同样的逻辑对贝丝和克里斯进行比较,贝丝胜出。如果你认定安迪胜过贝丝,而贝丝又胜过克里斯,那么你应该选择安迪而不选克里斯。稍安勿躁。当你对两人直接进行对比时,他们在智力上的差别已经足够大,而根据你的规则,克里斯将胜过安迪。固然你在坚持同样的决策规则,但你已经违反了传递性!

替代性

如果一位决策人在 x 和 y 的选择上保持中立,那么他也应该中立地为 x 和 y 提供相同的博弈机会。这个公理的一个推论就是所谓的"取消原则",该原则假定从两个选项中去掉一个相同的特征后,不会改变两个选项之间的相对优势。法国经济学家莫里斯·阿莱(Maurice Allais)最早在文献中记录下了违反该公理的情况,因此这种现象也被称为"阿莱悖论"(图3–1)。我们设计了两个独立的实验。在第一个实验中,你要在两个选项中做出选择。选项 A1 肯定会让你得到 100 万美元。选项 B1 是一张彩票,你有 89% 的机会得到 100 万美元,有 10% 的机会得到 500 万美元,还有 1% 的机会什么都得不到。如果你和绝大多数人一样,你会选择A1。毕竟在100万美元可以直接装进口袋的情况下，为什么还要冒双手空空回家的风险呢？在第二个实验中，A2是一张有11%的机会赢得100万美元和有89%的机会一无所获的彩票；而选项B2是另一张彩票，你有10%的机会赢得500万美元和有90%的机会什么也得不到。现在你可能会想，赢得500万美元可比赢得100万美元多多了，而有89%和90%的机会听起来没什么两样，所以你会选择B2。

```
    实验 1                                      实验 2
    A1           B1                          A2              B2
100% → 100万美元  89% → 100万美元         11% → 100万美元   10% → 500万美元
                 10% → 500万美元          89% → 0万美元     90% → 0万美元
                 1%  → 0万美元

  修改后的实验 1
    A1              B1
11% → 100万美元   89% → 100万美元
89% → 100万美元   10% → 500万美元
                 1%  → 0万美元
```

图3–1　阿莱悖论

虽然这些偏好看起来非常正常，但你还是违反了替代性公理。让我们重新审视一下修改后的实验1（见图3–1），注意看选项A1和选项B1中画下划线的内容。同样都是有89%的机会赢得100万美元，如果我只是用"0万美元"代替"100万美元"，从两个选项中去掉相同的属性。如果我这样做了，我的实验1就等同于实验2了。如果我选择选项A1，我应该也选择选项A2。显然，那些看上去显而易见的公理并不总是有效的。

每当出现违反这些公理的现象，最初的期望效用模型便会做一次修改和更新。每次基本模型的变化都是以一次修改为特征，让模型更顺应消费者的行为。令人遗憾的是，在实现这些变化的过程中，这个模型也在日趋复杂，而且已经失去了最早的简洁与优雅。

认知方法

认知方法将决策视为一系列信息处理操作。决策认知方法的一个关键点是由杜克大学教授吉姆·贝特曼（Jim Bettman）和约翰·佩恩（John Payne）与哥伦比亚大学的埃里克·约翰逊共同发展起来的系列研究成果。这些成果被统称为"条件化决策"（contingent decision making）或"自适应决策"（adaptive decision making）。这套理论认为，消费者在做决策时存在两种截然不同的动机——准确性动机和努力动机，而且进一步确认具有高度准确性的选择可能需要付出巨大的努力。

佩恩及其同事认为，人们在执行很多决策策略时需要付出不同程度的认知努力。假设一位消费者需要在很多替代选项（均有多重属性和特征）中做出选择，再假设这位消费者可以指定一个能够体现每个属性相对重要性的数字。另外，每个属性的每个替代选项的重要性也可以用数值表达出来。佩恩、贝特曼和约翰逊提出了人们可以用于选择的若干种决策策略（也包括这些基本策略的其他变体）。

第一种策略被称为加权加法策略（WADD）。在大多数认知努力策略中，消费者为每个属性指定权重，然后将该替代选项的各属性权重值与各自分值的乘积求和，从而为每个替代选项计算出一个总分值，最终总分值最高的替代选项被选中。从计算的角度看，该策略会用到乘法、加法和比较。

第二种策略名为等权重策略（EQW），它比加权加法策略更简单。该策略的总分值是将每个替代选项上所有属性的分值简单相加而得出，该策略会用到加法和比较。

第三种策略名为满意策略（SAT），它考虑的是任何满足最低标准或期望水平的替代选项的选择（例如，每个属性达到最低分值）。该策略会用到比较。

第四种策略名为逐项删除策略（EBA），它要求消费者确定最重要的属性，去掉不能满足该属性期望水平的选项，按顺序确定下一个重要属性，继续去掉选项，直到仅剩下一个替代选项。该策略会用到几个比较过程。

最后一个策略叫编纂式策略（LEX），它规定，在最重要的属性上具有最高分值的替代选项作为最终的选择。该策略会用到两个比较过程：一个用来确定最重要的属性，而另一个用来确定最佳替代选项。

这种决策方法还确认了完成每个特定决策任务所需要的认知资源状况。这种努力可以用一个新概念来表达，即基本信息处理单元（EIP），每个基本信息处理单元代表了执行一次认知比较过程所需要的一套认知资源。对于一组给定的替代选项而言，加权加法策略消耗了大量基本信息处理单元，而使用编纂式策略消耗的基本信息处理单元则非常少。

条件化决策理念暗示着一位消费者首先会形成自己希望的非常准确的某个判断，其要求的准确性可能是诸多因素的综合作用。例如，购买频率和价格（与口香糖或肥皂之类的项目相比，像汽车和公寓这样的高价、低频购买项目，其准确性更为重要）、参与度（对于展现个性的服装类产品，其准确性更为重要）或环境（当一个选择需要证明或当这个选择需要接受他人审查时，其准确性更为重要）。一旦消费者对其所追求的准确性有了一定程度的了解，接下来他就会挑选一个合适的决策策略。因此，这一框架便因这样一个契机而激发了针对决策的研究，消费者现在不仅需要在产品或替代选项之间做出明确的选择，还需要挑选他们做出选择的方式。在某些情形下，决策策略的选择可能是在大量经验和实践的基础上凭直觉进行的，但关键在于决策是需要你有意识做出的。我在读 MBA 时认识了一位教授，他喜欢的一句名言是"莫用大炮打蚊子"。在选择层面、在两个口香糖品牌之间做出选择或做其他相对琐碎的决策时，这位名人很有可能会说使用加权加法策略是不明智的。图 3-2 揭示了策略认知方法的机制。

使用条件化决策框架也有助于解释诺贝尔奖获得者赫伯特·西蒙（Herbert Simon）创造的有限理性概念，以及对决策捷径的适当利用。我们可以把人类的意识比作一套计算机处理单元，这样就可以很好地解释这一概念。假设一个用户给计算机安排了一项任务：处理大量计算资源。这就会出现两种情形，计算机无论处在哪种情形下都不能获得理想的计算结果：（a）向用户返回一个次佳结果，或者（b）耗费很长时间才能完成计算。这些情形发生的条件是：（1）当计算需求超过了计算能力时（也就是说，一个超级复杂的决策需要大量的基本信息处理单元）；（2）当计算机并行处理其他任务时（也就是说，当认知资源在某种程度上受到其他决策过程约束或被占用殆尽时）。在条件化决策的环境下，消费者可能会在可获得资源受限时依然保持乐观，并选择简化决策捷径，因为在缺乏认知能力的条件下，它们依然在起作用。

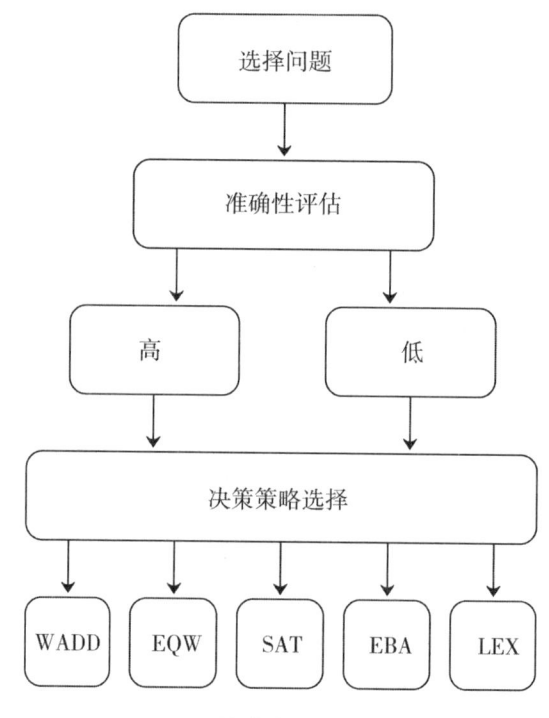

```
              ┌─────────┐
              │ 选择问题 │
              └────┬────┘
                   ↓
              ┌─────────┐
              │准确性评估│
              └──┬───┬──┘
                 ↓   ↓
              ┌────┐ ┌────┐
              │ 高 │ │ 低 │
              └──┬─┘ └─┬──┘
                 ↓     ↓
              ┌───────────┐
              │决策策略选择│
              └─────┬─────┘
    ┌──────┬──────┼──────┬──────┐
    ↓      ↓      ↓      ↓      ↓
 ┌────┐ ┌────┐ ┌────┐ ┌────┐ ┌────┐
 │WADD│ │EQW │ │SAT │ │EBA │ │LEX │
 └────┘ └────┘ └────┘ └────┘ └────┘
```

图 3-2 策略认知方法的机制

社会心理学方法

正如这种方法的字面提示那样，社会心理学的研究范畴旨在"了解并解释个体的想法、感觉和行为如何受到实际的、想象的或暗示存在的其他人的影响"。虽然社会心理学的范围很广，但有充分的证据证明，在一个群体中，个体的决策和判断会受到其他群体成员的决策和判断的影响。在一个最著名的社会影响力实验中，阿希（Asch）向被试展示了不同长度的线条，并问他们哪根线条更长。被试以为自己是在其他被试的群体中来完成这项任务。他们不知道的是，这些"其他被试"实际上是研究人员雇来扮演特殊角色的"实验同谋"。在某些情形下，这些"实验同谋"在被试还未回答前会提供一个（明显错误的）答案。阿希发现了高度的社会从众性：尽管这个问题存在明显正确的答案，尽管存在大多数人明显是错误的这一事实，但人们依然选择和大多数人保持一致。后来，研究人员将这些社会效应分成两种类型：第一种类型，人们之所以从众，是因为他们希望和参照群体一样得到大家喜欢；第二种类型，人们之所以从众，是因为参照群体的反应给了他们额外的信息和知识，否则他们自己是不知道的。

行为科学领域的大量研究成果都证明了社会性他者对选择的影响。伊塔马尔·西蒙森在其研究推理选择的开创性著作中提出并证明：消费者选择的是有最佳动机或理由支持的选项，而不是效用最大化的选项。他的理论中的一个重要推论是这样的：让人们为自己的选择寻找正当的理由，这会改变他们所做的选择。

还有一部分研究成果与群体环境中某人的选择对其他消费者的影响有关。丹·艾瑞里和乔纳森·勒瓦夫（Jonathan Levav）提出，群体环境下的消费者需要平衡两大目标：自身福祉最大化目标和群体存在触发的一组次级目标（这些目标可能包括自我表现、增加群体多样性或与依从性有因果关系的群体齐一性）。后者有时会导致做出损害个体满意度和可能带来遗憾的选择。例如，在他们所做的一项研究中，两位研究人员发现，在一家自助餐厅里，现实群体在午餐聚餐（按餐桌坐）时会选择更多样化的菜肴，而不是对所有散座食客随机取样获得的可以预见的结果。他们的研究结果显示，"在群体环境下，当个体点餐和点饮料时，人们往往会选择与众不同的策略来迎合群体多样性，以求获得一致的和稳定的结果"。

最后，在一项独立研究中，斯蒂芬·迈耶（Stephen Meier）和他的同事发现了支持"消费者所做的重要决策会在群体环境下发生改变"这一观点的证据，其中包括针对合作、储蓄和利他之心所做的决策。这些研究人员将智利的低收入个体分派给自助群体，他们发现，群体成员提高了储蓄水平。此外，这些效应甚至发生在随机指派成立的和微不足道的群体（也就是那些一直以来被贴上从属标签的群体）内。

选择与决策领域的四大核心主题

既然我们已经学习了一些研究选择的理论方法，我们就可以简单了解一些正在研究中的重大主题：寻找重要问题的答案。例如，"对于人们如何做决策，我们到底了解多少？"在本章的后半部分，我会重点介绍四类研究成果：启发式决策、环境对选择的影响、选择超载和随着时间推移所做的选择。在第4章中，我将简要介绍时间与货币的作用和人们感知、获取、保存和使用这些重要资源的方式等方面的研究。我未必是最早得出这些研究成果的人。在这里需要特别指出的是，丹尼尔·卡尼曼开创了启发式决策研究，并在《思考，快与慢》一书中做了深入探讨。丹·艾瑞里在《怪诞行为学》一书中广泛探索了情境效应以及研究非理性的经济方法。希娜·艾扬格（Sheena Iyengar）和巴里·施瓦茨（Barry Schwartz）分别在各自的专著《选择的艺术》（*The Art of Choosing*）和《选择的悖论》（*The Paradox of Choice*）中论述了选择超载问题。另外，乔治·列文斯坦（George Loewenstein）和乔恩·埃尔斯特（Jon Elster）编纂了一本名为《跨越时间的选择》（*Choice over Time*）的论文集。在此，我只介绍涉及最后一英里的一些广泛的主题和研究成果，并提醒读者关注这些精彩著作的更多细节。

启发式决策和由此产生的偏倚

该研究领域是由丹尼尔·卡尼曼和阿摩司·特沃斯基开创的，它确认了消费者通常用来做决策的若干决策"捷径"。该研究的最初目的是反驳决策的效用理论模型，但后来发展成为一个真正独立的研究领域。

使用启发式（和由此产生的偏倚）最著名的证明是代表性启发、可用性启发以及锚定与调整。假设有人问你以下问题："你随机从一段英语文章中选择一个单词,它更有可能以字母 K 开头,还是第三个字母是 K 的可能性更大?"事实上,将 K 用作第三个字母的单词要远远多于以 K 开头的单词,然而,大多数受访者相信自己更有可能遇到以 K 开头的单词。我认为,这一现象的发生源于我们容易想到以 K 开头的单词,但不容易想到把 K 用作第三个字母的单词。对于记忆而言,前者更容易存取。同样,人们(不正确地)相信在新闻报道中经常提及并且更容易被我们注意到的死因(例如火灾、自然灾害和事故)要多于世俗的死因(例如疾病)。

接下来,让我们思考特沃斯基和卡尼曼在论著中使用的一个情境:

琳达 31 岁,单身、率真、阳光。她的大学专业是心理学,学生时代的她非常关注种族歧视和社会公正,也参加过反核游行。

下面哪句表述更有可能?

1. 琳达是一名银行出纳员。
2. 琳达是一名银行出纳员并积极参加女权运动。

尽管任何专业的学生(和更富逻辑性的思考者)都会认为,一个更加常见的结果比该结果的特定细节更有可能出现,但结果显示,大多数人更有可能选择选项 2。作者指出,多数受访者使用了代表性启发,琳达似乎就是这样一个代表,她不仅是银行的普通出纳员,还是一位女权主义者。

特沃斯基和卡尼曼请两组参与者估计同一个问题的答案:要求第一组估计 $1 \times 2 \times 3 \times 4 \times 5 \times 6 \times 7 \times 8 \times 9 \times 10$ 的答案,结果显示,他们的中位数估计值为 512;要求第二组估计 $10 \times 9 \times 8 \times \cdots \times 1$ 的答案,而他们的中位数估计值为 2250。他们的估计值千差万别(估计值也与正确答案 40 320 大相径庭),不过这可以用锚定与调整启发来解释:普通人在做决策时倾向于过分依赖获得的第一手信息(所谓的"锚定")。表 3–1 提供了从前述系列研究中获得的一些最流行的启发式以及相关现象。

表 3-1　　　　　　　　　　　　　启发式和行为影响

行为影响	
现状	即使环境中的一个变化可能会提供较好的选项，但个体依然保持自己目前状态的倾向
禀赋效应	与一件尚未获得的物品相比，重视已经拥有的某件物品的价值并付出更多的倾向
损失厌恶	个体对损失比获得表现得更敏感的倾向
证实偏倚	接受证实某人意见或结论的信息，而不是矛盾信息的倾向
心理账户	在心里将钱分配到几个"账户"中，例如"服装"或"娱乐"账户，但这些账户不可以随意互换
意志力	个体在特定时间内只拥有一定程度的意志力，以及意志力需要定期补充的事实
双曲贴现	看重现在可以获得的收益，而不是未来获得的收益。因此，对未来付出成本的感受不如对现在付出成本的感受深
选择超载	存在太多可供决策的选择，使其难以评估和决定
信息超载	环境中存在太多妨碍个体评估和做出好决策的信息
可用性偏倚	使用心里真正想到的信息做决策，而不是使用一整套评估所有选项的事实做决策
代表性	使用相似的属性判断一个事件发生的可能性。与此相对的是，使用更全面的统计学方法（例如，基准利率）确定可能性
锚定与调整	根据相对于特定参考值（即所谓的"锚定"）做出调整来进行评估
社会认同	确定决策时留意同侪的行为，而且倾向于遵守同侪共同做出的行为

在很多案例中，这些启发捷径都是适用的——对决策人有益，因为他们可以更有效率地做出决策。另一方面，正如前面的例子所揭示的那样，它们有时会导致出现系统性偏差。前面介绍的三种偏倚在很多消费者决策环境下会带来严重后果。例如，巴伯（Barber）和奥登（Odean）经过实验并确认了一个假设：投资者更有可能购买引人注目的股票（就是那些经常出现在新闻报道中的股票），因为它们的可用性使其更有可能被选中，也是因为替代决策策略（需要处理数千只股票的大量信息）在认知上要求太高。锚定启发假定以及已有证据可以确认，房

地产市场中的询价行为（假设房产的价值并没有实际标定）会影响最终的交易价格。更进一步的是，尤里·西蒙逊（Uri Simonsohn）和乔治·列文斯坦预测并发现，从生活成本较高的城市迁居到生活成本较低的城市的家庭，会比那些来自生活成本较低的城市的家庭租住更贵的公寓。丹·艾瑞里、乔治·列文斯坦和德雷泽·普雷莱克（Drazen Prelec）的研究显示，在并不相干的领域里，消费者购买产品的意愿可能受到似乎不相干的、在生活环境中遇到的"锚"的影响。

情境对选择的影响

决策的经济学方法的一个含义是：在两个替代选项之间所做的选择应该独立于选择情境中存在的其他替代选项的理念。然而，一家大型研究机构所做的研究显示，情况并不是这样的。情境可以通过改变问题的架构方式来影响消费者对两个替代选项的感知，或通过为消费者提供可以改变其偏好的信息来影响其评估。

杜克大学的研究人员乔尔·胡贝尔（Joel Huber）、约翰·佩恩和克里斯·普托（Chris Puto）可能是最早证实环境效应的科学家。这些研究人员研究了在两个替代选项（在两个属性上存在差别）之间所做的选择。假定选项 A 在属性 1 上较好（譬如说质量），而选项 B 在属性 2 上较好（譬如说价格），任何特定消费者在两个选项之间如何做选择将取决于两种属性在其心目中的相对重要性。现在假设第三个选项出现了：选项 B^*。选项 B^* 在两个属性上都不如选项 B，但在价格上却比选项 A 占优，而在质量上比选项 A 要差。选项 B^* 受选项 B 支配但并不受选项 A 支配，这种情形被称为"非对称优势"。加入选项 B^* 的结果很有趣——并没有太多人选择选项 B^*（毕竟选项 B 在各个维度上优于选项 B^*），不过之前人们在选项 A 和选项 B 之间摇摆的相对偏好现在转向了选项 B。这种情况之所以发生，是因为尽管没有一个强大的选择选项 A 的理由，但现在却有一个令人信服的选择选项 B 的理由（所谓"吸引效应"）。新加入者选项 B^* 被称为诱饵产品，因为它仅仅是为了让其中一种现有产品看起来更具吸引力而出现的。

第二个获得充分实证的发现是折中效应。在前面的章节里，我们已经通过咖啡杯的例子认识了它。折中效应指的是，定价居中的产品（或者说在拥有多重属性的三种产品的选择组合中通常位于中间的产品）看起来更诱人。折中选择似乎被视为对两个极端选择一次很好的妥协。

无论是在吸引效应还是在折中效应中，选择组合中存在的其他产品都为人们提供了附加信息并潜在地改变了刺激编码。麻省理工学院教授德雷泽·普雷莱克、比格尔·沃纳费尔（Birger Wernerfelt）和弗洛里安·策特尔迈尔（Florian Zettelmeyer）甚至提出了一个富有震撼力的观点，他们假定消费者实际上从可以获得的信息中推断出了自己希望获得的东西。该研究成果指出，偏好是一种病态的表现，但却具有充分的可塑性，情境实际上可以帮助消费者构建自己的偏好。例如，在笔记本电脑和台式电脑之间存在大量选项，这可能导致人们出现"笔记本电脑通常比台式电脑更占优势"的推断，因此会优先选择笔记本电脑。很多研究人员甚至现在都还相信，消费者基于（a）零售展示、（b）信息展示和（c）不同产品的支持率所做的推断，实际上可以显著影响自己的选择。随着移动技术的发展，信息更容易实现分享，因此会对市场中的偏好结构产生重要影响。

选择越多越好吗：关于过度选择

在大多数西方社会里，选择的概念（包括锻炼它的能力在内）被视为人类的自主感和幸福感中最基本的内容，经济学和公共政策科目已经被自由选择的观念塑造成形。在经济学领域，标准假设就是提供更多选择，让个体找到可能更符合自己真实偏好的替代选择；而在公共政策和治理领域，自由主义的基础便是个体有权和有能力选择什么最适合自己。

作为这种"有选择是好事"思维的结果，随着时间的推移，人们提供的产品和服务类别越来越多，范围也越来越广。在典型的北美大陆超市货架上，仅仅与10年前相比，人们可获得的产品的范围便已扩大了55%，几乎每种产品类别的规格库都呈上升趋势。在一项非正式研究中，我和我的同事走访了多个药店，统计有多少种止痛药和退烧药在出售。我们发现，其种类有55种到211种不等。止痛药不仅有各种不同的成分和剂型，还有不同的外观（糖浆、胶囊、片剂和囊片）、浓度和辅助活性成分。正如研究团队中的一位研究人员曾经评论的那样："我保证，一位消费者即使根本不去做选择，他最后也会头痛不已的。"

止痛药的例子并非个案。最近，很多流行作家和学术研究人员开始大量撰写有关选择的消极效果的文章。约翰·古维尔（John Gourville）和我主持了几个实验，探讨我们所谓的"过度选择"的问题。从本质上讲，我们发现，在某些条件下，为人们提供额外的选择会导致困惑和认知超载。因此，我们发现人们更有可能将目光转移到提供少量品牌变体的品牌上，因为选项规模越小，就越容易选择。

最近也出现了很多其他实证。最著名的一例实证是哥伦比亚大学的希娜·艾扬格和罗丝·莱帕（Ross Lepper）所做的研究，他们在一家超市开展了一项实验：搭起一个果酱品尝台。他们发现，当要求顾客在较小和较大规模分类的果酱之间做出选择的时候，他们对从较大规模分类中选出一种果酱更感兴趣。但当顾客被告知只能选一种果酱时，他们从6种口味的果酱中任选一种的可能性比从24种口味中任选一种的可能性高10倍。显然，当顾客从24种果酱中任选一种时，他们很难筛选出如此多的信息，因此他们还是决定不从这组中选择了。

在另一个例子中，曾经有一位华人外卖餐厅的老板向我请教一种令他困惑不已的现象。他让我看他的菜单，上面一共有155种不同的菜品。他感叹："我大约80%的销售额都来自其中的五六种菜品。"这句话让我的兴趣大增。我在美国一座城市的几家餐厅和加拿大一座城市的冰激凌店做了一番简单的现场调研。我的想法同样很简单：希望在一段时间内，评估一家特定餐厅的菜单长度对食客所点食物种类产生的影响。在一家特定餐厅里，我简单收集了特色主菜一个月的销售数据，并计算出每道主菜的市场份额。接下来，我计算出了每家餐厅的市场集中度指数，其数值越高，则暗示着有较少的选项在控制选择。

颇为有趣的是，我发现那些拥有长菜单的餐厅的市场集中度指数较高。这一差别并不太大，但也很明显。举个特别的例子，假设有两家意大利餐厅：A餐厅有6道主菜；B餐厅有15道主菜。数据显示，A餐厅各道主菜的选择分布大致均衡；相反，B餐厅4道主菜的选择分布约占全部销售份额的80%。当面对较长的菜单时，就餐者倾向于保守选择，坚持点熟悉的主菜。

在一项相关发现中，进入类似星巴克这样的咖啡馆的新顾客经常报告称：他们面对菜单时充满挫败感，最后只选择了常规的咖啡品种。想要理解隐藏在这种数据结构之后的心理学很容易，你只需在一家冰激凌店待上一段时间，观察孩子们如何挑选自己喜爱的冰激凌即可。他们面临的第一个问题就是认知超载：当他们看到长长的展示柜最后陈列的冰激凌时，早就已经忘记了前面看过的几种口味的冰激凌。第二个问题与约翰·古维尔和我所命名的"非匹配折中"有关：如果我想吃巧克力口味的冰激凌，我就尝不到水果口味的冰激凌；如果我想吃纸杯蛋糕，我就不能吃冰激凌圣代。这些非匹配折中会带来潜在的预期后悔，消费者认为，如果自己买了草莓口味冰激凌，就会感觉很糟糕，因为自己没有买巧克力口味冰激凌。第三个问题是偏好的不确定性。例如，一个孩子故意说自己"比起开心果，我确实更喜欢吃焦糖，但我上次吃了一次开心果，它真的很好吃"。"分析瘫痪"便证实了这种结果，大多数孩子吃冰激凌时会选择一种经过反复验证的口味，或者在极少数情况下选择希望获得延迟满足的冰激凌。

在很多情形下，选择超载会因信息超载而变得更糟。请思考普通个体投资者在选择投资哪只股票时看到的信息，或者一个为赛马下注的人能够查到的大量赛马信息。进一步来说，一些情形本来就令人紧张，而且与消极情感相关（例如，就一种严重病情而言，你需要在手术和保守治疗之间做出选择），因此仅凭这些就会增加选择的复杂性。

然而这些结果还是很有趣的，或许因为它们通常发生在选择相对无关紧要的产品上，例如外卖和果酱。假如做出某个决策真的很重要，而且做错了后果很严重，人们也很有可能受益于附加的选择。事实证明，一切都不是问题。为此，我们举两个例子。第一个例子是芝加哥大学的亨里克·克龙奎斯特（Henrik Cronqvist）和理查德·泰勒针对瑞典社保体系所做的研究。该计划是瑞典政府在世纪之交推出的，旨在让参与者通过从一份获批清单中选择最多5种基金，从而形成自己的投资组合。政府允许各种基金打广告，并决定其费率结构；鼓励个体自己选择；允许任何满足特定信用条件的基金进入该市场。最终，在供个体投资者选择的清单中有456家获批基金。研究人员发现，参与者毫无例外地做出了次优选择，而且他们倾向于选择默认选项。不仅如此，他们的分析还显示，那些为自己做出积极选择的人，他们最终的投资组合未必有多好。

第二个证据来自希娜·艾扬格和她的同事，他们对退休基金的选择做了分析，其中涉及647家公司的80万名雇员、两种较低的基金组合、多达59种较高的基金组合。这被称为401（k）计划，它通过合法避税和雇主配合鼓励人们参与进来。一份针对这部分个体的详细的经济性分析表明，参与这些计划的选项优于不参与的选项。然而，研究人员发现，更多的选项会让人们沦为类似果酱买主这样的人：当给出两种选择时，有75%的人会参与401（k）计划；而给出59种选择时，只有60%的人会参与这个计划。分析报告还显示出与前面叙述的餐厅研究类似的结果：当面对众多选项时，投资者倾向于选择更为谨慎的投资策略。

从上面的例子还可以看出，因过多选项导致的选择复杂化会产生若干重大后果。第一个后果便是延期和不参加：人们决定现在不购买。第二个后果与选择的特性有关：一个较小的选择组合会鼓励人们做出多样化的、甚至富有侵略性的和/或有风险的选择，而更复杂的选择组合可能导致人们做出数量较少的、保守性的选择，以便将后悔的程度降至最低。第三个后果则与人们依赖现状，以及对默认选项和建议的作用日益增加有关。当选择太复杂时，人们宁愿锁定默认选项。最终，人们还是倾向于利用其他人的选择来为自己的选择提供启发。例如，雇员在设计退休计划时，倾向于让自己的基金配置接近同侪所做选择的中位值。

在市场营销领域，选择复杂化对选择的聚合模式有两种特别的影响。约翰·古维尔和我将可以匹配的和不可以匹配的选择分类做了区分。我们将"可匹配分类"定义为在单一维度上存在差异的一组品牌变体，每种变体均有特定数量的属性。例如，只是片剂数量不同的几种瓶装艾德维尔牌（Advil）布洛芬、制冷量不同的空调器、脂肪含量不同的牛奶。这样分类就需要我们在一个单一属性和价格之间做出折中。

与此相对的是，我们还定义了一个"非匹配分类"的概念，这类品牌变体存在多维度、非补偿性差异，虽然第一个替代选项拥有一种令人满意的特性，但是第二个替代选项可能拥有另一种令人满意的特性，不过这些特性在本质上都属于"要么全部，要么一无所有"的情况。这个概念的例证包括选择餐厅主菜（鲑鱼、牛排或千层面）和大学专业（生物学或哲学），选择一个替代选项便是确定了某种特性，而且这种特性是在另一个替代选项中无法获得的。我们发现，虽然在可匹配分类的条件下，增加选择组合实际上可以使消费者受益（品牌也是如此），但当分类不匹配时，也可能非常有害。总而言之，我们的结论是：提供大量却属于非匹配分类的品牌可能最终会在份额上败给较小规模分类的品牌。

在正在进行的研究中，我们开展了附加实验，以测试选择复杂化对品牌内部选择的影响。多年前，我们的一个朋友在美国科罗拉多州买了一辆车，经销商给他提供了以下的选项：

（a）基本款；
（b）基本款加滑雪套装：对于经常滑雪的人来说，这是一个增值项目；
（c）基本款加冬季套装：对于生活在拥有漫长冬季的地区的人来说，这是一个增值项目；
（d）基本款加越野套装：对于喜欢开车到偏远地区的人来说，这是一个增值项目；
（e）包括所有这些项目的完整款。

我们的朋友完全被弄糊涂了。他并不十分确信自己是否算是一个"滑雪爱好者"或"越野爱好者"，以及是否真的希望放弃冬季套装的优惠。最终，他购买了一辆汽车的完整款。

基于从这次对话中获得的启示，我们针对几种产品类别开展了实验。在每种类别中，要求实验参与者在基本款、完整款，以及属于非匹配分类的一种或更多中间款式之间做出选择。我们将有线电视服务（提供各种类型的付费频道）、数码相机（使用各种类型的镜头）、手机服务计划（提供各种可以使用的下载类型）及度假产品（提供各种类型的度假目的地）作为我们的研究对象。一些参与者看到了 3 个选项（两个极端选项外加一个中间选项），一些人看到了 4 个选项，其他人看到了 5 个选项。我们对下列问题产生了兴趣：随着分类规模的扩大，人们是不是更有可能选择某种产品中的一个极端配置（基本款或完整款）？实验结果显示，这种猜测是正确的。当面对三个选项时，有 49% 的受访者会选择其中一种极端选项，这就意味着另外 51% 的人会选择中间选项。然而，当一个额外的中间选项加入到组合中后，选择其中一种极端选项的被试比例会跃升至 61%。这意味着，加入第二个中间选项会将选择中间选项的被试比例由 51% 降至 39%。最后，当中间选项增加到三个之后，极端选项被选中的比例继续增加至 67%。我们把这种现象称作"极端寻求"。不足为奇的是，我们还发现，当这种分类在本质上相一致时，就不会出现极端寻求。

尽管有上述研究作为基础，但人们如果不具有做出一种好选择的能力，他们似乎也愿意做出必要的选择。这其中存在一种个体满足感，即他们有权选择，而不是把一个选项强加给他们。总之，这种选择复杂化是无法回避的。随之出现的问题是："选择的提供者怎样才能帮助人们做出更好的决策，让人们使用丰富的选择组合并从中受益呢？"

在此，我们提出 5 种策略。

第一，简化选择。无论是在食品包装领域还是在金融服务领域，为了应对人们对选择复杂化的担忧，很多组织都在简化选择。

第二，帮助个体了解自己的偏好和折中心态。或许，导致选择复杂化的唯一根本原因与大多数人都受限于信息的认知过程这一事实有关。他们可以在少量属性和产品之间做出折中选择，但随着选项的增加，导致计算负担加重并超出了人类大脑的计算能力。技术与互联网提供了一套解决方案：以网页为基础的智能应用软件可以帮助网购者找到最能满足他们需要的产品和服务。像"购物助手"或"购物机器人"之类的知名网购工具首先让人们在属性层面上明确了自己的需要和偏好，然后形成了购买者模式，这种模式将被用于市场上可以获得的选项，并最终提出推荐意见。而其他工具只具有简单的比价功能，也就是能够让个体较好地理解可以获得的选择组合中最基本的折中过程。在其他情形下，个体可能会发现很难将自己的偏好以折中的形式表达出来（例如艺术品、音乐、文学等），而协同过滤助手现在可以基于个体目前消费模式的信息向用户做出推荐。例如，亚马逊会根据对你的阅读模式的了解向你推荐书籍；而 iTunes 的 Genius 则可以基于对你目前播放列表的分析为你推荐新音乐。

第三，组织并消除选项。与其把一组复杂的选择组合中的所有选项同时呈现出来，倒不如将其分成不同的组，根据个体已经明确的偏好去掉一些组，这样到最后，选择组合将缩小至一个可控范围内。例如，一个房产中介不必把 MLS 房地产信息平台上所有 200 套房源都提供给潜在的新买家，而是根据房源的坐落地段、房龄、是否靠近地铁以及学区等要素进行分组。通过评判这些基本属性的重要性，中介便可以着手从选择组合中去掉几组选项，直到剩下一组可控选项。

第四，鼓励以属性为基础做出决策。仔细分析一套典型的中餐外卖菜单，我发现有大量选项可以通过若干简单属性置换的方式生成。这些属性包括被烹调的蛋白质种类（牛肉、鸡肉、猪肉或豆腐）、烹调方法（爆炒、水煮、架烤）、使用的酱汁类型（酸甜酱、辣椒酱、坚果酱）以及配套的面条或米饭（白米饭、炒米饭、面条）等。不要将 154 种选项一股脑地都递给食客看，因为每道菜都有类似"左宗棠鸡"这样的菜名。为了便于理解，你可以问食客 4 个问题：他们想吃什么样的蛋白质，他们希望这道菜怎么做，他们喜欢什么酱汁，以及他们希望吃什么样的米饭、面条作为主食。在一家华人开的中餐外卖餐馆现场调研时，我发现用这 4 个问题替换菜单的策略会带来：（a）总营业额的增加；（b）食客求新、求异的倾向增加；（c）更具参与性和更狂热的消费者。

第五，外包决策。或许，选择外包最简单的形式是选择一个推荐的或默认的选项。在这种情况下，一个个体依靠推荐提供者假定拥有的专业技能，并在实质上让这位专家为自己做出选择。比如，当个体接触了一位理财顾问，授权这位顾问管理自己的投资组合，并做出适当的购买、持有和出售决策时，其会出现更为积极的选择形式。再比如，一位患者就一项治疗方案听从一位医生的意见，这是另一种形式的外包选择。

所有信号都显示，选择的复杂程度只会随着时间而增加。考虑到这一趋势，人们猜测，个体希望将选择外包给代理人只是时间问题。或许，我们可以看到专业买家的出现，他们承担了让一个家庭的食物储藏柜和冰箱装满适当食材的任务，他们收取一定费用，并为家庭消费模式提供广泛的指导。最终，在很多产品和服务范畴，做出不参与选择的选择可能会是一项最佳策略。

关于所有美好的愿望，都只限于未来：跨越时间的选择

人们经常需要在不同时间点发生的选项之间做出选择。实证研究显示，消费者是目光短浅的（也就是说，他们不成比例地看重当前的结果）和前后矛盾的（也就是说，当他们的情况接近其中一个选项时，他们的选择会发生变化）。因此，消费者经常需要运用自我控制策略。

本书的读者应该熟悉沃尔特·米歇尔（Walter Mischel）和他的同事开展的棉花糖实验，该系列实验按照下面的方案进行。一个小女孩得到放在盘子里的一支棉花糖，但被告知如果她能等待 15 分钟之后再吃，她将得到第二支棉花糖。如果你是这项实验中的孩子，你需要做一个选择：现在吃，得到一支糖；还是 15 分钟之后再吃，得到两支糖。米歇尔和他的同事提供了进一步的证据，那些能够忍受延迟满足的人会生活得更好：获得较高的大学入学分数、教育程度更高、体重指数更均衡和其他好的结果。

米歇尔的实验为人们日复一日要做的大量选择提供了一个信手拈来的比喻。我应该今天把储蓄基金（一支棉花糖）取出来变现，还是等它增值（两支棉花糖）后再用呢？我应该今天在咖啡馆点一杯 5 块钱的卡布奇诺（一支棉花糖），还是把钱存入退休基金（两支棉花糖）里为以后做准备呢？我应该今天晚上随着晚餐吃一块并不健康的甜点（一支棉花糖），还是吃新鲜水果并享受以后健康、无疾病的生活（两支棉花糖）呢？我应该今天晚上看场电影（一支棉花糖），还是为了赶进度而去面对堆积如山的工作，准备享受一个没有工作的周末（两支棉花糖）呢？如果你仔细考虑一下就会发现，在我们所做的选择中，跨越时间的选择占了很大

比例。在开展跨越时间的选择的研究过程中,诞生了若干个原则。

第一个原则是未来结果可以贴现的简单实现原则。假设你现在给别人100美元,接着问他们一个问题:从现在开始,我需要在接下来的三个月里付给你们多少钱,才会让你们对现在得到100美元感到无动于衷?这个钱数肯定要大于100美元,比如120美元。你可能现在想到了,这额外的20美元是让他们保持耐心的代价。

第二个原则与这一贴现(每天保持耐心的货币价值)不是一个常数的理念有关。例如,如果等待三个月,我可能需要付出20美元;但如果等待半年,我也许只需要额外付出30美元。贴现会围绕事件应该发生的时间内急剧发生,之后的发生频率则会趋于平缓。有一个准确的数学方程式可以表示贴现模型。在此,我们不考虑数学问题,但会用这个函数的名称来描述贴现的性质。在双曲贴现中,事件结果会围绕事件发生的时间急速贴现,但其在更远的时间点会非常平缓。

第三个原则是贴现双曲性的结果。正如我们会仔细考虑今日结果的未来价值一样,我们也可以仔细考虑未来结果的今日价值。遵循双曲贴现原则,未来结果现在看起来价值还不大,但接下来其价值会随着每一天的流逝而逐渐增大。然而,当你的未来结果真的在时间上靠近结果时,它又会在价值上与其完全价值迅速靠近。仔细考虑你下一个假期的价值,它在你的内心深处开始萌芽,随着时间推移逐渐累积起来,接着会在你实际出发的前一两天达到顶峰。反过来,让我们仔细考虑一下工作带来的痛苦。譬如,完成一份工作报告,它首先在你的日程表上表现为一份任务清单,与完成这项任务相关的恐惧感会逐渐累积。当时间逐渐接近任务的实际启动日期的时候,需要付出多大工作量的正面碰撞最终会击中你。这两种时间模型都具有双曲性。

假设你需要在小而快的结果(SS,譬如一支棉花糖)和大而晚的结果(LL,譬如两支棉花糖)之间做出选择。图3-3显示了SS和LL在各自时间点t_{SS}和t_{LL}出现的情况。现在t = 0,假设你正站在图的最左端眺望未来,未来就在图的右端。实线代表LL的贴现价值,它是由随时间变化的不同的点组成的,而点状曲线代表 SS 的贴现价值。这些曲线是利用前面探讨过的双曲函数获得的。

站在 t = 0 处，你很容易就能看出获得两支棉花糖好过获得一支棉花糖，毕竟实线曲线位于点状曲线的上方。随着时间的推移，这一判断也是正确的：你向右侧移动，在大多数行程中，LL 的值看起来都比 SS 大些。但请注意，当你到达 t^* 点（也就是无差别点）时会发生什么，此处是两条曲线相交且离 SS 非常近的地方。一旦你通过了 t^* 点，你就像米切尔实验中的小女孩一样了。你一直知道 LL 的值大于 SS，但现在 SS 就近在咫尺，你屈服了，你吃到了这支棉花糖。这种偏好的改变对应一个术语——动态不一致。通俗点说，就是那些知道自己应该选择 LL，但在最后却选择了 SS 的人的倾向。人们知道自己应该多储蓄，但在行动上却没有匹配，这就像一个人想去锻炼，结果却赖在电视旁一样。动态不一致是人的特点，大多数人都会时不时地表现出这种行为。

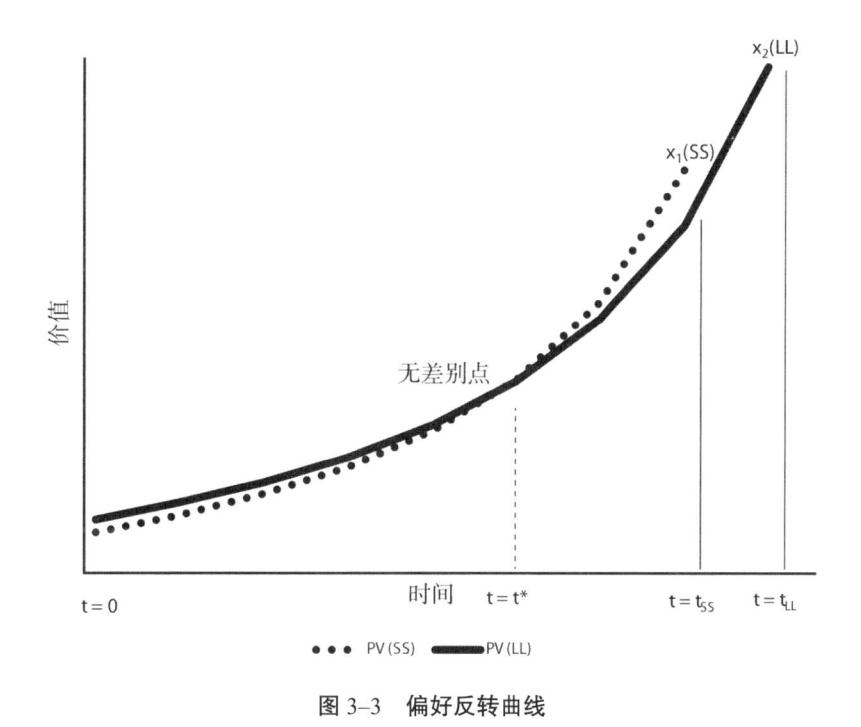

图 3–3　偏好反转曲线

第四个原则解释了某一特定类别的激励措施的效果。此类激励措施向人们承诺，其未来将获得现金收益（例如，退款、给消费者打折或给兼职雇员一份薪水），以此为交换，其在未来也要做出某种努力（例如，消费者积累信息或点数、填一些表格、做一份乏味的工作）。在我的研究报告中，我使用了"延迟激励"这一术语来概括此类激励措施。因为努力的双曲贴现率比货币的双曲贴现率变化更剧烈（换句话说，人们严重低估了未来的努力），所以未来，这些交易会比已经真正到了需要执行这个任务的时间看上去更有吸引力。这就解释了邮寄退款或延迟收益计划只有极低兑换率的原因。

第五个原则与人们的一个想法有关，即人们普遍相信与目前相比，他们未来的时间会更充裕。例如，最近我在一个会议上做了一次发言，我在几个月前便被邀请与会。当时，我一边从事教学、研究工作，一边做一些行政工作，当然还要享受我的生活（与我的家人在一起和打板球），忙得一塌糊涂！不过，这个会议要到几个月后才召开，我预料届时自己会有大量的空闲时间，不仅可以准备这个会议，还可以学习一些新东西。于是，我充满热情地回复："没问题！"在这个会议召开的那天早上，我醒来后看到日程表上醒目地标着……结果你猜到了：教学、研究、行政工作，还有享受生活。我捶胸自责："该死，为什么我要同意参加会议呢？"现在，我相信你们中的大多数人都在生活中经历过约翰·林奇（John Lynch）和加尔·曹贝尔曼（Gal Zauberman）所谓的"好的–该死"（Yes-Damn）时刻。事实上，如果你没有经历过一次这样的时刻，你就枉为人类了。但这是一个重要的结论。尽管我嘴里骂着"该死"，可我还要去参加会议。我的名字在会议日程里，我做过公开承诺了，我没有退路可寻。

人们计划实现自己所有美好的愿望，但都只限于未来。而当未来到来时，他们又放眼下一个未来。或许，有一种方式可以将愿望付诸实施，那就是先承诺在未来做某事，然后设计一个将自己锁定在这一行动中的机制。对于我这种情况，这种锁定机制便是公开承诺。或许我们可以利用这种策略——"预先承诺+锁定"：帮助人们多锻炼、多吃健康食物或为了未来多储蓄。

假设你问在某公司工作的雇员是否愿意多储蓄，大多数人可能都会说愿意，但他们没有办法多储蓄。他们要付账单，他们已经习惯了某种消费水平，因此多储蓄便会让他们感觉是种损失。但如果你继续问他们："为了多储蓄，你们愿意承诺未来每到发薪日便存入一定金额的薪水吗？"大多数人都会回答愿意，这样做太正常不过了。现在你拿到了承诺，你还需要一把锁。假设这把锁以选择性退出机制的形式出现——雇员自动参加此类储蓄计划，但只要他们愿意，他们可以选择退出。进一步来讲，当他们的薪水实际在增长时，他们永远都看不到自己的全部工资在增长，因为这种预先约定的金额会自动地转入一个独立账户，而没有人感受到损失。如果你以为这只是一个虚拟的储蓄计划，那你就错了。加州大学洛杉矶分校教授什洛莫·本纳吉（Shlomo Benartzi）与理查德·泰勒联手精确设计了这样一个计划，他们将其称为"为了明天多储蓄"。该计划不仅提高了储蓄率，还超过了那些接受了最好的专家（财富经理）建议的人的储蓄水平。

这是一个针对重大问题的出色的最后一英里解决方案。它没有涉及经济激励措施，也没有使用限制措施，不需要开展大规模的信息攻势或富有说服力的努力，而仅仅使用了有关人类决策行为的非常简单的洞察力来帮助人们实现目标！

The Last Mile
04
Creating Social and
Economic Value from
Behavioral Insights

心理账户与支付手段对最后一英里行为的影响

在第4章中，你将找到以下问题的答案：

1. 餐厅服务员如何通过薪水、奖金或小费来改变自己的支出？
2. 你废掉一张预付门票的决策竟然取决于这张票的形式？
3. 为什么健康俱乐部的月卡会员比年卡会员更有可能去健身？
4. 你的洗衣行为会根据你家附近的自助洗衣店接受预付卡还是现金而发生变化吗？
5. 为什么当用里拉而不是欧元付费时，意大利消费者更倾向于选择较为廉价的超市自有品牌产品，而不选择更为昂贵的品牌产品？

"省一元等于挣一元"，400多年来，这句谚语一直在鼓励人们多储蓄，而储蓄的前提是存下的一个单位的货币等同于挣得的一个单位的货币。在经济学和书面英语中，我们有更正式的术语来描述这一理念。"Fungibility"即"可替代性"，是指单位数量的某种资源的某种性质可以被相互替代。具体到货币上，这个术语的基本意思是一元钱就是一元钱，不论它是怎么挣的又是怎么存下的，也不论它是什么货币或表现为什么形式。可替代性有以下含义：

（1）省一元等于挣一元；
（2）一张100元纸币形式的现金与5张20元纸币形式的现金有同样的性质；
（3）纸币形式的现金应该具有与同等数额的硬币形式的现金同样完美的可互换性。

一件产品的支付评估不应该受到支付方法的影响。例如，不论是用现金或支票支付，还是用借记卡或信用卡支付，也不论是用电子支付或手机支付。

无可否认，所有这些说法都是正确的，但其通常只在实体银行内或当货币被掌握在专业投资者手中的时候才成立。早在20世纪80年代便开始的相关研究表明，货币的可替代性被反复遭到违背！人们，也就是像你、我这样的消费者，会根据我们挣钱的方式、我们花钱的目的、货币的具体形式以及我们使用的支付方法的不同，而有不同的花钱方式。由于货币经常作为一种基础资源在最后一英里交换，所以完整理解其心理特性是搞清楚我们人类最后一英里行为的关键。

为货币贴上标签：心理账户

让我们先举一个来自理查德·泰勒早期研究成果的简单例子。假设你喜欢古典音乐，而在本周末，交响乐团将会上演几部你最喜爱的作品。交响音乐会的门票是50元一张，所以你和你的夫人决定去听。现在，如果你愿意的话，让我们创作两个不同版本的故事，它们来自两个平行的世界！

在第一个世界里，你来到音乐厅，花100元钱买了两张票，你和夫人意识到时间很充裕,于是你们便四处逛逛,顺便吃点东西。当你们回到音乐厅时,你发现自己把票弄丢了。于是你们来到售票处请求帮助,但原始票是无标记的,无法追溯到你们付过款。因此,售票员告诉你们想看交响音乐会的唯一办法就是再买两张票。这时就需要你做出决策了:你们应该再买两张票吗?

与此同时,在平行世界里,一个稍有不同的事件正在发生。就像在第一个故事里一样,你和夫人来到音乐厅,掏出钱包,用100元钱买票。就在此时,你发现钱包里只剩下两张崭新的100元纸币,但你觉得应该剩下三张才对!你需要做出一个决策。你知道刚刚丢了100元钱,你是否需要花100元钱再买两张票?

现在,如果你是一位经济学家,或者是一位相信货币具有可替代性的虔诚信徒,或者二者皆是,除了一些微小的(和不相干的)差异之外,两个近乎相同的故事在这两个世界里发生了。在这两个世界里,你丢了一页纸,你大概是因为粗心把它弄丢的;然后,你观看了同样的交响乐、同样的表演,也都是和夫人一起去看。然而,正如理查德·泰勒在一份具有里程碑意义的论文中给我们展示的那样,与第二个世界中的人们相比,第一个世界中的人们更有可能拒绝再买两张票。如果你丢了票,你不会想去买第二张票。为什么会发生这种情况呢?

我们可以用心理账户来解释这个故事。什么叫心理账户?它是人们倾向于用特定的名字为货币贴上标签的一种想法。从你为货币贴上不同标签的那一刻起,货币花出去的方式也会有所不同。人们的行为听起来就像是会计在工作。这个概念听起来有些奇怪,但人们就是这样做事的。我们将其描述得更正式些:心理账户可以被定义为人们用来追踪、组织、评估并监控金融与经济交易的一系列认知过程。

为了阐述心理账户的基本理念,下面这个简单的例子还可以当作会计和记账的速成课程。关于需要记账的支出肯定会发生两件事:第一件事,它们需要被注意到并被写到账簿里(在会计语言中,这叫记账);第二件事,它们需要被分配到一个特定的支出类别里(在会计语言中,这叫过账)。例如,如果你决定看一场票价为50元的交响音乐会,一位心理会计可能会在头脑中创建一个名为"交响乐"的账户。这个账户的预算是50元钱。当你买这张票的时候,预算就花出去了。所以,如果现在你丢了票,预算便没有了。但是,如果你丢了现金,没关系,因为损失来自另一个独立的账户——一般开支账户,所以问题就简单化了。人们倾向于把自己要花的钱分成不同的类别,因此,人们的花钱方式不同取决于为某笔钱指定的类别。更通俗地说,为钱贴标签这种看似不起眼的行为会改变钱被花出去的方式。

几年前,当我住在香港的时候,我结识了一个有趣的人,他是一位接受过培训的经济师,在一家银行工作。他有两个孩子,当时分别是一岁和三岁,其经济条件很富裕。不过在夏末的时候,一场台风袭击了香港,他的房屋需要修缮。不过他并没有多少流动资金,他的大部分资产都很难变现,只有一项除外。他和妻子在一个银行账户里单独存了一笔钱,将其指定用作孩子们的"大学储蓄"基金,这笔钱的收益不超过3%。不过,这个人还是决定使用信用额度花12%的利息借款修房。为什么他要花12%的利息借钱,而不动用前面叙述的有3%利息的那笔钱呢?根据他的解释,这是因为"他就是不想动用孩子们的教育基金,因为它太神圣了"。孩子们至少在今后的十三四年里都用不着那笔钱,但这并不是关键,关键在于这笔钱被贴上了标签,它已经失去了可替代性。

当我在课堂和研讨会上分享了这个故事后,人们很快就认识到它违反了可替代性,但也很快承认他们可能也有类似的行为方式。一个学生告诉我,他在做研究助手,工作很努力,挣了200美元,他花这笔钱的方式就与花叔叔给他的200美元现金红包非常不同。

芝加哥德保罗大学教授休·奥克利·福格尔(Sue O'Curry Fogel)采访了一些餐厅服务员。他们的收入有三种形式:月薪、日常小费和一笔年终奖。研究发现,服务员对待这三种收入的态度和消费方式有很大不同:薪水通常用来"付账单",小费用来"外出吃饭或看电影",而奖金用来"买些好东西"。该发现的一个重要暗示是,如果一个服务员的年收入增加了500美元,他在消费上的变化将取决于具体哪部分收入出现了增长。如果是小费增加了,他可能会增加外出吃饭的次数；如果是奖金增加了，他可能会多去商场购物。

确实，我和很多人交流过后，他们都赞同上面的说法。如果我在两个平行世界做实验，你的年收入都增长了2400美元：在一个世界里，你将以一次性奖金的形式得到这笔钱；而在另一个世界里，你每个月的收入都会增加200美元。在这样两个世界里，你的消费模式会有所不同吗？我猜它们应该会有所不同。你在第一个世界里很有可能去海滨度假胜地过周末，而在第二个世界里则未必！

心理账户的创建过程与结果

构成心理账户的基础有两个过程。第一个过程是心理账户的创建。一些心理账户与消费相关（例如我们前文提到的"交响乐账户"），其他账户则包括时间、收入来源或支出等多重类别。第二个过程是过账到账户数额的评估。假设你花50美元买了一张交响音乐会门票，你会向交响乐心理账户过账不只–50美元，而是–50美元的价值（把它看作情绪影响）。丹尼尔·卡尼曼和阿摩司·特沃斯基开创了所谓的"展望理论"，该理论告诉我们如何评价货币结果。具体地说，展望理论告诉我们：（a）我们倾向于把与其他货币结果相关的货币结果称为损失或收益；（b）无论是损失还是收益都呈现一种敏感性递减——第一块钱的收益（或损失）让你开心（或伤心），第二块钱的收益（或损失）让你更开心（或更伤心），但这次与上次的感受并不完全相同；（c）损失对你造成的伤心程度要比收益让你开心的程度更深。在展望理论中，"损失厌恶"无疑是一个关键概念。在第13章中，你将读到更多有关展望理论的内容。

一个账户一旦创建起来，而结果也经过了评价，那么交易双方都需要被存放（或过账）到同一个心理账户。例如，如果我评价伤心与花费50美元相关，而开心与观看音乐会相关，那么我需要把这些数额放入交响乐心理账户。进一步讲，这些数额都需要做心理匹配；换句话说，我需要在心理上把–50美元的金额与音乐会的价值关联起来。

如果我有一个清晰的交响乐心理账户（把它看作一个糖罐），我已经向其支付了50美元，我现在依然有–50美元存在这个糖罐里。让我们假设在音乐会当天，一场可怕的暴风雪不期而至，在这种情况下，待在家里并聆听家庭音响播放的音乐可能更安全些（也更舒服）。但在我的脑海里，我可以看到糖罐里还存有一个负值。如果我不去，门票也不退款，我没有任何办法让糖罐里的那个负值变为正值。麻省理工学院的德雷泽·普雷莱克和卡内基梅隆大学的乔治·列文斯坦借鉴了我们评价公司账户方法的术语，描述了我们如何在心理上看待心理账户：用红色代表负结余数，用黑色代表零数余额或正结余数。在他们的研究中，他们开发出一个卓越的数学模型，以捕获这种心理会计过程的实质。他们用浅显的语言指出：人们反感关闭以红色标注的账户，而且想尽办法关闭以黑色标注的账户。请仔细考虑下面这个案例。小时候，我们的家长教育我们避免浪费，而面对钱（尤其是辛苦得来的钱）时，这一避免浪费的倾向尤为强烈。因此，即使我们明白不该出门去听音乐会，但是心里还是在想不去听交响乐似乎是一种浪费！这一行为被称为"沉没成本效应"，它驱使我们消费自己已经支付过成本的物品，因为不这样做似乎意味着浪费。在印度，我学会了一个印地语的成语，它完美地解释了这种思维。这个成语叫"paisa-vasool"，可以大致翻译为"物有所值"。正如我们后面将会看到的那样，沉没成本效应可能是一个非常有效的策略，它促使人们去做不愿意做的事。例如，当人们已经付过费之后，为了避免浪费钱，他们更有可能去健身房或接受流感疫苗注射。

这便引申出挂钩的概念。为了让沉没成本效应起作用，人们的心理账户应该能在心理上把付出的金额与特定的消费机会联系起来。在芝加哥大学读研时，约翰·古维尔和我便开始研究挂钩会在什么时候发生以及如何发生的问题。

下面这个简单的例子来自我们的一篇论文。假设你喜爱滑雪，你来到科罗拉多山区，并购买了4天的滑雪通行证，花了160美元。但这个滑雪通行证有两种不同的形式：在第一个世界里，你拿到一张面值为160美元的卡，你可以把它别在滑雪衫上，并拥有整整四天在山里通行的权利；在第二个世界里，你得到4张面值为40美元的滑雪票，你每天都能抽出一张票别在滑雪衫上。

让我们想象一下，你美美地滑了三天雪，到最后一天的时候，天空下起了细雨。每个人都和你说，这样的天气去滑雪就没有意思了，或许早些回家放松一下是个不错的主意。你真的还会去滑雪吗？换句话说，尽管天气状况不好，但每天付出40美元触发的沉没成本效应会驱使你去山里滑雪吗？

在第二个世界里，这种套票的形式决定了你每天滑雪的价值与每天付出40美元的成本存在明确的关系。因此，你已经付出的40美元更有可能像在你的滑雪衫上烧个破洞，让你感觉如果不去滑雪就是一种浪费。从另一方面讲，如果你手里只有一张卡（就像第一个世界的情形），你可以以你选择的任何方式来摊销或分配收益。例如，你可以很容易说服自己："在过去的三天里，我玩得非常开心，花160美元也值了。"这种通行证的形式会创建一个为期4天的心理账户，而非4个为期一天的账户。我们可以预料到，在第二个世界里，人们更有可能在不好的天气去滑雪。事实上，这就是我们的发现。我们把这种现象称为"交易脱钩"。

当交易的形式很难实现成本与收益一对一的联系时，便会发生脱钩。这种现象会出现在多种场合：用同样的价格购买一种产品时，在购买套票或上网流量包时，当一个人使用信用卡消费而让所有支出都来自一个大账户中时。在我们所做的另一项研究中，约翰和我获得了在科罗拉多州博尔德市举办的莎士比亚节的活动数据。参观者可以购买套票或单次票。我们还可以记录下参观人数。我们发现，参观者的爽约率结果与脱钩预测一致：参观者购买套票参观票的爽约率要高于单独购买参观票的爽约率。

一个重要因素会导致人们不易感受到预付款带来的全面心理冲击，这就是时间的流逝。让我们暂时回到购买滑雪票的场景，并特别关注一下滑雪通行证——单张的4天通行证。你是在到达山区的当天花钱买的票，还是提前6个月买的票，这两种情形有什么不同吗？约翰和我由此发展出一种理论，我们称之为"支付贬值"：我们从本质上指出，正如经济资产会随着时间贬值一样，做出这种支付的伤心（消极）价值也会随着时间贬值。一个用来表述这种支付伤心感的更贴切的术语叫"支付的痛苦"。人们对适应刺激进行的早期心理学研究显示：随着时间的推移，人们可以适应令人厌恶的刺激。例如，当要求人们把手放到冰桶中时，人们起初似乎是痛苦的，但一段时间之后似乎就不那么痛苦了。我们提出，支付的痛苦就是以类似的方式被感受到，也就是随着时间的推移，支付的痛苦会减轻，因此对沉没成本效应的影响也会减小。

在使用滑雪通行证的情境下，我们的预测应该是简单的。如果你刚刚购买滑雪票，你很有可能冒着霏霏细雨在第四天去滑雪，因为支付的痛苦依然还在。如果你在几个月前就已经买好票，那份痛苦感便有可能较轻，而且你或许会对自己更仁慈，决定放弃在糟糕的天气里去滑雪。

为了检验这个想法，约翰和我进行了几次实验。我们也有幸获得了提取一家健身俱乐部数据的权利。这家俱乐部刚刚为自己的健身房安装了一套电子访问系统，这意味着我们有权查看会员的出勤记录。这家健身俱乐部还有许多会费支付计划，它们只在支付频率上有区别，但在一年中支付的总额是一样的。例如，使用年卡计划的会员需要每年一次性支付，而那些参加月卡支付的会员都签有年度合同，其支付总额也都一样，而且12次分期支付额是相同的。我们从健身俱乐部采集的数据可以发现"支付贬值"的情况，那些在1月份一次性支付会费的会员会在1月份和2月份非常积极地参加健身。将日历翻到4月份、5月份，会员心中要做的其他事情的重要性开始超过健身。等到9月份或10月份，他们的出勤率已经降至非常低的水平。他们支付的痛苦已经降低到如此低的水平上，以至于沉没成本效应已经起不到什么作用了。到了11月末，会员回到健身房的频率有所反弹，但我们猜想，这是当时俱乐部发出的续订通知产生的影响！

另一方面，随着时间的推移，那些参加月卡支付计划的人会表现出相当稳定的消费模式。非常有趣的是，与那些参加年卡付费计划的人相比，他们也更有可能续订会员资格。当他们收到续订通知后，他们会比参加年卡计划的人更加积极地参加健身，因此他们感到这份支出是值得的。

我们是如何在心里记账的:"罐头瓶会计法"

几年前,我针对不同的预算编制(人们以此管理自己的家庭支出)在加拿大和印度做了一些研究。我从一位朋友那里听到一个有趣的故事,讲的是他的祖母如何利用"广口瓶会计"法做家庭支出预算。普林斯顿大学社会学家维维安娜·泽利泽(Viviana Zelizer)记录下很多有趣的现象,其中一个便与此类似:说明人们会例行公事般地为自己的钱加上标签,并按不同的标签花钱。泽利泽把这种方法称作"罐头瓶会计法"。

家庭会计体系的理念很简单。父母仔细盘算当月可自由支配的收入,并按不同的类别做出预算,然后准备好真正的广口瓶(或罐头瓶),并为每个广口瓶贴上类别标签。例如,第一个广口瓶可能贴上"外出就餐",第二个是"娱乐",第三个可能是"购物"。等到发薪的时候,父母通常都是带现金回家,并在每个广口瓶中放入适当的金额。此举让决策变得简单。下一次面对消费机会时,他们只需扭头看一下对应的罐头瓶,确定是否付得起这笔支出即可。如果有一个孩子想出去和朋友在汉堡店聚餐,家长的第一反应会问几个问题,比如:"你做完作业了吗?""你能确定7点前回家吗?"甚至就是最简单的提示:"看看'外出就餐'糖罐吧。如果里面钱不够了,答案就是'不行'。"

那么人们是如何在心里记账的呢?他们是如何创建这些支出类别的呢?你可以采用三种特定的方式为你的钱分类。第一,就像休·奥克利·福格尔所调查的那些服务员一样,他们可以在心里根据钱的来源记账。如果我的钱是在大马路捡到的,那么我花它就和花辛辛苦苦挣来的钱截然不同——意外之财 VS 劳动所得。意外之财会花在不必要的东西上,而我的薪水通常用来支付账单。第二,你可以根据时间段记账。你可以做出周预算、月预算,甚至每日的预算。第三,你可以根据不同的支出类别编制预算,比如使用广口瓶或罐头瓶之类的记账方式。

1996年,奇普·希斯(Chip Heath)和杰克·索尔(Jack Soll)在芝加哥大学做过相关的研究，深入调查了预算的过程和结果。他们提出了一个模型（希斯－索尔模式）：已记账支出被过账到若干个账户中的一个，每个账户由前瞻性的预算编制决定。例如，我可以在每个月的月初着手起草一个预算，为四个可能的账户都设置上限。正如使用广口瓶会计法一样，之后我的支出决策受到每个账户中未使用的预算数额的驱动。为了让整个系统运转起来，我们必须做以下认知操作：

步骤一：创建支出类别，并为每个账户分配一定额度；
步骤二：为每笔支出记账，并过账至适当的账户；
步骤三：坚持记录每个账户的经常性总支出以及未使用资金的状况；
步骤四：确认一个新的消费机会属于哪个账户；
步骤五：如果遇到其他购买要求，确定是否留有足够的资金去应对那笔支出。

到目前为止，读者想必已经意识到这些都是较为艰巨的任务：机会是不错，但人们说不清会在什么地方绊倒。首先，我们知道人们并不擅长记录支出情况，也不善于做复杂的预算。在一篇发表于2001年的论文中，我提出人们会遵循更简单的模式，而且这种模式会产生和希斯－索尔模式同样的结果，不过会采用一个不同的过程。尤其是，我的模式依然需要创建支出类别、支出的模糊记账和过账，但它可以追溯，而且不在连续进行的基础上。例如，我相信人们不会一直按天管理标签并记账。相反，当面对一次消费机会（譬如说周末到海滨度假）时，他们可能会问自己："这段时间我花在这上面的支出太多了吧？"如果回答是肯定的，他们很可能会拒绝这次机会。依据这个观点，记账是可追溯的：我必须搜寻大脑中纷杂的记忆，以检索类似的支出。过账同样可以追溯：只有当做出了周末度假的支出决策时，我才需要把已发生的支出过账。

可想而知，这个过程有可能出现两类错误：记账错误和过账错误。显然，这种情境下的记账错误意味着：在某些情形下，消费者在决策时不太可能回忆并参考过去的支出情况。当消费者使用支付手段时更容易出现这种情况。

The Last Mile
最后一英里

支付手段对人们行为的影响

为了检验支付手段的影响，人们有必要了解货币的演化过程。在人类文明早期，人们用富余的商品交换自己需要的商品，这种方式叫易货交易。由于商品价值问题会导致谈判时间延长，所以这种交易方式使用起来并不轻松。货币概念的出现便是尝试引入价值的统一尺度，以提高交换的效率。纵观整个货币进化史，货币一直保留着作为价值统一尺度的角色，但它采用了多种形式。在古代，玛瑙贝最初被视为珠宝，所以它是最常见的交换介质。大约在公元前700年，在人类发现金属之后（首先发现的是青铜，之后发现的是更贵重的金属），硬币或铸锭形式的货币出现了。更晚些时候，纸币得到了广泛应用，时至今日，其依然几乎在每个国家中使用。除了硬币和纸币的货币形式，现代货币形式还包括支票、信用卡和借记卡之类的塑料卡、直接扣款和自动转账之类的电子支付手段，以及最近兴起的以C-模式为代表的第三方支付。传统经济学将所有这些支付手段放在一把无所不包的保护伞下：货币。所有这些形式的货币在本质上没有区别，所以假定它们代表了不变价值。

20世纪70年代和80年代期间，研究人员开展了一系列研究，以评估信用卡刺激物是否可以增加人们花钱的意愿。其中一个研究考察了信用卡刺激物在慈善捐助情境下的影响力。在这次实验室实验中，被试全身心投入一个不相干的实验，半数被试的桌角上都放着一张作为刺激物的信用卡。实验开始10分钟之后，一位实验同谋走进房间，声称"联合之路"正在校园开展一项募捐活动的可操作性调查。实验同谋随后问被试，如果在校园里开展这项活动，他们愿意捐献多少，他记录下参与者的反应，然后走出房间。结果显示，得到刺激物的参与者比那些没有接触到刺激物的参与者更愿意捐款。

在第7章中，你将读到麻省理工学院教授德雷泽·普雷莱克和邓肯·西梅斯特（Duncan Simester）开展的一次实验，他们让被试知道自己可以投标体育门票和纪念品，并使用现金或信用卡支付。结果很清楚：当他们预期使用信用卡支付时,他们投标的金额会明显偏高。问题是为什么会发生这种情况?

我怀疑原因是信用卡用户出现了记账错误,导致我更加怀疑(当然我的信念也很坚定)我在 2001 年发表的那篇论文中介绍的两项独立研究。1996 年开展的第一项研究中,我拦住一群刚刚在芝加哥大学书店买过书的学生,要他们回忆自己所花费的准确金额(以及他们使用的支付方式)。接下来,我要求打开他们的收据,让我知道他们的回忆是否准确。在所有使用现金支付的购买者中,有 66.7% 的人准确回忆起自己花费的购书金额,而其余人的偏差在 3 元以内。在那些使用信用卡支付的购买者中,只有 34.8% 的人回忆起自己花费的购书金额;其余 65.2% 的人要么报告的金额低于实际金额,要么承认自己记不清了。对使用信用卡的用户而言,这是记账错误的一个明证。

第二项研究同样于 1996 年在芝加哥开展,我们找来 30 名单一收入者,他们只有一张信用卡。我们要求他们做两件事:第一件事,把他们未打开的信用卡账单带到实验室;第二件事,要求他们把同时期所有大额交易(金额大于 20 元)的数据收集起来,也带到实验室。当他们到达实验室后,要求他们首先回忆尽可能多的支出,然后打开结算清单和收据,并写下实际金额。他们平均有 7.7 项信用卡支出,但平均只能回忆起 4.6 项(回忆成功率 = 59.74%)。他们平均有 6.3 项现金或支票支出,但平均只能回忆起 5.6 项(回忆成功率 = 88.88%)。对信用卡用户而言,这是记账错误的第二个明证。

一般说来,前文提及的支付痛苦可能会受到我们采用的支付方式的影响。多年以前,经济环境较为简单,那时现金还是主要的支付方式,如今的消费者拥有相当多样化的支付选项。虽然现金和支票在世界的某些地区依然被普遍使用,但塑料介质支付手段(信用卡和借记卡)在世界大部分经济体中已经司空见惯。在一些国家和地区,这些支付手段甚至都变得过时了,其正在被更加先进的手段所取代。例如,香港有一种非接触可充值智能卡——八达通卡,人们可以用它来乘公交车和火车、在自动售货机和咖啡馆买零食、支付停车费和体育场所的门票;谷歌有一款电子钱包产品;苹果最近开发出了自己的移动支付程序;还有很多电子和移动支付系统已经被成功应用在了世界的很多地方。科技的进步为人们带来了日趋方便的支付方式，常规的现购自运交易已经与我们渐行渐远了。

我们将现金支付作为基准交易。当我们支付现金时，无论是在具体形式（很容易就看到钱被花出去了）上还是在金额（因为现金必须经历点钱、递钱的过程，所以金额很容易被记住）上都是很明显的。当我们从现金支付变成支票支付时，支付的具体形式的显著性趋弱，而金额却得到强化（因为需要写下文字和数字）。在使用信用卡的时候，支付的具体形式和金额都在弱化（信用卡并不具有现金的具体特征，而且价格的强化程度也受到了限制）。至于电子支付和移动支付，其支付的具体形式的显著性就更低了。

除了支付的具体形式与金额的显著性之外，另一种因素也可用于区分不同的支付方式，它与货币流出和购买场景的相对时机有关。对于使用现金交易而言，货币的流出与购买同时发生。使用借记卡和 ATM 卡购物也属于类似的情况。对于使用信用卡而言，货币流出大多发生在购物之后，而储值智能卡的货币流出发生在购物之前。

在所有这些差异中，有哪种差异可以解释由不同的支付手段带来的支付痛苦的差异呢？在一项调查中，我发现支付方式在形式上的显著性（以及金额上的显著性）可以完美解释可以感知到的支付过程透明度，当然也包括支付痛苦。货币流出与购买的相对时机似乎与透明度不存在对应规律。从表4-1中可以看出,支付透明度与不同的支付手段存在关联。

表4-1　　　　　　　　　各种支付手段的透明度

支付手段（从最高透明度到最低透明度）	形式的显著性	金额的显著性	货币流出和购买的相对时机
现金	非常高	高	同时发生
支票	高	高	购买后支付
信用卡	中等	中等	支付大多发生在购买后
借记卡	中等	中等	同时发生
储值卡	低	低	购买前支付
自动转账（从银行账户直接扣款）	非常低	非常低	同时发生

持家好手与洗衣

如果你在谷歌上搜索关键词"如何洗衣",你可能会检索到成百上千篇为你提供各种非常棒的洗衣建议的文章。此类建议我们经常从妈妈的口中和介绍如何持家的书中听到或读到,其中一条建议是将带颜色的衣服和白色的衣服分开,并分别洗涤。但有多少人会真正这样做呢？很多人辩称,实在没必要将衣服按颜色分开洗涤,这种说法也促使《消费者报告》杂志做了几次实验,汇报实验结果的文章得出结论:"事情看起来并无回旋余地,您必须把白色的衣服和有色的衣服分开洗,除非您希望自己的白衣服染上一些别的颜色。"

很多人承认,他们很想把有颜色的衣服和白色衣服分开洗,但是无法承担将总洗衣量分成两小批衣服洗涤的费用。换句话说,如果成本不是问题,那人们肯定会把衣服分开洗。但进一步分析,难道分开洗衣的倾向也受到洗衣付费方式的影响吗？我抱着极大兴趣做的研究也出现在同一篇探讨支付透明度的文章中。实验是在一座大型公寓楼的洗衣房中进行的。公寓楼的管理单位宣布，洗衣机将升级改造。他们目前的规定是洗一桶衣服收费1元钱，但改造之后，他们将只接受预付费洗衣卡。一个研究助手在洗衣房内闲逛，假装洗自己的衣服。她一边洗衣服，一边观察有多少人会把要洗的衣服分开。在观察的前半段（也就是洗衣机只接受硬币的阶段），有44%的人会把要洗的衣服分开。然而在观察的后半段（收费标准相同，但必须使用预付费卡），这个数字升至60%。有更多的人在使用预付费卡时将衣服分开洗，原因可能是用卡付费似乎不如用现金付费那么痛苦。

货币面值对消费者偏好的影响

影响心理账户的另一个因素是货币，以外汇方式表示费用通常会让计量过程更困难些。随着经济日趋全球化，由于存在汇率差异，我们更容易遇到不同的票面价值。经济学文献中早就记录过，在制定经济决策时，人们会关注货币的票面价值而不是实际价值。过往的研究表明，这种对货币表面价值的关注对消费者偏好的影响要大于对实际购买力的影响（甚至在考虑了利率和通胀因素之后亦是如此）。

在我与欧洲工商管理学院（INSEAD）的克劳斯·韦坦布洛克（Klaus Wertenbroch）和阿米塔瓦·查托帕迪亚雅（Amitava Chattopadhyay）共同开展的研究中，我们提出了有关货币估值的货币数值效应。数值效应到底意味什么呢？它的意思是当实际大小保持不变时，如果把某种事物分成数值更大的单位，那么人们为该事物的大小或价值给出的评估结果就会更大或更有价值。因此，人们更依赖于给定对象的绝对单位数值，而对单位的大小则不够重视。克劳斯、阿米塔瓦和我发现，数值效应与数值启发是一致的。在一项专题研究中，我们对了解消费者是否偏好昂贵的品牌产品而不是廉价的私有品牌产生了兴趣。此时的消费者实际上在思索下面这个简单的问题：品牌产品较好的品质真的配得上高企的价格吗？让我们在两个情境下思考用于对比的同一种产品。在第一个情境下，价格的差异以欧元表示，即 1.33 欧元。在第二个情境下，价格的差异以印度卢比表示，即 78.25 卢比。两种情境下的质量差异是相同的，但当用印度卢比标价时，名义价差要大很多。我们预测并发现，当货币数值更大时，人们更有可能选择私有品牌，因为好品质对应的价格似乎并不值！

因此，虽然本章开始时的谚语讲的是一元钱就是一元钱，但我认为现在有证据表明，一元钱绝不仅仅是一元钱，而省下的一元钱未必意味着挣了一元钱！

The Last Mile
05
Creating Social and
Economic Value from
Behavioral Insights

时间心理学

在第 5 章中，你将找到以下问题的答案：

1. 人们如何估计一段经历会持续多长时间？
2. 有关帮助人们完成任务的话题，我们能从"哈利·波特"中学到什么？
3. 感知上的进展如何帮助人们更好地管理排队时的等待时间？
4. 我们如何鼓励人们采取可以产生长期后果的行动？

货币在个体的经济决策中扮演着核心角色。相对来讲，虽然时间的角色处于相对被低估的状态，但时间也是一种资源，无论如何，认真了解时间非常重要，因为它也是最后一英里决策的关键所在。尤其是，对时间的了解可以让我们更好地了解决策的三个特定领域。"多少生命在等待中浪费。"首先，如今的消费者可以领悟到拉尔夫·沃尔多·爱默生（Ralph Waldo Emerson）这句充满隐喻和富有哲学意味的箴言中蕴含的不折不扣的事实。人们必须排队等待接受航班登机前的安检、排队注射流感疫苗以及排队更新驾照；他们需要等待正在处理中的申请和正在运输途中的产品；他们需要等待程序下载并将其安装到自己的移动设备中。其次，作为企业和福利机构的经理人，我们经常希望人们着手开展某项工作或执行某项任务，而它们可能与他们目前所处环境的关系并不大。例如，我们希望人们接受流感疫苗注射、启动退休计划或者饮食更健康以预防患上老年疾病，或者更泛泛地说，他们致力于并不需要立即启动的项目或安排。最后，正如我们在第2章中已经讨论过的那样，人们经常会做出结果可以延伸至未来的选择。了解时间心理学可以帮助我们了解如何更好地管理等待时间、如何让人们着手执行任务，以及如何帮助人们做出更好的跨期选择。

人们对时间的感知与理解

研究显示，人们估计对象持续时间的能力并不强。我们来假设一个实验室环境：要求人们在缺乏任何计时工具的情况下等待，之后要求他们估计自己已经等待了多长时间。实验结果证明，人们对等待时间的估计相当不准确。更为普遍的是，与"货币咪表"不同，我们的大脑中似乎并没有一个像钟表一样以同样的速率滴答作响的持续时间计数器，而且我们对于持续时间的估计由所处环境的各种信息决定。芭芭拉·弗雷德里克松（Barbara Fredrickson）和丹尼尔·卡尼曼在有关过往经历的记忆研究中发现，一个有效经历（例如，经历的亮点、经历的变化率以及终止状态）的显著特征似乎比目标的持续时间对经历的记忆产生的影响更大，他们把这种现象称为"持续时间忽略"。显然，在经历终止那一刻，经历的显著特征作为判断的一种输入值立刻处于可获得的状态，而"一次与持续时间相结合的评估必须费尽辛苦才能建立起来"。

另外，还有大量专门探讨消费者如何判断经历的持续时间的研究。此类研究获得了两方面的洞察力：其一，我们身体内部的时钟受到兴奋和脉搏等生理因素的影响；其二，我们对持续时间的判断经常是灵活的和不准确的，会受到诸如情感、心理卷入、创新以及活动多样性等多重因素的影响。因此，当人们因注意力分散而不能专心等待时，时间似乎走得很快。基于过去的研究，提供公告牌、电视屏幕等都是导致人们注意力分散的简单方法。

几年前，我与博士生安熙景（Hee-Kyung Ahn）和麦琪·刘（Maggie Liu）合作开发了一个人类如何回忆过去经历（尤其是如何估计那些经历的持续时间）的模型。模型的基本设置可以通过一个简单的故事得到最好的阐释。假设去年哈雷尔和哈代都与各自的家人进行了一次相同的旅行。哈雷尔为自己见到的每位家庭成员和遇到的每件事都拍照留念，而哈代并未拍摄那么多照片。几个月后，当要求两个人回忆这次不起眼的旅行时，他们都翻出了标记为"家庭之旅"的电子相册，并以幻灯片的形式观看他们的旅行照片。在回顾了100张照片之后，哈雷尔似乎相信自己所做的旅行比只展示了20张照片的哈代的旅行更长、更重要。不过自相矛盾的是，在这次旅行期间，哈雷尔可能会觉得时间好像过得很快，因为他和家人参加了各种各样的活动。为了使其有所不同，本来在时间上看起来很短的经历会因为人们注意力分散而在回顾时看起来非常长。

这个故事捕捉到了潜藏在我们记忆标记模型内的直觉。在我们的模型中，故事中的下列要素都是关键变量：（a）充当记忆标记物的照片由两个人在旅行期间拍摄；（b）照片都存储在一本使用经历的名称作标签的相册中；（c）照片的数量成为判断持续时间的一个线索。上述要素与记忆标记模型的三个阶段相符：标记物编码是指将标记物归档到适当的记忆库中，以及经过一段时间的延迟之后检索它们。编码是指经历的特定片段或精彩瞬间被记录下来，以备日后（通常是当环境发生改变时）检索的过程。并非所有发生在我们的认知和感应环境中的改变都会导致一个标记物出现。在归档阶段，已编码的记忆标志物被分类并堆放在记忆库中，该过程与一个流行的心理学模型相符合，即所谓的"记忆仓库模型"。该模型将记忆概念化为涉及人物、物体和事件的单独信息片段，并将其放入仓库或储藏室。信息处理的结果作为独立的信息表征，并以生成时间为序被传输并存储在相应的仓库中。在检索阶段，存储在记忆库中的记忆标记物被审查，并被用于做出判断。考虑到大量标记物会导致人们需要大量时间审查它们，我们期望记忆标记物的编号可以用作推断回忆中那段经历持续时间的一条线索。不过请注意，当一段经历富含认知和感觉改变时，时间似乎流逝得更快。然而，此类经历将导致更多的记忆标记物出现，因此也将作为一段长记忆被记住。记忆标记模型的预测与心理学家威廉·詹姆斯（William James）提出的一个悖论相符："一般而言，一段充满了各种有趣经历的时间似乎在体验时是短暂的，而在回忆时却是冗长的。另一方面，一段空洞的经历似乎在体验时是冗长的，而在回顾时是短暂的。"

该研究以及由沃顿商学院加尔·曹贝尔曼及其同事所做的类似研究均指出了小心使用注意力分散的方式作为排队管理策略的必要性。虽然注意力分散可能会改善等待过程中对等待的感知，但当处在后续购买环境下的消费者选择服务提供商时，该策略会产生事与愿违的结果。一个理想的排队状况表现为消费者在等待期间并不感到沮丧，而并不太生动的注意力分散策略会增加记忆中等待的持续时间。

第二个在等待环境下起作用的理念是人们做预算以及在心里解释时间的方式。一家为患者提供连续治疗和康复服务的医疗机构成功地将某些诊室的待诊时间缩短了45分钟至1个小时。然而，管理人员却惊奇并失望地发现，这些过程改进措施并未影响患者报告的就医经历满意度。其解释很简单，大多数患者考虑到自己治疗的性质，他们已经做出了预算，因此在心理上接受了在这里等待一天或半天的情况。在这种预算背景下，节省45分钟时间真的没什么用！心理账户研究还显示，消费者在损失的范畴内存在风险厌恶。因此，当他们相当有把握地知道自己将等待多长时间时，等待反而变成了一种愉快的感受。

第三个理念与人们思考未来时间持续的方式有关。我与芝加哥大学一位非常聪颖的博士生涂燕平开展了一次合作。在我们的研究中，我们提出虽然时间是连续流逝的，但大多数人都是按照特定的范畴思考时间。例如，我们按照一周的时间来规划自己的日程，我们按照本周之前或下周之前的时间来为自己的计划分类。类似地，农民可能根据收获季节来安排农活，时装设计师会参考时装周期来安排设计,而学生则是按照学期划分学习阶段。这种分类工作很容易做,它能帮助我们轻轻松松地组织信息。而在我们把事物归入不同的箱子或桶中的那一刻,人们都会像看待箱子中的其他事物一样同等对待特定箱子中的每种事物,而在其他箱子中的所有事物则被认为属于不同的类别。这正是我们在第 4 章中用来解释心理账户的同一种直觉。

让我们思考下面的例子:假设在一个国家中有两个虚构的州——亚哈州和瓦哈州(参见图 5-1 中的地图)。假设你住在亚哈州的舍哈尔市(就是图中的十字标记处)。你刚刚得知在另一座城市中爆发了一种病毒传播疾病,你觉得自己应该警惕,这种疾病有可能传播到你所在的城市。现在,让我们进一步假设,疫情已经在一座名为纳加尔(位于瓦哈州,用三角标注)或一座名为加翁(位于亚哈州,用圆点标注)的城市中出现了。研究人员阿鲁尔·米希阿(Arul Mishra)和希曼苏·米希阿(Himanshu Mishra)提出的问题是:在哪种情形下,你会更担心?

现在,大多数读者都会认识到,假设不出现异乎寻常的情况(例如,任意两座城市之间的人员流动率不存在过高或过低的情况),两座城市之间的距离或许是疫情传播的一个明显的预报器。然而,两位研究人员发现,人们的报告显示,当疫情出现在加翁(与他们所居住的城市属于同一州)时,人们对其表现得更为担心——即使加翁距离舍哈尔市更远些,而且他们知道病毒可不管什么两州之间的边界!这种现象的解释很简单。人们使用本州居民的标签创建了分类(在这种条件下,亚哈州和瓦哈州是相对的分类),因此,同属某种分类的成员彼此之间似乎更相似。如果这种情况能够发生在亚哈州的另一座城市,它也能发生在本市。但瓦哈州似乎离人们更远些。需要注意的是,如果我们能让人们将空间重新分类,我们有可能改变上述结果。例如,如果我们刻意说明纳加尔和舍哈尔都位于纳迪河的西侧,而加翁位于河的东侧,人们便有可能将河道两侧作为分类的基础。

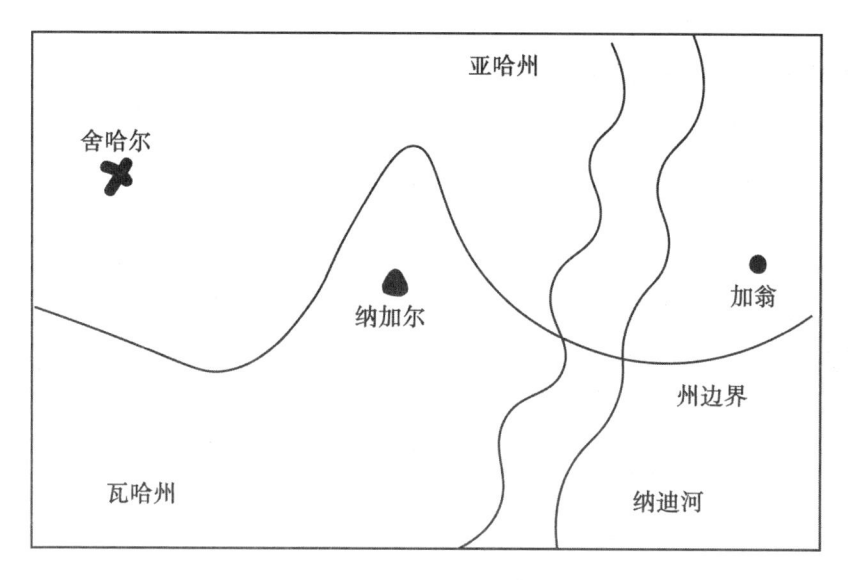

图 5-1　瓦哈州和亚哈州地图

燕平和我相信，人们在以同样的方式思考未来的时间。我们把事件按照在周、月、学期和收获季节等各种类别分类，并根据它们属于哪种类别来对待它们——可能是现在，也可能是日后。如果事物属于日后的类别，它们会被搁置一边并令其慢慢酝酿。否则，它们的地位将获得提升并得到充分的关注。让人们把未来的最后期限划分至"现在的"分类中，这会推动这项任务走到前台！

等待和排队的启示

排队是一种无处不在的消费者体验。我们日常会排队坐公交车上班、排队使用ATM机、排队办理登机手续、排队到邮局寄包裹、排队购买日用品或排队给电话订票中介打电话。病人做手术需要排队；一个人给消费者客服中心打电话时也需要虚拟排队，他要等待下一个可以接线的客服专员。由于排队现象普遍存在，排队理论领域涌现了大量文献，它们都是借助数学模型研究了排队的效率问题。

排队有一种重要的功能，它们决定了消费者到达某个服务地点接受服务的顺序和服务的速度。因此，在排队理论中，绝大多数研究都有明确的目标，使类似处理率（单位时间内接受服务的人数）、平均等待时间以及队列长度这样的可观测变量的系统效率达到最大值。不过，排队等待提供了若干心理学上和消费者选择上的启示。消费者报告称在排队时感觉沮丧，然而这种沮丧程度经常与实际持续的等待时间并无太大关系。而且，等待的经历经常在消费者评估服务质量和做出退出服务或推荐服务的决定时发挥重要作用。因此，市场营销行为研究人员对了解消费者在等待服务期间体会到的心理成本以及对提供减少此类成本的方案颇感兴趣。

虽然很多针对等待心理学的研究都集中在服务经历的回顾性评价（服务结束时测定）上，但依然有极少量的研究关注处于排队等待阶段的消费者的经历和决策。正如迈耶所指出的那样，消费者"并不是人类队列中无头脑的过客"，他们可以做决策，而且他们的情感状态也受到了环境的影响。尤其是消费者可以决定先离开一个队列稍后再返回来，或者完全放弃与服务提供者打交道并到其他地方去。这些决定取决于他们所感知到的等待时间长短，以及队列中的社交影响。

等待产品和服务具有显而易见的消极影响：消费者会感到沮丧和不耐烦。因此，大量研究都证明了这个事实：增加等待时间降低了人们对产品或服务的满意程度，并对整体经历产生消极影响。所以市场营销领域的研究人员和从业者已经在着手创造减少等待时间的系统。

经济学家加里·贝克（Gary Becker）首先提出了一种评估时间的经济学方法。在这种方法中，消费者做出的行为就好像存在真实的等待成本，而且这种成本的高低取决于等待所花费的时间。"时间成本"便相当于加权工资率，即假设消费者不是排队等待，而是利用一个小时的时间去工作应该挣得的工资的机会成本。在这种研究等待时间的传统方法中，等待的实际时长决定了等待的成本（以及由此产生的消极后果）。然而，市场营销领域的研究人员随后辩称，影响等待成本的不是花在等待上的实际持续时间，而是感知到的持续时间。针对排队的过往研究显示，消费者采用回顾的方式评价等待的持续时间，从而导致服务评价降低。研究人员还试图寻找减少时间感知消极效果的策略。例如，卡茨（Katz）和他的同事发现，等待期间的注意力分散（例如，公告牌或电视）让等待变得更加愉快，也提高了服务评价。

排队代表了临时组织起来的一群人，他们通常拥有同样的目标（消费目标产品、服务或完成一项任务）。这些人经常相互交谈，使用其他人作为参照点以评估排队的移动速度，他们相互之间因队列减速或有人插队而变得恼怒，有时也会通过分享各自的遭遇而发展成友情。在某种意义上，排队反映了临时的社交体系；同样地，认知和社会科学家研究的大量行为也可以在排队中看到。我特别概括出三组行为，并做了大量研究：（a）经历进展的需要；（b）做社会比较的倾向；（c）对社会公正的渴望。

取得进展对任务完成的重要性

假设你要进行一次从丹佛到多伦多的商务旅行。两地没有直航，所以你的旅行代办员为你提供了价格相同的两个选择：第一条路线是你可以飞到芝加哥，再转乘飞往多伦多的航班；第二条路线是你可以先飞到凤凰城，再转机多伦多。进一步假设在两个选择中，整个行程的耗时相同。这样看起来，大部分人对于这两条路线应该没有好恶之分。然而，我与同事石梦泽所做的研究显示，当他们做选择时，大多数人会非常喜欢第一条路线。

我们的预测是基于一种我们称之为"虚拟进展"的理论。虽然我们有一个精心制作的模型来解释这种理论，但其理念非常直观，它基于两个简单的原则。第一，每当人们开始在一段时间内从一个地方到另一个地方旅行时，旅行的速度和方向便会对他们朝最终目的地（他们的目标）前进的感觉产生影响。直接奔向目标的旅行会产生积极的进展，而绕行会产生消极的进展。以高过平均值的速度旅行会产生积极的进展，以低于平均值的速度旅行会产生消极的进展。第二，发生时间接近于选择时间的事件对选择的影响远远超过发生时间偏离于选择时间的事件。

将这个原则应用于丹佛的这位商务旅行者，我们看到第二条路线出发之初即处于一种消极进展状态，因此在旅行者眼中这条线路特别难以忍受。第一条路线中也存在消极进展，但它发生在以后的时间点，因此不会明显地影响选择。请注意实际进展，即行程除以耗时在两种情形下是相同的；然而，第一条路线取得的进展（即所谓的"虚拟进展"）似乎更大。

我们针对虚拟进展的研究揭示了下列经验法则，等待环境设计师（以及行程规划师）据此实现消费者选择的最大化并提供最佳体验。

1. 无停顿排队（行程）通常优于拖延很长时间的排队（行程）。换句话说，一个能让消费者取得稳定进展的排队系统优于另一个在快速进展阶段和无任何进展阶段穿插分布的排队系统。
2. 避免任何形式的反向进展（也就是说朝目标反方向的运动）。在许多排队环境中，队伍都蜿蜒曲折，一眼望不到头，因此排在某个位置上的消费者实际上会离开队列，与最终目标渐行渐远。我们与排在这些队列中的消费者交流之后确认了我们的理论，即这样的状况在消费者看来是无法实现预期目标的。
3. 假如反向旅行和/或中途停留是有必要的，那么它们在行程中越靠后越好。根据我们的理论，在等待之初便存在妨碍进展的因素极有可能阻止消费者加入到排队中或让其早早放弃。

虚拟进展理论并不仅限于排队和旅行计划。假设有两组人参加10公里越野训练。他们在两个不同的赛道训练。在第一条赛道上，沿赛道每隔1公里立有一块标志牌，显示运动员已经走过的距离；在第二条赛道上，沿赛道每隔2公里立有一块标志牌。有趣的是，第一条赛道上的运动员通常比第二条赛道上的运动员完成训练的时间早，这是因为他们接收前进的速度反馈更频繁，因此也更加努力。一般而言，人们认为自己取得的进展越大，他们想要继续完成任务的动力就越大！

消费者如何估计自己的进展呢？例如，在一个直线队列中，消费者可以直观地观察队列的长度，并确定自己在整个队列中的位置。时不时地，消费者还能得到反馈。在亚洲的很多政府办公室以及主题公园内（这两类场所排长队的现象很常见），消费者通常可以从指示牌上看到自己当时的预计等待情况。在很多网络和电话排队中，你经常会听到信息提示机通报在你前面有多少人在等待。

有趣的是，我们注意到人们对进展的感知是由可能与实际进展没有任何关系的数据构筑而成的。举个例子。我安排一组学生做 30 页文本的校对工作，这些文本要么是每页有 15 行文字的短段落，要么是每页有 30 行文字的中段落，要么是每页有 45 行文字的长段落。一些学生先分到 10 页短段落，接着分到 10 页中段落，最后分到 10 页长段落。另一组学生的文本分配顺序则完全相反。在开始执行任务前，所有学生都会大致浏览一下整份文稿。他们校对完 10 页之后，会被问到自己认为已经完成了多少任务，他们通常的反应是已经完成了 1/3（实际上是不正确的）。更有趣的是，尽管有证据表明，第一个小组的实际完成量要比 1/3 低很多，而第二个小组的实际完成量要远远超过 1/3，但两个小组的学生们都报告自己取得了同样的进展，虽然他们继续完成任务的动机保持不变，但那些已经完成了长段落校对的学生应该更有动力继续下去。

所有这一切都为我们如何组织既冗长又复杂的任务提供了引人注目的启示。我们常常遇到写报告、准备演讲稿、打一次限制回合板球比赛、学习一个新电脑程序或者开始减肥之类的任务。在任务的开始阶段，我们很容易激发斗志，毕竟这是一个激动人心的新任务；而进入任务的最后阶段，胜利就在眼前了。最容易出问题的是任务的中间阶段，也正是在这个阶段，虚拟进展会派上用场。通过把短段落、简单的任务和大密度设置的指示牌放在中间阶段，我们可以发出足够多的进展信息，以便始终保持进取心和投入程度。

这些发现为排队管理提供了其他方法。尤其是我发现，消费者看到明显的进度标志时更有可能留在长队中。因此，人们的身体会移动（而不是坐着）的队列、物理环境随着时间发生变化的地方（例如，在迪士尼乐园里，队列的不同位置被标以不同的颜色、不同的照片或者不同的宽度，所以当人们快到达目的地时，就必须走快些）以及人们取得进展反馈的地方（例如，在中国香港特别行政区的政府办公室里，队列沿途设有指示牌通知人们"您距离队伍前端还有10分钟的时间"），这些都是取得进展的明显标志，因此更有可能留住消费者。所以另一个关键点是，一定要把已经取得的进展指示出来。

一个取得进展需要的推论是这样一种理念：消费者不仅希望在队列向前移动方面取得进展，也希望在实际任务中取得进展。让我们来设计一个场景：申请人在领事馆办理签证。签证申请后的接收环节由三部分组成，即纸质旅行文件提交、交费和签证签章。在我和赵敏、雷纳德·李（Leonard Lee）所做的研究中，我们对比了总等待时间相同的两种排队秩序。在第一种排队秩序中，签证申请人在得到通知到一个柜台完成整个领取签证的过程之前，需要等待（比如）60分钟。在第二种排队秩序中，签证申请人在申请过程中的三个环节被分开，每个环节均需等待20分钟。我们发现，在第二种排队秩序中，申请人感觉等待的体贴程度和总体体验明显要好，这是为什么呢？在第二种排队秩序中，申请人每隔20分钟便与服务提供者互动一次；而在第一种情形下，他们在60分钟后才这样做。在第二种排队秩序中，申请人总是更早地"进入系统"，因此也更有信心完成任务。

这种把人们更早"带入系统"的理念可以通过多种方式得到证明。我和一个特殊医疗服务单位有过合作，上述原则得到了有效利用，接受该单位服务的患者的焦虑感得到了控制。患者通常要等待大约30天或40天的时间才能得到一位专家的预约，这段时间会引发其高度的紧张感和焦虑感。该单位为了让等待变得更贴心，便在程序上做了一个简单的改变。他们在接收一位新转诊患者之初即安排一个护士给患者打电话，收集一些基本医疗信息，并回答他们的任何问题。此举让患者感到自己现在已经进入系统中，这种程序上的改变导致他们对这次就医经历的满意度大幅度提高。

在一个完全不同的领域里，森德希·穆来纳森和爱尔达·沙菲尔（Eldar Shafir）利用"将消费者更早带入系统"的原则引导更多的低收入消费者开立银行账户。这些无银行账户的低收入消费者在美国的一个流动厨房里参加了一个介绍开立银行账户益处的教育讲座。虽然参加讲座的人都表示已经听明白了这些益处，但只有一小部分人（11%）开立了账户。然而，对流程稍做变动之后，一位银行业代表参加了讲座，他在听课者离开讲座前收集了部分需要填写的表格。这些消费者现在感觉自己已经"进入系统"了，因此更有可能根据引导完成申请流程。确实，结果显示，这样对流程做出改变之后，有多达63%的听课者开立了账户！

社会比较

在社会心理学领域，一个研究群体广泛地探讨了人类通过与他人比较了解并改善自身的普遍倾向。社会比较发生在一个不间断进行的基础之上，并一直被描述为自发的、毫不费力的和相当无意识的行为，但其极有可能发生在不确定、创新、评估或改变的情形下。

排队的消费者都是适合做社会比较的优秀候选人。等待的情形是非同寻常的，它以实现一个个体的愿望为目标，然而它还具有社会性，因为他人也在试图获得相同的目标。它促进评估的开展，尤其是当消费者正在思忖是否中途退出、甚至正在尝试调整自己的情感状态时，并且这种身体上与他人接近可以促成简单的比较。我与周蓉蓉合作开展的研究发现，这种做社会比较的倾向会带来一个有趣的结果：如果一位正在排队的消费者身后排了很多人，那么他更愿意继续等下去。站在理性的立场上看，这个发现是令人迷惑的，毕竟唯一有意义的事是排在他前面的人的数量和服务速度，因为这两个数据可以提示这位消费者还要继续等待多长时间。不过，在一个普遍让人感觉不舒服的等待环境下，消费者看到后面还有不少人排队会给自己带来一丝安慰，因为"有人比我还糟糕"。

"反事实思维"概念指的是对一组涉及过去或现在的真实事件或环境的模拟替代方案的认知。在队列中，排在这位消费者身后的若干消费者会潜在地导致可能出现拖延结果的反事实思维。此类反事实思维的一个例子是："如果我是15分钟之后来的，那么与我现在所处的位置相比，我会远远地排在最后面。"这会导致一种安慰感和积极情绪出现，并让消费者甘愿在队列中继续等待。

The Last Mile
最后一英里

把事情做好的含义

罗特曼管理学院有一门非常著名的课程叫作"把事情做好"（Getting It Done），它是 MBA 的选修课。该课程并非市场营销课程，也不是一门讲授金融、会计、经济、经营、战略或组织行为的课程。它其实很简单，就是教给学生们如何把事情做好。罗特曼的学生不得不用投标（bid points）的方式选修最受欢迎的课程，而这门课是学生们花掉分数最多的课程之一。这门课始终受到最高的评价。我一直对这门课的成功感到好奇。我记得曾经有一次和这门课的讲师布兰登·考尔德（Brendan Calder）聊起过，当时我们正在一家咖啡厅内站着排队。我问他怎么看这门课程如此受追捧，布兰登未做任何犹豫便回答："因为生活就是由把事情做好的一系列行动构成的。"

布兰登是对的，而且总是对的。不论我们是否喜欢其中的哲理，我们中的大部分人都会承认自己确实把生活看作任务清单上一系列核对无误的标记。写书、付账单、修缮房屋、买寒假的机票、接送孩子们……这份清单很长。人们如何应付这些事，特别是它们如何决定完成任务的先后顺序的？

假设你刚刚接到一个任务，要求你从现在开始用两个月的时间完成。这项安排确实让你有大量的工作要做，但毕竟这个任务不是要求本月完成。另外，你还有很多其他事情要处理。你很可能出现这样的情况：你将其他事情置于明显次要的地位，任其慢慢积蓄启动的能量，而把精力投入到手边更为紧要的事情上——本周或本月必须完成的工作！

在本章前面的内容中，我们谈到了时间的概念，人们可以把未来的时间分成两类："现在的"和"以后的"。我们还谈到人们对待所有"现在的"事件的方式都是类似的，对待所有"以后的"事件的方式也都是类似的。需要特别指出的是，在我们的研究中，涂燕平和我将所谓的"实施心态"（一个人对完成任务和结束项目更感兴趣的心态）和"审议心态"（在这种心态下，一个人对任务做周密计划——仔细考虑什么需要做以及由谁去做）区分开来。我们相信，人们对于归入"现在的"这一类别的事件都是怀着实施的心态去看待的，它们都是人们努力在任务清单上勾选核对无误标记的事件！

事件是如何进入"现在的"这一类别的呢？第一个途径实际上与该事件在时间上确实接近有关。今天需要完成的工作和为了赶上最后期限现在必须开始的工作，它们很显然都处在"现在的"这一类中。但在第二个途径中，事件被划入"现在的"还是"以后的"类别与时间段如何划分有关。人们倾向于用重大标志性事件划分时间段并创建分类。除了按照标准的日历划分年、月或周以外，我们还可以按照生日、节日和与个体有关的日子划分。我儿子是"哈利·波特"系列的热心读者，他为我摘录了《哈利·波特与火焰杯》中的一小段文字。哈利为了寻找永恒的荣耀，将会参加三强争霸赛，比赛计划在2月进行。哈利对自己的这项使命并未做好充分准备，直到圣诞节之后。让我们看看原书是怎么说的："圣诞节一过，2月24号似乎就非常近了。"显然，哈利·波特是把圣诞节当作时间划分工具来为未来的时间分类的。在圣诞节之前，三强争霸赛还属于未来发生的事件；但在圣诞节之后，它就属于"现在的"这类事件了。而且当他准备三强争霸赛时，尽管客观的时间间距不会在一夜之间发生什么明显变化，但他突然感受到了巨大的紧迫感。

在系列研究中，燕平和我研究了利用相对固定的时间完成一项任务的人。对他们中的有些人来讲，截止期限属于"现在的"类别；对其他人而言，则属于"以后的"类别。我们有若干种方式可以改变分类。以一项需要在20天时间内完成的任务为例：如果任务是在本月5号安排的，那么截止日期还是在本月内；但如果任务是在本月25号安排的，那么截止日期就是下月了。再假设一项任务，如果周一对任务做出安排，计划耗时6天，那么截止日期便是周六。我们创建两种版本的日历以影响分类。在第一个版本中，每周都被涂成不同的颜色（所以现在的截止日期就在本周）；在第二个版本中，所有的工作日都被涂成一种颜色，而所有的周末都被涂成另一种不同的颜色（所以现在截止日期看起来属于不同的一类）。在我们所做的多重研究中，我们发现了同样的基本结果：忙碌的人们更有可能启动一项截止日期被感知为"现在的"任务，而不是被感知为"以后的"任务。

显然，我们思考未来的方式改变了自己做事的方式，甚至改变了能否把事情做好的前景！

应对"时间尚早不必着急"的问题

年轻人无法参加健康行为或制订退休计划有个简单的原因，那就是这些行动的潜在消极后果还远在天边，所以他们并不踊跃，而那些可以即刻显现结果的其他行动项目反而获得了优先权。从某种程度上讲，人们在心理上并未感受到与未来的自己存在心理上的联系，也正是基于此，他们并不像做出自己当前的决策那样也为未来的自我做决策。

一个人可以通过两种常见的方式增加当前的自我和未来的自我之间的联系。第一种方式是通过对时间本身的处理。如果未来的自我似乎处在不远的将来，仅凭这一点便有可能帮助我们增加关联感。或许我们可以用明显的、暂时的标志物来划分时间，以便让人们相信自己现在与正在策划的未来处在相同的时间类别中。医生和理财顾问们常常通过里程碑的使用含糊地借鉴这种理念。例如，理财顾问会提醒获得高级文凭并开始找第一份工作的大学毕业生们，他们的大学生活已经结束了，应该计划好自己的金融账户。类似地，医生可能会提醒那些正在过50岁生日的患者，他们现在正在进入一个不同的人生阶段，并鼓励他们认真检查自己的健康状况。简而言之，人们有关时间标记物的研究提供了一个简单的方法：当你希望让一段时间看起来较长时，那就在中间安插很多标记物；当你希望这个时间段看起来较短时，那就把标记物去掉！

第二种方式是增加与未来自我的同理心。很多人的行动好像在情感上与未来自我是割裂的。借用哈尔·赫什菲尔德（Hal Hershfield）及其同事的话说："对于那些疏远未来自我的人而言，储蓄就好比在今天花钱和把钱交给若干年后的一个陌生人之间做出选择。推测起来，个体对现在自我与未来自我的关联感应该让其领悟到自己是未来的收件人，并将影响到自己储蓄的意愿。"这些研究人员（也包括其他一些研究人员）推荐了一种增加与未来自我关联程度的聪明做法——一个人的年龄渲染图。我们可以在一家金融服务公司的网页上找到一个年龄渲染的例子，上面写着"面对现实，准备退休"。这个过程很简单：这家网站的访客可以用电脑摄像头拍张自拍照，然后提交并准备年龄渲染，电脑接下来会收到一张照片的修改版，你可以看到自己退休时的相貌如何。

赫什菲尔德及其同事在四项研究中使用了沉浸式虚拟现实硬件和交互式决策辅助工具做了类似的一些工作。他们在研究中发现，与未来自我互动的参与者更有可能选择以后的经济回报而非即刻的收益。人们通过关联创造与未来自我的同理心确实会令人保持更大的耐心，而且有可能做出更有利于未来自我的选择。

我们在研究选择时遇到的所有变量中，时间或许是最具可塑性的变量之一，它还是最核心的变量之一。确实，我们可以成功地证明所有选择都具有随着时间推移而延伸的意义。另外，虽然我们都熟悉"趁热打铁"这个成语，但在这一领域仍留下了很多研究空间，比如探讨以下问题。

- 我每个月都要去客户那里送储蓄账户提醒单，那么我在一个月中的哪些天去最好呢？
- 如果我试图鼓励人们接受流感疫苗注射，那么我应该在什么时候为他们提供一家注射疫苗的诊所呢？应该在人们有很多富裕时间的周末还是周中？虽然大多数人都会选择周末，但我猜测周中的一天可能是最好的选择。接受流感疫苗注射在任务清单上是一项"要做"的内容，大多数人在工作日中都是处在实施心态下，在周末则不是这样。
- 如果我计划让人们做一件事，那么我应该在早上还是在下午发出请求呢？应该在他们工作期间还是在休息期间呢？

显然，还有大量诸如此类与时间相关的问题，我们对于这些问题还没有太好的答案。所以，如果你对此有什么想法，就拿出笔记本把它们记录下来，深入研究它们吧！但这件事最好本周就做，而不要等到下周。

The Last Mile
06
Creating Social and
Economic Value from
Behavioral Insights

决策点理论对改变行为的有效性

在第 6 章中，你将找到以下问题的答案：

1. 食物分割如何改变消费模式？
2. 把 100 枚代用币都放在一个袋子里交给赌客，与在 10 个袋子里各放 10 枚代用币交给赌客产生的效果有什么不同？
3. 为什么提醒物在改变行为方面如此有效？
4. 如果沿一家自助餐餐厅的自助餐台外缘张贴排队指南会发生什么情况？
5. 谁是计划者，谁是执行者，为什么使用决策点可以控制计划者？

如果你到电影院的小卖部买了大份的爆米花，你会得到一大桶大概有 10～12 杯容量的爆米花，这些爆米花大约有 1200 卡路里的热量。如果你要的是奶油爆米花，热量至少还会增加 300 卡路里。营养学家会告诉你，它或许还包含你需要消耗3天的标准消耗量的饱和脂肪。

颇为有趣的是,大多数买到大份爆米花的人实际上并不想全部吃掉它。如果你在不同的时间点上或者在不同的地点做调查,问他们是否真的想吃10杯爆米花,他们会说"不"。即便如此,确实还是有很多人会把所有爆米花都吃掉。

这是一个简单的思维实验。如果把同样数量的爆米花分成4袋,你还会吃那么多吗?答案是:不会。究其原因,这与一个心理过程有关,我和我的合作者阿马尔·奇马(Amar Cheema)以及徐静将其称为"决策点理论"。

在很多情况下,当人们决定吃爆米花、薯条、巧克力或喝苏打水时,他们通常做的决策叫元决策。他们决定吃爆米花,但并未决定吃多少。他们打开袋子吃,但不会去看下一粒爆米花并说:"噢,我应该再吃一粒吗?这么好吃!"类似地,他们在吃袋子里一粒粒的爆米花时,也不会问同样的问题。他们会一直吃下去,直到把爆米花消灭干净。

当我有4袋爆米花时会发生什么事呢?我会先吃第一袋,直到将其全部吃完。现在,我要主动做出一个决策了,这个决策就是,我应该打开第二袋吗?此时,我头脑中的理性成分开始起作用了,于是我说:"不,该停下了。"

决策点总会起作用吗?不,不总是这样。决策点会为被称为"复杂购买者"的消费者提供帮助。"复杂购买者"这个概念被研究人员用来描述那些认识到自己存在自我控制问题,并希望为此做些事情的消费者。决策点与复杂购买者的配合很好,因为它们让消费者停下来思考,而不仅仅是随波逐流。当你占有大量资源(比如爆米花、苏打水、时间或货币)时,如果你将其分成很多份,你就是在创造决策点。

在生活中,某些最困难的决策属于"应该VS希望"决策。约翰本该为了自己的将来储蓄,但一杯滚烫的卡布奇诺咖啡带来的诱惑却创造出一种让他从储蓄目标分心的"希望"。保拉知道自己本该去健身房锻炼,但她宁愿把时间用在与朋友一起看电影上。乔治知道自己本该在早餐时吃健康的格兰诺拉麦片,但他的愿望却是来一份更对胃口的煎蛋卷。另外，虽然林戈知道自己本该少吃最喜欢的薯条，但他突然发现钱包已经空空如也了，他也很好奇钱都去哪儿了。

这些只是长期令个体面临挑战、令研究人员颇感兴趣的几个决策的例子。人们并不是不知道自己应该做什么，而只是在面临富有诱惑力的消费机会时冲动行事。

研究人员已经提出了大量的理论依据来解释此类行为。其中一个理论依据是双重过程模型，它已经得到理查德·泰勒和赫什·舍夫林（Hersh Shefrin）的研究证实。作者提出，每个个体实际上都是一个由两个实体构成的组织，两个实体分别是指计划者和执行者。一方面，计划者有远见，清楚当前决策的结果，因此会为个体绘制出一条最佳途径；另一方面，执行者活在当下，目光短浅，而且会推动个体选择具有当前最大价值的替代选项。

在泰勒和舍夫林的模型中，计划者会通过意志力来控制执行者的愿望。一般而言，该模型显示当人们被问到自己的偏好时，他们的"计划者"会走到前台，选择"应该"选项。然而，当他们面临一个诱惑性的机会（例如林戈手中的薯条）时，"执行者"会走到前台，促使个体选择"希望"选项。"应该选项"这个概念不仅适用于让一个个体的未来福祉达到最大化的选项，还适用于那些改善社会福利的选项。例如，一个人不应该让空调的运转超出让人感觉舒服的状态，然而，很多人都让单位的空调整个夏天都不停。类似地，在可能的情况下，一个人应当保护能源并选择公共交通，但当这样的机会出现时，小汽车的舒适感会让你难以割舍。

第二个理论依据名为"双曲贴现理论"，此前我们已经探讨过，它经常被用来解释个体如何做出"应该 VS 希望"的选择。该理论的核心理念是人们普遍贬损未来的价值，而且倾向于选择"小而快"的奖励（SS）而不是"大而晚"的奖励（LL）。请注意，SS 奖励和 LL 奖励的概念是对"应该还是希望"选项相当贴切的比喻。例如，在食品行业，SS 可能代表一块具有诱惑力的巧克力蛋糕，而 LL 则可能代表较好的长期健康状态。即便如此，在学术界和平民百姓中还是存在广泛共识的,也就是说,受到计划者特别控制的生活(人们以此总是做出 LL 选择)可能会表现为特别无趣。稍微放纵的消费对我们的福祉是有好处的,关键在于适度消费,更关键的一点则是为消费设计有效的停止法则。

为什么我们清楚应该做什么,却总是无法兑现

到目前为止,我们的研究都把着力点用在帮助那些存在自我控制问题,但又意识到该问题的存在,并希望有所作为的人们身上。马特·拉宾(Matt Rabin)和特德·奥多诺霍(Ted O'Donohue)把这类个体归入"复杂购买者"之列。复杂购买者在我们身边比比皆是。例如,人们不厌其烦地说自己愿意减肥或多储蓄,但就是做不到,原因在于他们感受到的力量有时超出了他们的控制。我建议通过向个体提供"决策点"鼓励他们控制自己的消费行为。

基于前面讨论过的双重过程模型,我认为当个体处在消费阶段时,他们一开始是带有审慎心态的,也就是他们实际上会明确地思考消费的正、反两个方面。不过,一旦他们启动了消费,他们很快就会切换到无意识模式,由此继续消费就成了愚蠢的和习惯性的。提供决策点可以让个体迅速恢复审慎的心态。对一个复杂购买者而言,这种心态的转变通常蕴含着一个"提高警惕的要求"和清晰的认识,即消费应该以受控的方式进行。这种警惕性经常会导致消费行为终止。我们在前面介绍理论依据时提到,决策点让"计划者"控制个体的身体,并将个体从行为失检区转移到对其面临的选择冷眼旁观的状态。

一些认知与社会心理学方面的研究对比了无意识的(模糊的)和受控的(明确的或审慎的)决策过程。前者通常假设发生在意识范围之外,而后者可以被有意识地修改。我们的无意识系统能够轻松地处理突出的线索,而我们的(基于规则的)受控系统则是有意识的和需要付出努力的。这种规则可以在其受到冒犯时通过让人产生愧疚感、懊悔或对自己丧失信心来控制冲动行为(比如吃太多巧克力或花太多钱)。

阿马尔·奇马和我在不同的领域开展了一系列实验，以检验我们所谓的"分割效应"。在许多不同的领域，我们都发现把资源分割为较小的单元会减少消费。联想到前面大桶爆米花的例子，阿马尔和我在网络上无意中浏览到一位博主写的一段文字，他分享了自己消费乐事薯片的经历：

还记得那段广告吗，"不能只吃一袋"？耶！打开一袋，坐在电脑前大嚼……噢，天哪！薯片都去哪儿了？别这么狂吃啦，谁能把袋子封好？当然这个人不是我。如果你能做到只吃10片薯片就把袋子丢在一边，我佩服你。你是我的大英雄。

当吃爆米花的影迷（或这位博主）扒拉袋子，却再也找不到爆米花或薯片时，他就要做出一个主动的决策："我应该打开下一袋并继续消费吗？"这触发了一个认知过程，并让个体回归审慎的心态。如果该个体是一位复杂购买者，他就很有可能停止消费。分割有利于缩减消费，因为它为个体创造出大量的决策点。每消灭一小袋爆米花便送出一个决策点，因此也就给出了供个体重新评估进一步消费需要的机会。

简而言之，决策点旨在让个体"停下并思考"目前正在进行的消费的任何干预过程。决策点的创建方式有很多种，但最常用的方法有以下三种：

1. 插入交易成本（成功的前提是要求个体采取积极行动，这会使其在做出消费决策前慎重考虑）；
2. 提供提醒物或信息（成功的前提是将注意力放到一个被忽视的活动上，这会产生将其做好的动力）；
3. 给消费行为制造干扰（成功的前提是这种干扰可以让个体停下来思考）。

在很多情形下，人们可以结合这三种基本的方法创造出强大的干预或决策点。例如，利用所有这些手段将一定数量的可消费资源（比如说食物）分割为较小的份额。这些份额会干扰消费，提供已消耗量的提醒，并产生了少量的交易成本。

制止冲动消费的妙招：设定分割与决策点

创建决策点的一个简便方法是将一定数量的资源分割成较小的份额，这样的话，在消费得以继续之前，需要产生少量的交易成本。一方面，交易成本本身不需要太高；另一方面，交易成本之所以起作用，是因为其创造了一个干扰，提供了让复杂购买者变换到审慎心态的机会，并做出停止消费的决策。

在一系列实验中，阿马尔和我发现了支持分割约束效应的证据。在一项研究中，我们对比了使用国际长途电话卡的用户，他们都订购了一张 50 元面值的电话卡，但收到的电话卡有两种形式：一张 50 元的卡，或者 5 张 10 元的卡。考虑到购买者随机选择其中一种卡片形式，所以我们并未期待使用两种电话卡的用户在通话模式上存在何种差异。然而我们发现，两种消费模式存在显著差异。第一，我们发现，那些使用一张 50 元电话卡的人平均会用 5.7 周的时间将卡消费完毕，而那些使用 5 张 10 元电话卡的人则会用 10 周以上的时间才能将卡消费完。第二，我们注意到，那些使用 5 张卡的人每张卡通常会消费 2 周以上。当第二周将要用完一张电话卡的时候，他们面临一个选择：重新拨一连串电话号码，以便继续国际通话，或者终止通话。与一些参与者进行的简短访谈显示，他们的行为符合我们的决策点理论。有个回答完美总结了这一理念：" 我可以与自己在印度的家人通话，但当我断线后，我会考虑自己是否真的需要继续通话，而且答案经常是——不用。"

我们在其他研究中发现：当盒子中的巧克力都是小包装时，人们只会吃少量的巧克力；当把赌博代金券分成小份装入信封时，只有少量的代金券被赌掉；当人们的现金收入被分成小份装入单独密封的信封时，人们会省下更多的钱。再以饼干为例，我们发现，同样一盒饼干，与那些拥有未分装的饼干的人相比，那些拥有蜡纸分装饼干的人消耗饼干的速度更慢。类似地，布莱恩·万辛克（Brian Wansink）和他的同事研究显示，在一叠黄色薯片间插入一片红色的薯片会减缓薯片的消耗速度。在两种情形下，小分量均起到了决策点的作用。

The Last Mile
最后一英里

一些针对赌博的研究也特别有趣，我们邀请了一些人参加一项赌博研究。顺便插一句，我们在招募被试参加这项研究时，没有遇到任何问题，尤其是在人们知道自己将会参加赌博的情况下。当被试来到实验室后，每个人都领到了100张赌博代金券。这些代金券印在纸上，其大小类似4×6英寸的索引卡。每张代金券面值为0.50元（以港币计算），这意味着实验中的每个被试都将得到大约价值50港元的资产。他们已经得到通知，可以在任何时间点将这些代金券换成现金。所以，人们实际上可以选择将代金券兑成现金，直接离开实验室，实验结束。

当然，我们加入轻松获得50港元的选项是基于赌博本来就是图个乐趣的目的。我们实验中的很多被试告诉我们，他们知道自己不应该参与赌博，但却很乐意做这件事，因为他们希望加强自我控制。按照特德·奥多诺霍和马特·拉宾的话来说，这些人都属于"复杂购买者"。我们的实验目的是验证把这些代金券分成不同份额是否会改变人们下赌的规模。以下就是实验发生的情况。被试会得到两种代金券（在我们的研究报告中还有第三种代金券，但现在我们就以两种代金券为例）形式。第一种代金券：信封里装有100张代金券，并将信封交给被试。第二种代金券：一共会给被试10个信封，每个信封里有10张代金券。无论是哪种形式，被试都会得到100张代金券。简单地说，就是一个信封里有100张代金券和10个信封里分别有10张代金券这两种情况。我们感兴趣的问题是：在两种情况下，人们会赌多少钱。

这个赌博过程充满乐趣。人们必须掷一副骰子，他们每下注一张代金券可能赢得5张代金券，中奖概率为10/36（略低于1/3）。整个赌博游戏只有两条规则，但却是非常重要的规则。规则一：被试不能赌自己赢得的代金券，所以他们最多可以赌掉100张代金券。事实上，给他们的信封放在他们面前的托盘里，而他们赢得的钱则放在另一个单独的托盘里。规则二：被试一次只能赌一张代金券。

这样会发生什么事呢？在所有代金券都放在一个信封里的情况下，部分被试（33%）根本不参加赌博。但参加赌博的人通常赌心很大——每个打开信封的被试平均用掉了64张代金券。有一位被试赌光了最初给他的全部100张代金券。

那些收到 10 个信封，并且每个信封里有 10 张代金券的被试的表现如何呢？现在，绝大多数被试都参加赌博了，只有 13% 的被试决定根本不参加赌博，并将 100 张代金券兑换成现金。他们赌了多少呢？一些人赌了少量代金券，一些人赌了 20 张代金券，还有一些人赌了 30 张和 40 张代金券。事实上，赌 40 张是本组赌博的最高数额，那些参加赌博的人平均赌掉了 19 张代金券。大多数人的赌博金额都是 10 的倍数，这基本上意味着被试打开一个信封后都会在赌掉所有代金券后才罢手。他们可能打开两个或三个信封后停止，有一个人打开了四个信封。

这些实验结果给了我们以下启示，当你取得一定数量的资源并将其分成小份之后，会发生两件事：第一件事，平均消费量减少；第二件事，更多的人愿意尝试消费。代金券就相当于不同数量的小杯爆米花。当打开一个信封时，人们便已经付过有关这种用途的心理税负，现在的代金券看起来是免费的。我们并未对被试消费多少代金券做过多的探讨。人们消费代金券的数量很大。当人们把代金券分散到若干个信封中时，他们是否需要打开下一个信封便被用作迫使自己收手的一个决策点。有一点很重要，在这项实验中，大多数被试都表达了对自己的赌博行为施加自我控制的愿望。我们在一项后续研究（同属赌博范畴）中发现，将那些并未考虑到有必要抑制自身赌博行为的人单独隔离对实验结果没有影响。换句话说，我们只会对那些本来期望获得助推的人而非其他人产生助推效果！

参加交易成本形成有效干预

虽然单独隔离可以成为一项给固定的、有确定数量的资源创建决策点很好的干预措施，但这种借助少量交易成本干扰消费的总体思路可能应用得更广泛。在一项非正式研究中，我考察了公司自助餐食物的消费情况。食物通常放在一张长桌上，就餐者可以走过去随意取用，在这样的场景下，大多数人均抱怨自己吃得太多。

我对一系列自助午餐做了调查，这类自助午餐每次会持续一个小时的时间。

The Last Mile
最后一英里

我按类别（沙拉、肉类和甜点）统计了总的食物消费量以及就餐者再次光顾食物长桌的比例（54%）。接着，通过一种简单的交易成本干预方式，我用绳索沿餐台平行布置出一块排队区。绳索起到让就餐者沿餐台排队的引导作用，但更重要的是，它为人们快步过去取食一份肉类或甜点制造了障碍。我们发现，这部分额外的交易成本确实起作用了：只有 23% 的人重复取食，而且肉类的消费量显著下降——大约下降了 18%。

在另一个完全不同的领域，我们研究了空调的使用情况，发现很多家庭只要打开空调，便会在相当长的一段时间内（不论在不在家）都不再管它，从而耗费了大量电量。调查结果显示，人们非常清楚自己需要节省能源，但他们从不主动关掉空调。在我们的研究中，我们考察了安装定时器让自家空调每隔 4 小时自动断电的家庭。当断电发生时，人们决定继续使用这台空调就变成了一种主动的、审慎的决策，而非被动的决策。初步结果显示，提供这些决策点降低了电量的消耗。

最后一个有关使用少量交易成本影响消费的例子来自托德·罗杰斯（Todd Rogers）、希瑟·斯科菲尔德（Heather Schofield）和森希尔·穆来纳森等人的研究。在哈佛大学的一家自助餐厅里，他们发现大量顾客使用一次性杯子而非可重复使用的杯子。他们改变了餐厅的布局，这样一次性杯子就被放置在位置较偏僻的地方，而且只占据了很小一块空间，此时他们发现，使用一次性杯子的顾客人数大幅度减少（减少了 65%）。

在第三种情况下，研究人员保持餐厅的原始布局不变，但在摆放杯子处增加了一块标志牌，提示顾客"使用可重复使用的杯子减少浪费"。他们再次发现，使用一次性杯子的顾客的人数大幅度减少（减少了 75%）。按照我们的理论，这些研究人员通过增加少量交易成本以及通过摆放一块提供信息（或提醒物）的标志牌创建了决策点。有趣的是，他们还询问被试期待这些干预会带来什么效果，并发现他们的预测明显偏低。同样有趣的是，决策点给消费行为施加的影响似乎明显高过人类的本能反应所发挥的作用。

提醒物助力人们做出决策

我们有很多可以将提醒物当作决策点的方式。提醒物可以用来激发一个想法，即消费者拥有做出一个选择而非接受默认选择的选项。在前面的章节中，我们看过器官移植（在伊利诺伊州，主动提示人们思考是否希望捐献器官增加了器官捐献的可能性）和流感疫苗注射（主动询问人们接受流感疫苗注射的意愿增加了其接受疫苗注射的可能性）的例子，其中提出明确问题的行动便是创建决策点。很多人有充分的意愿去捐献器官或接受流感疫苗注射，但却从未抽出时间去做这些事，原因在于这类意愿一直处于搁置状态。然而，现在要求人们做出主动选择却将这类意愿推到了前台。

我们在生活中还有很多事情也属于同样的情况。我们中的很多人打算准时付账单，为慈善事业捐献物品，准时服用降胆固醇药物，积累退休基金，走亲访友，最后再给自己留些时间。然而，上述事情中有很多都不会发生，原因就是它们处于搁置状态。设计一个提醒物（尤其是那种让期望行动快速完成的提醒物），将决策推至前台。其他决策点干预措施可能还包括为消费创建一个仪式或一份时间表，这样当我们开展那项活动时，就会存在一个很明显的记忆标记。我记得自己曾经有一次生病，需要每天服药三次，医生告诉我在早餐、午餐和晚餐时各服一次药。有一天，我不知为什么没有吃中午那顿药，于是我慌忙给医生办公室留言。我的医生给我回了电话，告诉我在任何时间吃药都完全没有问题。不过，这让我清醒地认识到随餐有规律地服药会创建一个决策点，也就是消费的时间模型，这样实际上更有可能保证我服三次药。当然，有些药需要随食物一起服用，而且完全按照医嘱去做永远都是个好主意，我发现，这是一个非常好的、创建决策点总体思路的例子。

为决策提供提醒物可以发挥非常大的作用。在一系列单独的研究中，迪恩·卡兰（Dean Karlan）及其同事与三个国家（玻利维亚、秘鲁和菲律宾）的当地银行合作，目的是评估提醒物对储蓄率的影响。在整个研究过程中，由银行召集的储蓄计划的参与者收到了参加该计划的通知（提醒物）。这些通知是以邮件或手机短信的形式发出的，而且对应特定的人，文字的内容也有所不同。卡兰和他的同事发现，一则普通的邀请人们参加储蓄的通知（提醒物）将储蓄率提高了6%；另一则更具体的通知（提醒物）虽然也是以提醒人们参加储蓄为目的，竟然将储蓄率提高了16%。

信封与储蓄行为

阿马尔·奇马和我还做过一项针对挣现金工资（其消费也是用现金）的印度建筑工人的研究。这些人的家庭很少有机会接触正式的银行业务。他们每周挣670卢比①，而一位财务计划师认为他们应该可以省下40卢比。尽管我们同意了这位计划师为这项研究的被试设计的预算，但这些被试却发现自己很难存下钱。于是我们采取了一个简单的干预措施：使用一个信封。没错，就是那种普通的白信封。我们所做的就是每周亲手把40卢比放入信封内封好，交给我们被试的任务就是尽量保证信封不被打开。对于某些被试，我们还把他们孩子的照片贴在信封上。我们预测，贴上孩子照片的这笔专款会让这些被试比那些没有贴照片的被试存的钱更多（也就是说，他们不太可能花掉这笔专款）。我们的结果印证了我们的预期。这项研究的目的是制造少量交易成本以获得预算资金，但贴在信封上的孩子照片也有助于参与者创建一个储蓄目标的提醒物，并进一步提高储蓄率。

为停下来思考消费提供机会

行为科学领域的多数研究都显示，人们一直在过量消费生活必需品。在很多情形下，他们并不是因为没有意识到消费的有害作用，而是因为他们的意志力不足以抵制诱惑。以往的理论显示，他们的"执行者"取代了他们的"计划者"，他

---

① 1卢比=0.096人民币。——译者注

们也由此跌入行为失检区。

决策点理论显示，通过提供停下来并思考消费的机会，外在干预措施可以帮助个体遏制过度消费行为。对于那些寻求控制消费的个体，这些决策点通常可以帮助他们摆脱无意识心态并转为审慎的心态，或把个体的控制权交还计划者。

本书前面的四章介绍了以最后一英里决策为核心的行为科学领域的学术研究，并为从业者提出了一些相关见解。本书接下来的两章将采用稍微不同的方法，并用一定的篇幅介绍行为科学家使用的方法。我会对其展开较为深入的探讨，因为我相信这些不仅有助于提高读者的能力和解释研究成果，还有助于读者设计更好的干预措施和开发实验并测试的途径。

The Last Mile

第二部分

行为科学实验

Creating Social and Economic
Value from Behavioral Insights

The Last Mile
Creating Social and Economic Value from Behavioral Insights
07
行为科学家如何进行行为实验

在第 7 章中，你将找到以下问题的答案：

1. 为什么做行为实验或随机实验几乎与做化学实验相同？
2. 什么是每日一便士定价现象？它是靠什么调整和控制的？
3. 什么是实验室实验和现场实验？它们中的一种会比另一种好吗？
4. 我如何通过实验证明人们使用信用卡比使用现金或支票花得多？
5. 为什么人们在下雨天或去城里开会时很难打到出租车？

  我的高中生活中一个最生动的记忆来自实验室中度过的那段美好时光，至于实验室是物理实验室、化学实验室还是生物实验室都无关紧要，实验课程总是我最积极参加的课程。上课固然不错，但在实验室里，你会有机会将理论付诸实践。你可以看到单摆能够摆动到与之前释放的位置完全相同的高度，你可以根据正在使用的镜子的折射率看到不同程度的折射，你可以通过滴定过程看到一种酸和一种碱适量混合生成一种盐溶液。这些事情令我非常神往，因为尽管我们已经在课本上学习了相关内容，但当我们亲自测试所有这一切并确认理论的真实性时，这一切真的非常有趣。我还要感谢高中时代的实验室老师，因为除了证实年代久远的理论之外，他们还允许并鼓励我们（在保证安全的前提下）进行实验并收集数据，以此揭开心中的疑惑。

不知怎地，"实验"这个词总让人想起这样的画面：人们穿着实验服，站在摆满了盛化学药品的烧杯和本生喷灯的操作台前。这些人在做科学实验，仔细检验科学思想。不过，当"实验"这个词用在企业和其他组织上时却有不同的含义。当一位公司的首席执行官说他们正在做实验时，这里的实验与开展科学检测没有任何关系。倒不如说，首席执行官的意思是该公司正在尝试创造某种新的、与过去生产的产品完全不同的产品。

作为一位行为科学家，开展实验（有时也说试验）是自己要做的很大一部分工作内容。原则上讲，行为科学家做的实验与一位化学家做的化学实验没有区别。例如，假设一位化学家正在试图评估一种强酸腐蚀某种贵金属（比如说金）的能力。第一步，科学家把金片放入一个盛有盐酸的烧杯里，金并不溶解。第二步，科学家把相同的金片放入盛有硝酸的烧杯里，金还是不溶解。第三步，科学家在一个烧杯里制作出这两种酸的混合物（这种混合物叫作"王水"），并将另一份相同数量的金片加入其中，现在，金溶解了。

让我们稍微深入分析一下这个特定的实验。请注意，有三种不同的成分加入到这项实验中，我们通常把这些称为一项实验的三个条件。为了完整起见，我们再假设第四个条件，在这个条件中，没有酸但用相同体积的水代替。在每种条件下，我们都将一片金片放入一个盛有相同体积液体的相同大小的烧杯中，并由同一位科学家采用同样的方法做实验。在所有条件中，唯一发生的改变是烧杯中液体的化学组成。科学家希望检验这种变量（所谓"原因"）是否会让金溶解（所谓"结果"）。实验显示，当液体是盐酸或者是硝酸时，金并未溶解；但当两种酸同时存在的时候，金就溶解了。这两种酸通过某种方式的交互作用，导致了金的溶解。

我们可以想到，这项实验使用了一个简单的 2×2 矩阵（见图 7–1）。我们有两种酸，它们有时参与实验，有时则不参与实验。当两种酸均不参与实验时，就只剩下水参与实验，而金在水中并没有变化。当我们只有一种酸参与实验时，金在其中没有变化；当我们将两种酸以适当比例混合在一起时，我们就看到了交互作用，金被溶解了！

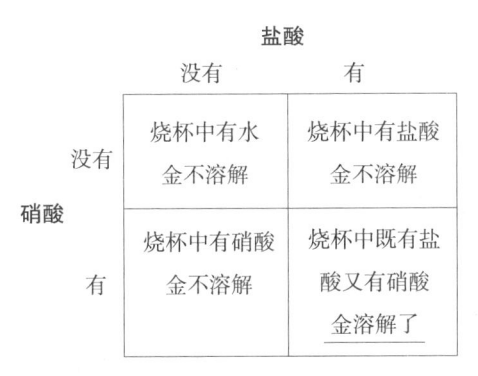

	盐酸	
	没有	有
硝酸 没有	烧杯中有水 金不溶解	烧杯中有盐酸 金不溶解
硝酸 有	烧杯中有硝酸 金不溶解	烧杯中既有盐酸又有硝酸 金溶解了

图 7–1　一项四条件实验

我不厌其烦地描述使用腐蚀性酸溶解金的实验，不是因为我认为金或酸与人类行为有关，而是因为该实验可以作为一种非常贴切的比喻，说明行为科学家可能会遇到的各种情境。在本章中，我将介绍实验的基础。如果你在阅读这本书，你将会对行为科学感兴趣，发现本章中的材料可以用在两个方面。当你阅读该领域的文章和书籍时，你可以先以一种更细腻的方式审视那些材料所呈现的内容。在本章末，你将了解实验设计基础和不同类型的实验，还可以更好地解释读到的结果。你们中的一些人还可能着手做自己的实验，并检验自己的行为理念和助推。本章的主旨在于帮你开始考虑如何设计自己的研究计划。

行为实验

让我们回顾一下第 2 章中的一个例子。假设你希望研究人们是否注射流感疫苗这一问题的提问方式对其接受疫苗注射意愿的影响。在与金溶解实验做对比的过程中，不同类型的酸就像询问人们是否注射流感疫苗的不同提问方式，金被溶解就像人们接受了流感疫苗注射。我们只要掌握了信息常量的时间和内容，便可以创建多个组，从每组中可以看到问题的不同版本，而我们只需观察每组中不同尝试的结果。

由此我们可以看到，自然科学实验与行为科学实验之间存在一个重要的不同点。自然科学领域的很多理论（尤其是那些大多数人通常都很熟悉的理论）都是具有确定性的，你可以做出相当肯定的预测。例如，当你站在地球上，让一个球从某一高度上落下，这个球将落在地球表面。另一个例子是只要遵循适当的程序，一个人可以有把握地断定一片金片会溶解在王水中。我承认，在很多自然科学领域中都存在不确定因素。例如，数学家乔治·伽莫夫（George Gamow）在《从一到无穷大》（*One Two Three ⋯ Infinity*）一书中警告我们，一个特定房间里的所有空气分子决定聚集在房间的一个角落里，让待在房间其他地方的人类居住者喘不过气来并窒息而死，这是一个非零概率。不过正如伽莫夫接下来所言，由于这种可能性不太可能出现，因此即使它具有现实可能性，我们也完全可以忽视它。

另一方面，行为科学是一种解释随机过程的理论。有一种很有趣的说法：行为科学理论可以预测一个特别的结果在一个大规模的人群中发生的可能性，但它们不能给出任何肯定性的说法。我们以注射流感疫苗为例。行为科学可能这样声称：" 强化主动选择（针对好选项与坏选项的成本和效益都非常突出的情况）可以增加人们选择好选项的可能性。" 这与另一种 " 一个人面对强化主动选择时将选择好选项 " 的说法不同，这样的表述不会出现在行为科学中。这是因为与空气分子或地球上的一个小球相比，人类行为上的变化极为多样化，对一个人产生影响的事物对另一个人来说可能毫无影响。或者说，一个人需要的助推强度可能比另一个人需要的大得多。比如，我们向 100 个个体中的每个个体提出不同版本的同一个问题，并考察有多少人同意接受流感疫苗注射。我们的预测在本质上也是一种猜测：在强化主动选择的环境下，选择同意的人会更多。或许，行为科学领域最重大的发现就是损失厌恶感：损失对你的伤害要大于收获带给你的喜悦。不过，即使这样的预测也是人们使用随机方法检验出来的。

让我们暂时后退一步，思考一下行为科学实验的具体细节。实验是一种基本工具，研究人员可以借助实验确认一个特殊变量与他们关心的结果之间是否存在一种因果关系。如果你有一个实验设想，我们可以通过这样一个陈述句将其简单地表达出来："我想检验一下提问方法是否改变了人们接受流感疫苗注射的可能性。"或者，我们来回想一下第2章中提到的坦吉姆·侯赛因所做的研究："我想检验一下奖金的设置方式是否改变了生产力。"我们研究问题使用的一个更为通用的模板是："我想检验一下（一个原因）是否改变了（结果）。"

这个实验就是在最基本的层面上对比两个（或多个）组：实验对照组和实验组。研究人员将审慎地在这两个组之间"操纵""原因"的存在（或者说创造出原因存在的变量）。在实验组中，所有被试都将经历"原因"变量。在实验对照组中，"原因"变量并不存在。接下来，研究人员将对比两组被试对"结果"变量的响应。研究人员可以采用这种非常简单的形式开始实验，并设计出更周密的实验，下面我将介绍这方面的内容。

首先，思考一下为什么做实验，这点很重要。做实验的理由有5个，其中一个理由是为了记录行为现象。人们通常通过一段时间之内所做的、汇聚为相同结论的一系列实验，记录下类似决策偏倚或用来制定决策的策略这样的重要现象。

其次，实验通常用来发展出一种理论来解释已经记录下来的现象。为什么问题的格式会改变人们的依从性？为什么奖金的设置方式会改变生产力？

再次，我们经常做实验以研究不同现象的大小。例如，设置一种奖金导致的结果在多大程度上被视为一种损失而非收获？做实验的另外一个理由是人们想协调并检验做出相互冲突预测的理论。

最后，我们经常通过实验来检验行为经济学中所谓的助推或行为变化对干预措施有多大效力。

每日一便士：编制实验程序

约翰·古维尔曾经花了相当长的时间记录并研究一种现象，这就是"每日一便士效应"（下文简称"PAD 效应"）。作为消费者，我们经常受到各种信息的狂轰滥炸，想让我们乖乖地把钱花掉：一位市场营销人员可能希望你掏出 700 元钱购买他们的新款意式咖啡机，一家慈善机构希望你拿出 350 元钱支持其具有实质性的反饥饿行动。如果一台意式咖啡机的寿命是两年，那么这位营销人员可以把购买价格说成"每天不到一元钱"，这可能很快就能吸引人们的眼球。你可能已经详细了解过 PAD 效应，那么你会如何设计实验去检验它呢？

首先，你需要识别原因与结果。作为一名研究人员，你希望展现出如果用 PAD（原因）设置一个价格，人们很有可能掏钱买的结果。所以，你可能会设计一个简单的双组（用术语解释就是"条件"）实验。在两种条件下，你为人们提供了完全相同的产品或完全相同的捐献机会。如果你计划通过广告将产品推荐给人们，那么你要保证广告内容和产品信息一致，还要保证广告被看到的条件完全一致。而在所有条件中唯一的差异是你展示价格的方式不同：在对照条件下，你会告诉人们机器的价格是 350 元；在实验条件下，你会告诉他们折合一年下来每天才花 1 元钱（见图 7-2）。你将邀请若干人参与你的研究，并随机安排他们进入其中一个条件分组。他们会看到广告并读到相关产品的信息，随后将被要求就是否愿意购买产品做出决策。你的预测是，当采用 PAD 模式设置价格时，很多参与者会说"是的，准备购买"（当然，你需要借助适当的统计技术检验这些数据的差异，但在此我尽量简化并建议感兴趣的读者参考阅读有关实验数据分析的专业书籍）。如果你的实验数据能够证明你的预测，那么你就设计出了一个能够成功检验你的预测的实验。

其次，如果你在这个阶段就对外宣布已经揭开了一种新现象的秘密，那无疑是鲁莽的行为。你最需要做的是证明这种现象很强劲，而且在很多条件下都是真实的。例如，让我们假设在第一个实验中，你使用了一个购买产品的场景，而现在你可能希望选择不同的产品或者不同的慈善捐献场景来重新做这个实验。类似地，在第一个实验中，你为人们提供了一个购买机会，并向他们提了一个二元选择问题（"是的，我会购买"VS"不，我拒绝购买"）。你现在可能希望他们在李克特七级量表上显示其购买可能性。

最后，你的第一个实验可能使用了一个假设的购买场景，而在后续研究中，你可以使用一个真实的购买场景。如果你在不同的购买产品的场景中继续得到相同的结果，提供不同的量表让人们做出响应，并呈现了假设购买和真实购买两个场景，那么你就发现了一种强劲的现象。

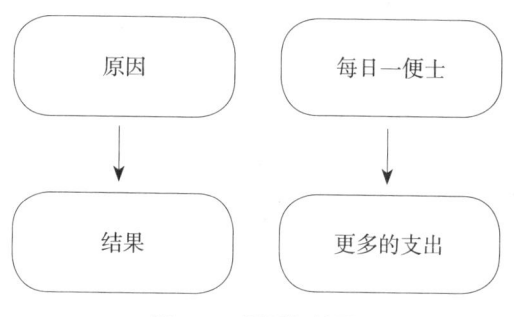

```
   原因              每日一便士
    │                  │
    ▼                  ▼
   结果              更多的支出
```

图 7–2　原因与结果

你需要提出的第二个问题是：为什么会出现这种现象？这种数据模型可以用哪种基础心理学来解释？约翰·古维尔提出，当一种产品的价格被设置为 PAD 价格时，它就会触发一个对比过程。当我被要求每天只需做一元钱的慈善捐助时，我便开始检索其他每天花一元钱的方式，而且我可以检索到很多方式：买咖啡、付停车费、买邮票、使用自动售卖机买零食，类似的例子不胜枚举。我使用了这样一条线索，把捐助机会划入与自己很多其他日常花销相同的一类，这增加了我对负担能力的感知。如果我用一个句子来为这个论据做出解释，大概是这样：一个 PAD 价格让你感觉负担得起，因此你更有可能去消费。"负担能力"是一种介于原因和结果之间的中间状态，因此它被称为一种"中介物"（见图 7–3）。

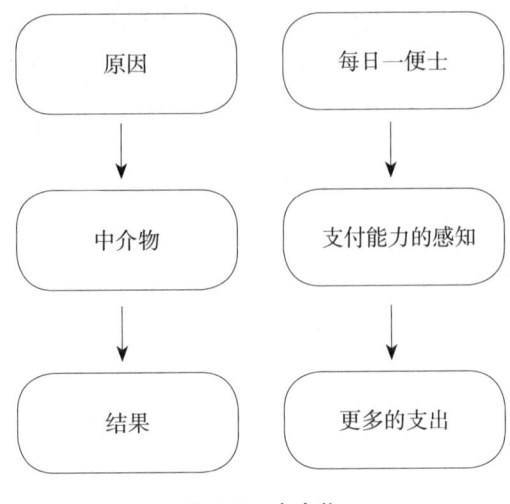

```
┌─────────┐      ┌──────────────┐
│  原因    │      │  每日一便士   │
└────┬────┘      └──────┬───────┘
     ↓                  ↓
┌─────────┐      ┌──────────────┐
│ 中介物   │      │ 支付能力的感知 │
└────┬────┘      └──────┬───────┘
     ↓                  ↓
┌─────────┐      ┌──────────────┐
│  结果    │      │  更多的支出   │
└─────────┘      └──────────────┘
```

图 7–3　中介物

　　为了检验这一中介物，实验者需要使用适当的量具测量人们对支付能力的感知程度，而需要用来检验中介效应的统计分析细节超出了本次讨论的范围，但对此感兴趣的读者可以到大卫·凯尼（David Kenny）的主页获取相关知识。

　　让我们更进一步，彻底搞清楚这种理论和这项实验。我们已经知道，这种效应只有当以一元钱的 PAD 金额（人们可以很容易地将这样的金额与消费者的其他日常消费对比）构建时才会发生。我们再举个例子，比如，我现在正在考虑一种价值 2500 元的产品，将其转换成 PAD 价格大约是每天 7 元钱。采用之前同样的程序，我试图检索日常每天花费 7 元钱的实例，然而我一无所获！我确实偶尔买午餐，但这也是唯一进入我脑海中的事情。以日为基础设置价格策略可能会取得适得其反的效果，因为现在消费者不能回忆起其他任何一件每天日常消费 7 块钱的事情。换句话说，消费者以 PAD 定价将会导致更多的支出，但该效应也取决于费用水平。尤其是，它只对日常消费量小的情况起作用，而不适用日常消费量大的情况。在实验设计专业领域，第三变量被称为"调节变量"（见图 7–4），其中的因果关系会根据调节变量发生改变。在这个特定的例子中，调节变量会消除结果，但它也可以强化或弱化正在讨论中的结果。

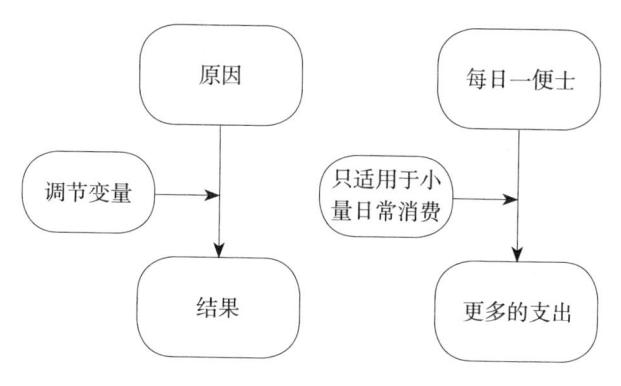

图 7-4 调节变量

我们该如何设计一项实验来检验调节变量呢？让我们回忆一下该系列实验最早的场景，其奠定了对基本现象的支持。该场景中有两个条件，一个实验对照条件（一个常规的综合价格）和一个实验条件（一个 PAD 价格）。假设我们在继续使用这两个条件的同时，再增加两个条件做一项实验，新增条件是第二综合价格（2500 元）和第二 PAD 价格（每天 7 元）。现在，实验有了四个条件，它们看起来有点像一个 2×2 矩阵。在矩阵的一个维度上，我们有两个层次的价格架构（综合价格和 PAD 价格）；而在另一个维度上，有两个层次的金额（350 元和 2500元）。实验的四个（2×2）生成的条件使用了两个维度上所有可能的组合，这类实验设计被称为"全交叉设计"（见图 7-5）。

图 7-5 前后比较设计

如果开展这项实验，我们会有什么期待呢？我们期待：当金额是 350 元时，能找到两个价格架构条件之间存在的差异；而当金额是 2500 元时，却找不到两个价格架构条件之间存在的差异。这就像盐酸在硝酸存在的条件下会溶解金，但没有硝酸的存在就不会发生溶解金的现象。换句话说，我们在此能预测的是存在一种"交互作用效应"！

请注意，我们的研究已经从一项简单的、仅对比两个条件的实验快速前进到包括中介物、调节变量、全交叉设计和交互作用效应的实验。

行为实验中的变量

你在阅读任何有关行为科学的书籍时都会经常遇到"操纵"这个词。什么叫操纵？不，它并不是指实验者是一个诡计多端的马基雅维利式的人物。相反，它是指实验者改变实验组的一个过程或一项任务的任何一个方面。在一个行为实验室中，一名被试的全部经历都是可以被操纵的，其中包括信息呈现的方式、书写文本用的字体、被试座位的舒适程度、房间的大小，甚至背景的颜色、温度或不同要素。一位实验的被试在其所在组中经历的、被实验者改变的任何体验的要素都被称为一种操纵。

在我们考虑实验时，还有几个需要记住的概念。首先是"背景变量"。背景变量是指任意一组保持不变且不被操纵的变量。通常，数据的采集地点以及参与者的国籍、种族、性别或教育程度都属于在一个实验环境中给定的背景变量，行为科学家需要在实验设置的背景环境下解释这项实验，尤其要注意，不要从一组给定的背景变量中做出过度的概括以及把实验结果归入其他背景变量的条件中。当基本的实验结果可以在不同组的背景变量中被复制出来时，研究人员就会对结果信心十足。

"随机化"是指把参与者随机分配到不同条件下的行动。随机化极为重要，这是因为它让所谓的选择偏倚和分配偏倚降至最低。以一个消费者使用信用卡和使用现金或支票购物的对比研究为例。如果你只是观察了人们在一个商店中的购物行为，并把那些使用信用卡的人与那些使用现金或支票的人做了对比，你就有可能得出结论：使用信用卡的人会比使用现金或支票的人花的钱多。然而，有一种可能性是存在的，即预期要花很多钱的人决定首先使用信用卡。如果是这样，那么人们花钱的真实"原因"是消费水平，而真正造成"结果"的是选择支付方法。如果不是随机地把人们指派到两个条件下，那我们就有可能得到错误的结论。

类似地，为了尽最大可能地减少出现任何分配偏倚的机会，实际负责采集数据的实验者或研究助手通常并不清楚实验的目的。所谓分配偏倚出现的机会，就是指实际负责采集数据的实验者或研究助手按照特定的条件分配参与者或以特定的方式解释数据，他们认为，这样的条件或方式会将结果推进到一个方向或另一个方向上。

关于实验设计

我们不仅要对整个实验有个全面的了解，还要仔细考虑可以获得的不同的实验设计，这一点很重要。让我们回顾一下在第4章中探讨的洗衣实验。该实验显示，当人们用预付卡支付（对应现金支付）洗衣费时，他们更有可能把白色衣物和带颜色的衣物分开洗涤。该实验考察了人们在为期40天的时间段内洗衣服的行为。在时间段的前半段，洗衣机接受支付硬币；随后机器改造，在时间段的后半段，洗衣机开始接受预付卡支付。

这就是我们所说的"前后比较设计"。有些事情已经在环境中发生，具体到本案例中，这家自助洗衣店的管理方式已经改变了人们在这里洗衣的方式，或者在实验的意义上改变了人们的焦点任务。这一变化发生在实验的控制范围之外，因此这类实验被称为"自然实验"。

如果你把支付方式由硬币改为预付卡，那么这项实验能否确实证明人们将改变自己的洗衣行为，而且他们在洗衣行为上的改变只与支付手段有关？请记住，"原因"是支付方式由硬币改为预付卡，而"结果"是将白色和带颜色待洗衣物的分开。让我们假设一个情境。基于某种原因，位于这个时间段内的人突然开始阅读《好管家》（*Good Housekeeping*）杂志，认识到将衣物分色洗涤是正确的做法，他们仅仅在这一认识上的改变就可以解释新的结果模式。为了排除这一可能性，人们需要对这个实验增加一组条件，即在同一间自助洗衣店内，人们的支付方法没有发生改变的一组对照条件（见图7-6）。

在对照条件下，你同样应该有长达40天的时间段、有几乎同一个坐落地点、在洗衣房里接触的还是同一类人。不过在对照条件下，你的支付方式不会从硬币改为预付卡，你将在整个40天的时间段内继续使用硬币。你希望表现出来的理想结果是：你在洗衣机控制面板上看到的变化并不能简单地将其归因于时间流逝。

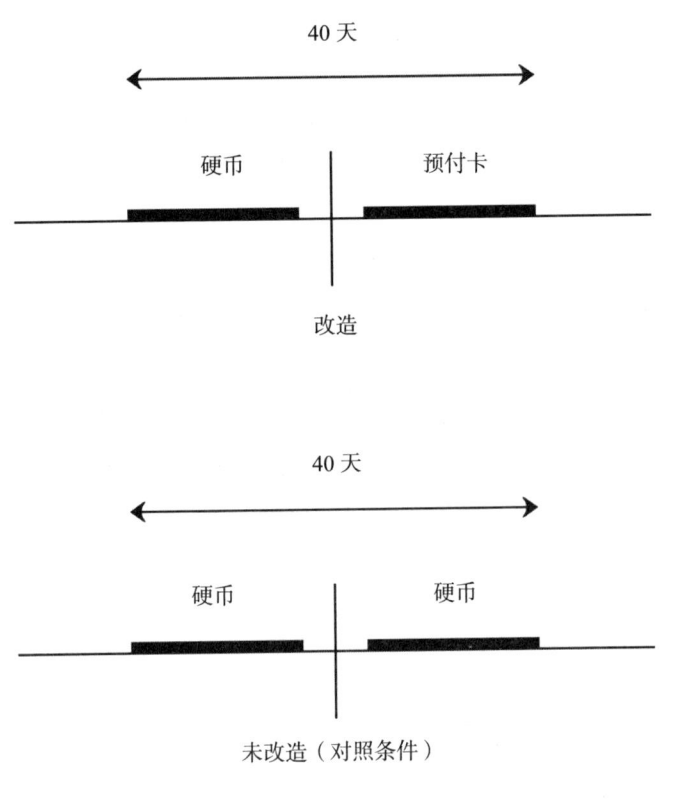

40 天

硬币　　预付卡

改造

40 天

硬币　　硬币

未改造（对照条件）

图 7-6　前后比较对照条件

你还会看到很多被试组内实验与被试组间实验的对比案例。在这个自助洗衣店的例子中，实验者在 40 天的时间段内主要跟踪了洗衣者，但他们都是同一群人——住在那座公寓楼里的人，他们都会光顾这家洗衣店。从本质上讲，同样的一群人面对两个实验——现金条件实验和预付卡条件实验，这就是被试组内实验。与此形成对照的是，参加古维尔 PAD 定价实验的人要么看到了一个综合价格，要么看到了一个 PAD 价格。换句话说，实验有两组不同的被试，而每组中的被试却只看到实验中一种形式的价格，这就是所谓的被试组间实验。显而易见，无论是被试组间实验还是被试组内实验，它们都有各自的价值。

付款方式改变花钱的方式

2001 年，麻省理工学院的两位市场学教授德雷泽·普雷莱克和邓肯·西梅斯特主持了几项实验，探究一个非常简单但又非常重要的问题：人们使用信用卡会增加消费吗？他们想展示的是，当人们使用信用卡而非现金付款时，其付款的意愿增加了。在一项实验室实验中，被试（64 名 MBA 学生）做出了产生实际后果的选择。该实验使用了两组条件：使用信用卡或者现金付款。

实验过程非常简单。被试在一个拍卖会上有机会购得一张体育比赛的门票，要求他们写下三个项目的预订价格，即准备投标的价格。第一个项目是两张波士顿凯尔特人队和迈阿密队比赛的门票；第二个项目是两张红袜队和多伦多队比赛的门票；第三个项目是一份安慰奖，内含一面凯尔特人队的旗帜和一面红袜队的旗帜。确定优胜者的规则如下：三个项目将按照第二价格密封拍卖，将其交给报出最高价格的人，而获胜者只需支付第二高的投标价格即可。在使用信用卡付款的条件下，被试被告知需要使用信用卡付款，而且要求他们写下信用卡的详细信息、卡片类型以及失效日期，这几乎和他们使用信用卡订购任何产品或服务需要走的流程一样。在使用现金付款的条件下，被试被告知自己实际上要用现金付款。他们可以使用一台 ATM 机取出现金，因此现金的流动性不是问题。

那么，这次实验会显示什么结果呢？普雷莱克和西梅斯特借助了一个简单的双条件设计，结果显示，人们使用信用卡而非现金购买一种产品会提高其愿意付出的金额。对于这三个项目，人们愿意付出的溢价率如下：凯尔特人队门票，113%；红袜队门票，76%；球队旗帜，59%，当然从统计数据上看，最后一项的溢价率差异并不是很明显。

在同一年，我发表了一篇论文，我的关注点同样是普通的研究领域，但提出了一个稍微不同的问题：日常使用信用卡付款的人与日常使用支票付款的人在做购买评估的方式上有差别吗？在这篇论文讨论的一项实验中，我试图检验的假设是：在其他条件保持不变的情况下，那些购物使用信用卡付款的消费者与使用支票付款的消费者相比，其更有可能购买一种额外的、可酌情支出的产品。

该实验使用了三个要素，而每个要素均有两个层次。第一个要素是支付手段（使用信用卡或支票付款）。第二个要素是反馈，一些参与者在付款时会收到自己截至当前的累计消费总额数据，而其他人没有。第三个要素是信用卡限额（3000元或8000元）。这项 $2 \times 2 \times 2$ 全交叉实验总共引入了 8 个条件，而被试会被随机分配其中一个条件。实验要求所有被试假设自己有一份月薪 3000 元的工作，他们有银行账户以及一张给定限额的信用卡。接下来，每位被试都看到了 30 张标有费用的索引卡片，他们将在一个特定的月份中承担这些费用。请注意，这项实验是在 1998 年进行的。如果我现在重新做这项实验，我将会借助计算机软件来增加任务的现实感。即便如此，本实验计划的理念仍是在实验室环境下再现个体在历时 30 天的特定月份里体验的支付手段。

当被试看到每张索引卡片的时候，他们实际上便完成了模拟"支付"：写支票或信用卡签单。在这一完整过程结束的时候（大约一个小时之后），被试将回答几个问题，包括测量"结果"的那个问题。他们得到了一盒自己最喜爱的艺术家的 CD 的某些信息，其中包括 CD 的一个特定的价格以及若干属性。实验要求他们在一张十级量表上表明，考虑自己已经在本月承担的其他费用，他们有多大的可能实施这项采购。

这项实验的数据分析过程使用了一种名为方差分析法（ANOVA）的方法，以此对比我们讨论的所有条件的平均值。我们发现，被试的购买意愿根据支付手段（使用信用卡付款的被试更有可能购买）、信用卡限额（拥有更高的信用卡限额的被试更有可能购买）以及反馈（收到反馈的被试不太可能购买）的不同而有所不同。然而，这些发现应该可以通过（类似盐酸－硝酸的）交互作用得到解释。我希望针对其中一种交互作用稍作分析，这是一种受到反馈交互作用影响的支付手段。数据显示，这种反馈减少了被试的购买意愿，但其仅限于使用信用卡的条件下而非使用支票的条件下。另一种交互作用效应显示，更高的信用卡限额增加了被试的购买意愿，但只限于实际使用信用卡的被试。

我们的结论很简单，人们通过信用卡而不是通过支票支付增加的一系列费用，也增加了其购买额外可酌情支出的产品的意愿。然而，当我们向被试提供反馈以及当我们减少信用卡限额时，这些差异会弱化。

实验的类型研究

到目前为止，我们在本章中已经介绍了几种不同类型的实验：在实验室中进行的实验和在现场进行的实验（自助洗衣店）；全交叉设计；简单的前后比较设计；以学生为被试的实验；以成年人和市场人士为被试的实验。但是，该如何组织这么多不同类型的实验呢？

我想把不同特点的实验分成三类。第一类是实验室实验。在实验室例证中，人们或者做出假设选择（我的 $2 \times 2 \times 2$ 实验），或者做出产生真实结果的真实选择（普雷莱克和西梅斯特的投标实验）。第二类是所谓的"自然实验"或使用档案数据的实验。例如，自动洗衣店研究。但有时，甚至我们在不知道的情况下，自然实验就已经在进行了。例如，科林·卡迈勒（Colin Camerer）和他的同事正在试图剖析纽约出租车司机的驾驶行为。他们只想寻找一个问题的答案："司机的行为会根据高工资水平日（例如，赶上下雨天或城里有会议召开，人们打出租车的需求大增的日子）或低工资水平日而发生改变吗？"科林和他的同事仔细研究了从工作单（每个司机手写的行程记录）上采集的档案数据，同时对照天气报告和会议记录，以确定某一天是高工资水平日还是低工资水平日。他们发现了一个令人吃惊的结果：在高工资水平日，司机们的工作时间较短。正如我们猜测的那样，他们之所以这样做是因为他们设定了每日的收入目标。当遇上"好天气"时，他们早早地完成了收入目标。瞧，他们打道回府了！

我们来分析一下 20 世纪 90 年代的欧元。当时，当大部分欧盟国家决定将本国货币兑换为欧元时，一些国家的货币相对于欧元却有较高的币值。其中一个例子就是意大利里拉。在利用前后比较法设计实验时，一个有趣的关注点是：一些已经习惯于花掉大量里拉的人在花较小数额的欧元时的消费行为。

人们有两类实验是大自然作为共谋参与设计的。在有些实验中，其他地方已经有相关的档案数据了，研究人员需要善于挖掘资料。在另外一些实验中，被试与研究人员共同创造了实验条件，而研究人员接下来可能需要向人们提问或观察他们的行为，以记录施加到人们行为上的干预措施的影响。

我们有两种所谓的现场实验，但它们在规模上有所不同。无论是在现场实验还是在随机对照实验中，研究人员都会主动进入现实世界场景，想出一种干预措施或操纵方法。请回顾一下我在第 6 章中探讨的有关决策点的研究。我们通过把被试的一部分现金收入装入信封来帮助他们省下更多的钱，这就是一种现场实验。你可以想到更大规模的、有数千名被试参加的研究。一项由玛丽安·贝特朗（Marianne Bertrand）及其同事开展的研究有多达 15 000 至 16 000 位被试参与，他们与一家公司合作，由后者负责发出有关贷款产品的邮件。他们让这些邮件总共包括 10 个特征（每个特征均存在两个或三个层次），以考察人们对这些贷款产品的接受情况。你可以想象这个实验数据有多庞大。

如果你把所有这些实验汇总到一起，从最上端简单的实验室实验（人们做出假设选择）到最下端相当复杂的随机对照实验（很多事物被操纵且在现实环境中进行数据采集），你会看到一个非常宽的谱图（见图 7–7）。

你从谱图的上端得到的是控制,在实验室中,你可以确认所有的随机变量都是受控的。而你从谱图的下端得到的是现实,你确认自己在本实验中研究的内容是真实的,因为在一天结束之际,你将记录下真实的人做出真实决策的真实效果。

我们从实验室研究或现场研究中学到什么呢?答案取决于你期望检验什么。如果你的目标是在一项现实性的研究中检验助推或干预措施,或者想知道一项特殊的助推会产生多大的影响,那么使用接近谱图下端的实验类型可能更适合。但在实验目标是检验理论和揭开潜在心理的情形下,使用谱图上端的实验类型可能更容易出成果。大多数研究计划都是试图同时实现上述两个目标,因此你有可能看到一个不同类型实验的组合包!

控制 ↓ 现实

- 实验室实验,假设选择
- 实验室实验,真实选择
- 档案数据或可归档数据
- 自然实验
- 现场实验
- 大规模随机对照试验(RCT)

图 7-7 实验的类型研究

The Last Mile
08
Creating Social and Economic Value from Behavioral Insights

了解偏好与判断

在第 8 章中，你将找到以下问题的答案：

1. 什么是直觉，它是如何表现出来的？
2. 什么是你的判断机器，为什么它能比你更好地预测？
3. 你如何在家创造自己的判断机器？
4. 直觉是如何得到训练和提高的？
5. 为什么人们在得到一个消费词汇表后就能在美酒、艺术品或被褥之间做出更好的选择？

我们在第 3 章介绍过做选择的认知方法，并特别指出，为了计算出自己的偏好，个体首先要完善基于所有属性的所有选项的数据。理想状况下，数据必须是可以计量的。进一步来说，每种属性应当被赋予一个能够反映其重要性的分值。人们一旦收集到所有这些数据，偏好的计算会遵循一个相当机械的过程，这一过程可以描述如下：

- 对每个选项而言，具体到每个属性，用分值乘以重要性权值；
- 将每个属性的计算结果相加，由此得到的分值反映了你的偏好指数或这种产品的价值；
- 为每个选项重复这一过程，并选出拥有最高分值的选项。

根据第 3 章的介绍，该过程反映了决策的加权加法策略（WADD）规则。在风险选择（在很多博弈之间做出选择）的情形下，除了重要性权值被每个特殊结果发生的可能性替代之外，它的程序与刚刚描述的程序几乎是相同的。从数学的角度讲，如果我们有一个选项 A，它的三个属性的重要性权值分别是 W_1、W_2 和 W_3，而它们的分值分别是 A_1、A_2 和 A_3，那么该选项的偏好分值可以写作：

$$分值（A）= W_1 \times A_1 + W_2 \times A_2 + W_3 \times A_3$$

该数学表达式还可以用来表征针对选项或个体所做的判断。通俗点说，这一公式本质上是说个体为了完成判断便将每个属性的分值取了某种形式的加权平均值。实际上，人们完全有可能不按照公式的要求去做，我也相信人们其实不会把数字记下来（比如记在一张纸上，甚至记在心里），然后将其相乘再做加法。相反，我们能告诉你的是，人们正在做可以通过该公式表达出来的某种认知方面的工作。换句话说，人们的行为仿佛在证明这个公式是正确的。1960 年，为了描述这些"仿佛"模型，心理学家保罗·霍夫曼（Paul Hoffman）创造了同质异形模型（Paramorphic Model）。

虽然有跑题的嫌疑，但我还是愿意在此指出，一些读者可能已经发现，这个公式从表面上看很像在统计课上学到的回归方程式。回归分析是一种工具，它可以让研究人员推断出与不同属性有关的权重（在回归分析的专用术语中，权重被称为"系数"）。换句话说，如果我要求一个个体为很多拥有不同层次的三个属性（A_1、A_2 和 A_3）的选项估值，或者做出一个判断，那么我们应该能够利用回归分析推断出每个"W"的值。

在很多情形下，我们既需要做出选择也需要做出判断。例如，我们经常被问到愿意花多少钱接受一项服务。当我们在一家宾馆住宿后，我们被问到我们认为它的服务质量如何。这些都是以不同尺度表达判断的例子。付款的意愿以元为计价单位表示，而服务质量采用七级量表表示。

我们做出判断采用的一些过程与我们做出选择的过程相同。从经济学的角度讲，人们可以考虑把从一种产品中获得的效用或价值作为一种判断。而从认知的角度看，人们可以考虑把判断作为采用 WADD 方法做出选择的第一阶段。另外，人们经常就自己遇到的人、取样的产品以及遭遇的情形做出判断。所以我们做出判断的机会要比做出选择的机会多得多，我想这种说法是公平的。

针对不可观测因素的判断

面对生活中的很多情形，我们都需要针对做决策时不可观测的事物或人的性质做出判断或者预测。在两种特殊状况下，我们需要做出这类判断。

首先，我们经常需要基于一个在本质上不可能观察和测量到的特点来判断一种事物或一个人。例如，一位信贷员必须评估贷款申请人的信用可靠性；多伦多大学的博士招生委员会可能需要判断一位研究生申请人的智力水平；法庭上的一位法官可能需要确定一个面临轻罪审判的人的诚实度；而一位房地产中介可能需要确定一所房子的"外观魅力"。这四种变量（信用可靠性、智力水平、诚实度和外观魅力）都属于含义不明的变量，但它们也都是可以通过结合能力与意愿而呈现出来的变量，而且每种变量都可以通过多种方式表现。

其次，我们可能需要基于已经掌握的数据就一种事物或一个人未来的行为做出判断。我们以股票市场投资为例。假设你要在两只投资基金之间做出选择，你要根据对那些基金未来几年价格的预测来决定选哪一只。我们打个比方，你正在招聘一名新员工，你要基于自己现在面对面看到的这个人的情况，判断他在今后三年里可能会表现出的行为品质。然而，除非那种行为实际发生了，否则你能依靠的只有自己的判断。

人们是如何做出这些判断的呢？人们用于获取这些判断中最早的一种模型来自一个名为社会性判断理论的心理学分支。正如其名称所暗示的那样，该理论旨在帮助我们了解个体如何在一种社会环境下做出决策。在其核心范式中，假定判断源自环境感知信息的不同"线索"或资源的整合。这一范式为我们带来了透镜模型，该模型最早是由心理学家埃贡·布伦斯维克（Egon Brunswik）提出并发展起来的（见图 8-1）。

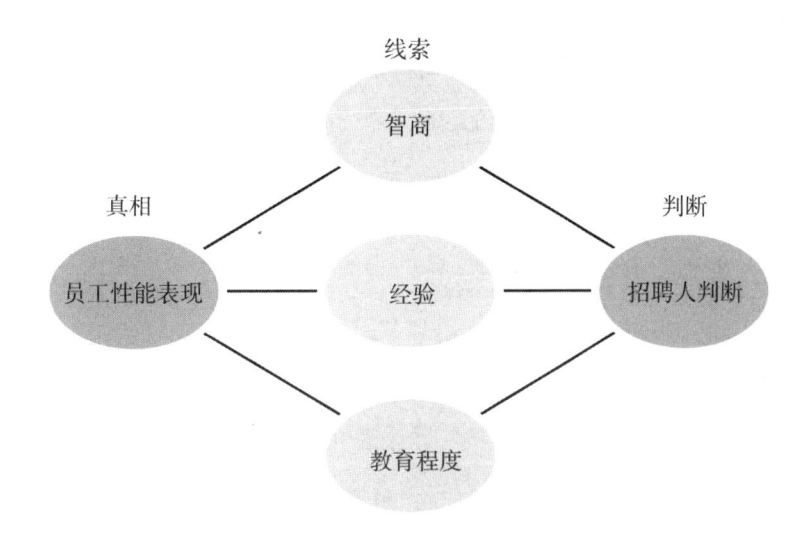

图 8-1　判断的透镜模型

在深入探讨该模型及其含义之前，我需要先确定几个术语。在陈述透镜模型的过程中，我将使用"真相"一词确认人们试图做出预测或判断的变量。请记住真相是不可观测的，它是因为变量的性质（例如，信用可靠性或智力水平）或者在未来某时才会变为可知（例如，投资基金的市场价值）。然而，环境中有很多信息可以被用来推断出真相。在透镜模型图解中，这些信息被称为"线索"。例如，一位博士招生审查官可能会把你的 GRE 或 GMAT 等标准化考试成绩以及你的本科学业成绩作为线索，从而做出有关你的智力水平的判断。类似地，一位投资者可能会审视投资基金的过往业绩、宏观经济指标的走势以及投资者的热情指标，将其作为线索做出有关这只投资基金未来市场价格的判断。

最后，这个判断有多好呢？虽然对于任何一个特定的判断而言，我们永远都不知道判断的质量如何，但我们或许可以想出一个可以衡量对一个判断总体来说有多好的方法。为了做到这一点，我们将用到一个简单的统计学概念——相关性。相关性是指获取两组数据之间关系的一个统计变量。相关性等于 +1 暗示着两组数据之间存在完美的关系，其中一组数据可以完美预测另一组数据；相关性等于 –1 也暗示着其中一组数据可以完美预测另一组数据，但却在相反的方向上。相关性等于 0 暗示着无法通过分析其中一组数据的方式预测另一组数据的性能表现。

既然我们已经搞清楚相关性的概念，那就让我们回到一个个体基于若干线索做出真相判断的情境中吧！现在，让我们审视一下在性质上可以预测的若干判断案例。例如，一位投资者希望预测某只基金今后几年的市场价值，一位人力资源经理希望预测一位求职者两年后的工作表现。假设这些判断是基于某种（与前面提到的那些考试成绩非常类似）数值量表做出的，我们记录下所有这些（数值）判断并归档。两年后的今天，我们可以观察真相了：我们可以实际见证这只投资基金的市场价格，也可以获得员工的工作表现评估。因此，我们现在有两种数据：判断数据和真相数据。利用前面介绍的工具——相关性，我们现在可以计算判断和真相之间的相关性。如果相关性接近于 0，我们的判断就不够好，也就是说，这样的判断无法让我们做出任何有关真相的预测。如果相关性接近于 1，我们便得到一个好的判断。因此，我们把判断和真相之间的相关性称作"判断的性能表现"。

我们再换一个情境。一位人力资源经理需要判断出新招聘员工三年后的性能表现（见图 8–2），这些新员工都是最近从多伦多大学（或另一所名牌大学）招聘来的。这位经理已经做了大量研究工作，并发现了三条可以预测员工性能表现的线索：第一条线索是员工的智商；第二条线索是员工过往的工作经验，包括质量和数量两个方面；第三条线索是员工作为学生时的表现以及学历。目前，假设有个普通的量表可以让人力资源经理测量这三条线索。

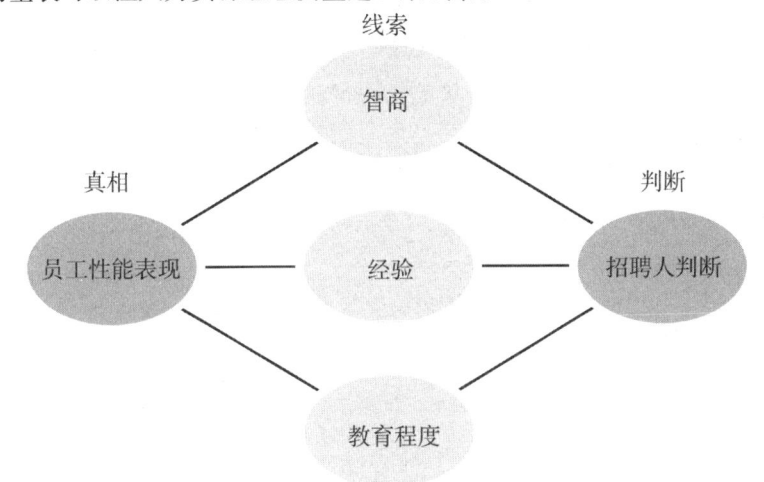

图 8–2 透镜模型应用于招聘判断

判断机器

我们首先把目光锁定在真相尚未可知的情境。我们假设人力资源经理仔细研究了每个新招聘的员工（比如 200 人）以及与这三条线索相关的几十份数据文件，接下来凭借多年的经验对每位新员工做出了判断，请认真审视一下透镜模型右侧的内容。我们假设你可以根据与 200 名新员工相关的三条线索做一次审视人力资源经理所做的判断的回归分析。假设你有一台可以模仿这位经理的判断过程的"判断机器"。由于你要运行这台机器 200 次以便考察它会做出什么样的判断，所以这是一次货真价实的实验。这个回归方程式大致如下所示：

$$判断 = A + b_1 \times 线索_1 + b_2 \times 线索_2 + b_3 \times 线索_3$$

这是什么？这就是人力资源经理的判断模型，它确实就是你在上一段中想象出来的判断机器。如果明天这位经理生病了，不能来上班，你可以用这个模型预测这位经理针对这位特殊申请者做出的判断。

问题是，为什么你要这样做？这种做法会给决策质量带来什么价值？20世纪70年代至80年代，研究人员做了大量研究，以审视利用一个判断模型（一台判断机器）来判断。事实上，这个模型做得远比判断者本人更好或是更差。这些研究的基本程序有以下几个步骤。

步骤一：要求一个专家小组就建立在提供数据的若干线索基础上的一些真相做出判断。

步骤二："判断机器"回归分析方程式是利用上述方法描述的每个判断创造出来的。

步骤三：判断机器可以用来生成一个本应由专家做出的判断预测。这种方式称为"机器生成判断"。请注意在这个阶段，每一位专家所做的每个预测都存在两个不同的判断：（1）实际的判断；（2）机器生成判断。

步骤四：专家和判断机器的性能通常表现为在专家判断和真相（在可以获得的时候）之间以及在机器生成判断和真相之间计算得到的各自的相关性来决定的。

这项研究发现了什么？有趣的是，有几篇研究报告得出的结论都是判断机器生成的预测比判断者本人的预测更准确。例如，加州理工学院经济学家科林·卡迈勒对6项单独的研究做过分析之后得出结论：使用判断机器应该会改善人们在更现实的判断环境下做出的判断。在一份发表于1971年的报告中，路易斯·戈德伯格（Lewis Goldberg）邀请了29位专家使用标准心理学测验，通过分值判断861份患者样本中哪位患者在本质上是精神病患者而非神经病患者。戈德伯格选取了来自心理学测验的 11 种变量分值，并提交给专家。然后，他用一部分数据为每位专家开发了一台"判断机器"，并用它测试剩余的数据。在其中一组特别测试中，判断机器做出的判断比 79% 的专家做出的判断更准确。

在 1971 年开展的另一项研究中，一位判断与决策领域的传奇人物、已故心理学家罗宾·道斯（Robyn Dawes）研究了由专家委员会做出的博士招生决策。道斯发现，用判断机器做出的决策与委员会做出的决策一致。道斯更深入的研究发现，对于那些最终被批准参加博士生学习的申请者而言，判断机器在预测这些研究生的学术成就方面的表现比专家预测高出一倍。

在另一个实例中，研究人员选择市场营销领域来检验判断机器的使用效果。13 位经验丰富的市场营销经理接受了一项任务：预测在很长一段时间内，《时代》（Time）杂志每年销售的广告页数。每个经理人根据分段数据做出了 42 种预测。结果显示：（a）综合 13 位经理人的预测数据，在 11 种情形下，机器预测的错误率低于专家；在一种情形下，二者预测的错误率相同；而在另外一种情形下，一位经理人预测的错误率低于机器。（b）使用判断机器将预测率平均降低了 6.4%。

类似的成果不胜枚举。在某些研究中，专家的表现要比判断机器好；但在相当大范围的情形下，机器完胜专家。

我需要暂停一下，并澄清非常重要的一点：专家不会被掌握更多数据或其他超自然能力的机器打败。我们说的并不是那台会下国际象棋的深蓝计算机，它在 1996 年至 1997 年历史性地击败了国际象棋大师加里·卡斯帕罗夫（Garry Kasparov）。深蓝计算机存储了大量人类对手显然无法获得并使用的数据和复杂的算法。在前面刚刚介绍的研究中，"判断机器"是指专家同样掌握并产生人机对抗的一个简单的回归分析模型。事实上，每位读者都可以很轻松地为自己日常要做的任何判断创造一个判断机器。如果你是一位临床医生，你可以为自己的临床诊断创造一台判断机器；如果你是一位气象预报员（或一位普通投资者），你可以再创造一个判断机器来模拟自己的判断。关键在于你要准确了解自己在使用什么线索，并忠实记录下自己的判断和做那些判断时依赖的线索的值。你剩下的工作就很简单了，就如同在笔记本电脑上编辑一份电子表格和运行一个回归分析软件一样。

你的判断机器真的比你好吗

当我在芝加哥大学读博士期间第一次读到这些研究成果时，我忽然有一种豁然开朗的感觉："我就是应该来读研究生啊！"

这一发现很自然地引出两个问题：

1. 为什么会发生这种情况，为什么回归分析模型的判断能力比人类自身的判断能力强？
2. 如果这一思路是正确的（而且似乎有大量证据可以证明这一点），那么拥有了这种知识之后，我们能做什么？

其实发生这种情况的原因很简单。专家们很擅长了解什么信息具有相关性（用我们的行话说就是，他们在确认线索方面很专业）。专家们还对确认这些线索如何结合起来以及使用什么权重非常感兴趣。然而，这些判断模型通常具有同质异形性，也就是说，人们实际上并不是拿着一张纸和一杆铅笔坐下来计算分值。这恰恰是专家易犯错误的地方，因为他们在运用数学知识方面是前后矛盾的，他们一疲劳就容易分心。我们交给专家一个相当直接的计算任务（其中包含很多数据），你会看到他们在准确整合数据方面显得力不从心，这时就可以请判断机器出来帮忙。由于判断机器使用了回归分析，所以思维缜密的读者很快就会指出它在判断中去掉了"误差项"。一般而言，判断机器是始终如一的，它就像一台节拍器，一旦将其设定好，它就会每秒有规律地返回精确的节拍数；每次给判断机器输入同样的数据，它就会返回同样的答案。对于这一点，我们人类（甚至是专家）是无法打包票的。

难道这就意味着我们只需把专家简单地替换为与其等效的判断机器吗？我们可以用回归分析模型替换股票分析师、医生、招生委员会成员、人力资源经理和天气预报员吗？虽然这似乎是一种很有趣的可能，但只有非常天真的学生才会将其视为一个普遍真理。为什么？因为判断机器仅仅是一个专家模型而已。如果没有专家，那么也就没有模型。短期使用这台机器可能效果很好，但在一个较长的时间段内，可能会有好几个能够证明专家更可靠的理由。第一，环境会发生变化，所以附加线索就变得很重要。只有专家才会知道哪条附加线索是可以结合的，或者哪条线索不再有意义。第二，即使线索没有发生变化，但是每条线索的相对重要性也会发生变化，而这种变化只能被专家的判断策略所捕获。

虽然如此，判断机器还是能发挥很大作用的。以一种比较罕见的专业技能为例，比如某一医学专业领域的少数医生。这些专家通常会聚集在少数几个地方，而不是分散到世界各地，因此对于那些不在本地区的患者而言，想联系这些专家可能都是问题。然而，假如我们创造出一个判断机器，它可以基于患者的一些症状（线索）模仿专家的诊断。一位在偏远地区的医务工作者现在就有可能使用一台判断机器预测专家会做出什么诊断，并基于诊断结果做出分诊决策。请注意，我并未建议用判断机器取代专家，而仅仅是用它来判断一个病例的紧急程度以及是否有必要将其用于急症治疗。类似这样的专家体系有可能在很多领域发挥巨大作用。

直觉：赋予决策与判断的洞察力

如果我们对专家的判断逐一做出思考，便会发现，这些判断不论是来自经理人、内科医生、科学家还是财务分析师，其典型特征之一就是常常可以非常快速地做出，而且其还是更多经验和实践的产物。我们经常把这类判断称为直觉。我们在前面已经读到，卡尼曼把两种处理系统做了区分，其中系统一是直觉系统，而系统二是思考系统。什么是直觉呢？请看由肯·哈蒙德（Ken Hammond）给出的定义：

直觉最基本的含义展示了一种相反的情况，这是一个不借助有意识的和逻辑上环环相扣的过程便以某种方式产生一个答案、一个解决方案或一个思路的认知过程。

在该定义中，哈蒙德强调直觉是一个认知过程，但它不太可能由专家就如何做出判断而提供一个循序渐进的解释。在一项类似的研究中，罗宾·霍格思（我在芝加哥大学读研时的导师）写了一本非常精彩的书，书的名字叫《教育直觉》（*Educating Intuition*）。他在书中写道："直觉或直觉反应的本质几乎都是在没有明显付出努力且通常都是在无意识的情况下获得的，它们极少或没有涉及意识斟酌。"而且，这句话非常好地描述了专家的判断过程。专家几乎不费力就可以做出这些判断的原因是，由于多年的经验积淀，他们已经掌握了线索与真相之间存在的复杂的互动模式，从专业的角度说，他们已经发展出一种如何让线索以互动的方式预测真相的相当可靠的模型。

所以，从本质上讲，我们之前介绍的判断机器是一种直觉模型。为什么你要审视自己的判断，并采用回归分析方法为其建模呢？我们至少可以总结出三点理由。

首先，它赋予你深入探究自己的决策策略和判断策略的洞察力，这几乎就相当于打开你的大脑并了解自己做选择和判断的过程。创建自己的直觉模型有很大用处，尤其是当你说这番话时："好吧，我知道自己想选择×××产品，或者我知道自己真的喜欢×××产品，但我还不十分确定其中的原因。"观察不同属性的权重会让你明白自己最看重什么以及不看重什么。或许，你一旦洞悉了自己的判断和选择，你便能做出改变并修正自己的判断策略。例如，你认为价格在自己的判断中占有很重的分量，但你的判断机器告诉我们不是这样。所以，简单地观察一下自己的公式会给你带来（a）更多的洞察力和（b）改善你的决策质量。

其次，你其实可以运用这样一个模型来跟踪自己随着时间的推移而改变的决策策略。你可以像这样每6个月做一次回归分析，接着你便可以发现某些特定属性的重要性是上升了还是下降了。而且你或许还能考虑得更仔细一些，那些属性到底应该变得更重要还是不再重要。

最后，你可以借鉴他人的例子，将其作为一个很好的判断基准点，并以此评估自己的决策。假设你是一位医生，你相信某位内科医生的判断。这位医生总能做出正确的诊断，你想知道她是如何做到的。你可以试着相信这位内科医生有一台可以判断自己临床诊断的判断机器。在这一过程的最后，你也会拥有自己的一个公式。这样你便可以悄悄地把自己的判断策略与这位专家的策略进行对比，并确认自己和这位得到信任的医生在衡量不同症状方面的差异。

实际上，你可以把这一过程做得更精巧些。让我们假设有三位专家，他们分别是 A、B、C，且是三个领域内的专家。医生 A 擅长诊断儿科疾病，医生 B 擅长诊断神经科问题，而医生 C 则擅长诊断心内科疾病。这样你便可以为这三位医生分别建立不同的模型，吸取他们在上述三个领域中的经验。最终，你会创建出涵盖这三个领域的、属于自己的且更精细的直觉模型。

我们还是回到（与思考的世界相对的）直觉世界吧。人们应该如何做出理性的选择呢？在前面的章节里，我们探讨过一种名为 WADD 的策略模型，即加权加法策略模型。在这个模型中，一个给定选项或一种给定产品的效用取决于各个属性传递出的结合效用。尤其是，如果你可以把一种产品分解出多重属性，你就能评估任意一种属性相对于你的决策的重要程度，就是说，各属性的效用是 w（你为一个特定属性设定的权重）与该属性分值的乘积，然后将所有属性的效用求和，从而获得一个给定选项或一种给定产品的效用。如果你真的在思考决策的系统形式，还需要做出更大的努力。例如，一位消费者如何在两种产品之间做出决策？一位政策制定者如何决定自己应该在两个政策选项中选择哪一项？

下面就是政策制定者们需要做的工作。他们需要将政策或产品分解为很多他们认为重要的相关属性。接下来，他们需要解决每个属性的权重问题。最后，他们需要在某个规模上评估每个属性，用属性分值乘以权重，然后求和，得到每个给定选项的效用或价值，进而选出实际上能够提供最高价值的选项。这是一个非常复杂的过程。我们大多数人不会为自己做出的每个决策而参与这一过程；相反，我们遵循某种被称为直觉的东西，甚至就是本能的反应。罗宾·霍格思曾经提出，我们几乎没有经过明显有意识的思考便会做出直觉选择或判断。有时，我们在转瞬之间就能做出一个直觉判断。我们走进一家商店，知道自己只需看一下就会购买某种产品；我们只要看一眼政策选项，就会知道自己该选哪一项。

我们有一件必须记住的事情是直觉未必随附着情感。当你拥有一种好的直觉时，并不意味着你刚刚做出了一种情感反应。相反，它意味着你在做选择或做判断时，莫名其妙地想出了一个复杂且快速的方法。不过，这里所说的复杂来自何处呢？

通常，它来自人们的专长。这里介绍另一位专家——气象预报员孙先生。孙先生已经从事这个行业十几年了，他知道各种不同的天气要素（例如，风向和风速、云的类型和特征以及大气压等），清楚它们的关系模式，也会将这些模式与最终的结果联系起来（例如，雨、零星小雨或雪）。孙先生的大脑中不需要浮现数学公式，但他每次看到一些特定的天气要素同时发生时，就可以由此确认这种模式最有可能产生的结果，这就是直觉。和其他专家一样，孙先生会在不知不觉中评估不同变量间的相关性，并对那组特定的刺激物快速产生反应。

培养良好的直觉

类似地，消费者也有一组用来做决策的直觉偏好。例如，我知道自己喜欢哪种颜色，我知道自己喜欢哪种香型，而且我知道自己想要哪种外观。这样，当我走进一家商店拿起一床棉被或一件艺术品时，我不用费时费力地分析出那种产品的属性，因为我看到它时，我就知道自己喜欢什么。此时，发挥作用的依然是直觉。所以，一言以蔽之，你可以想到直觉就是某种意念，它因人们的专长而产生，因人们过去处理类似任务时获得的丰富经验而产生。这种被用来做出直觉判断的过程称为模式匹配。

什么叫模式匹配？模式匹配是这样一个过程，在此期间，人们从自己的历史数据库中（就是打个比方）查看自己曾经做过的类似选择，并与当前状况一一比对，检索出与当前状况非常接近的一次过往状况，并将自己过去的做法应用到当前状况上。模式匹配可以是一个非常快速的、看上去毫不费力的过程，但并不意味着它是一个无意识的过程。它仅仅意味着，一个个体为了做出快速、依靠直觉的决策，调用了大量的历史记录。根据以往的经验，什么时候会出现良好的学习效果呢？良好的学习效果会出现在当你得到反馈时、当那种反馈快速时以及当反馈非常清晰时。

还是以孙先生为例。假设他做出了一个今天会下雨的预测。一天之内，他就会知道今天是否下雨。这种反馈很清晰，也很快速。因此，天气预报员不仅可以得到快速且清晰的反馈，他们实际会得到更多，因为他们每天都要做出这些判断。研究显示，实际上，天气预报员的预报相当精准，这意味着他们有非常好的直觉认识程度。事实上，当他们说确信自己的预测时，他们通常相当确信这种结果会发生；当他们说不确信自己的预测时，那么事实就是他们真的不确信这种结果会发生。不过，他们都能很好地运用自己的认知。

所以，简而言之，开发良好直觉的窍门有两点：第一点，你应该寻求获得清晰、快速和大量与自己所做判断和预测有关的反馈；第二点，你可以开发自己的判断机器，并把它当作一块仪表盘，随着时间的推移，你可以用它来了解、监控和提高自己的直觉判断。

消费词汇表的妙用

我们已经谈到了数学模型、判断和直觉，在此，我希望把讨论的话题稍稍转移到我一直羡慕的一个研究领域。在开始这次讨论前，我提一个简单的问题：把葡萄酒、棉被和古典音乐放在一起，你认为它们有什么共同点吗？显然，从表面上看，它们似乎是三种完全不相关的产品，但它们确实有某种共同点。

如果你问大多数使用这三种物品（或其中之一）的人喜欢什么，他们很有可能会相当自信地告诉你他们的偏好。大多数人会告诉你，他们喜欢某一种葡萄酒而不是另一种，他们喜欢某一首古典音乐，他们喜欢某一种图案的棉被。但如果你问他们为什么喜欢那些东西，大多数人都不能给出很好的答案。这听起来非常像前文介绍的哈蒙德为直觉判断所下的定义！

现在我要问，为什么会发生这种情况？或许人们并不知道自己为什么喜欢那些东西。然而考虑到他们如此强烈地喜欢那些东西，现在的情况似乎有些匪夷所思。如果稍微深入地思考一下，我们很容易认识到很多事物都涉及感官输入。发展一种偏好意味着使用者需要处理来自许多不同资源的感官信息，并把它们有目的性地结合起来。例如，我手中端着一杯葡萄酒，而我的偏好体现在葡萄酒的口感、气味，将其端在手中优雅的感觉，以及良好的体验上。

如果你问我为什么喜欢这样一杯特别的葡萄酒，我可能会沿着这样的话题说："因为它的口感好。"而那些比我拥有更丰富的葡萄酒专业知识的人更有可能说，自己对这杯葡萄酒的偏好源自它的复杂度、酒香、果香、酸度和单宁含量的差异，所有这些内容你可以在《葡萄酒鉴赏家》（*Wine Spectator*）杂志中找到。

如果我清楚所有这些内容是什么意思，以及如果我可以确认每个名词与这杯葡萄酒的某种特征一致，那么便会发生一些事情。第一，我可能会很完整地把自己的偏好告诉你。第二，通过品尝除了某个维度之外其他所有维度都相同的葡萄酒，我可能会更了解自己的偏好。第三，随着时间的推移，我会真的开始做出较好的选择。这就是帕特里夏·韦斯特（Patricia West）和她的同事就所谓的"消费词汇表"进行研究的基本原则。他们的想法是这样的：在许多不同的领域里，人们知道自己喜欢什么，但他们不知道自己为什么喜欢那种东西。人们只需用语言表达出自己的偏好，这不仅可以帮助他们通过表达关，还会进一步完善他们的偏好。

让我们看一下一个有关棉被的例子。在韦斯特和她的同事开展的一些研究中，棉被被用作一种刺激物。实际上，你可以把对一床棉被的偏好按照不同维度分解：边纹图案、饰带、面料块、对位或者排列方式。我们可能并不了解这些棉被的属性，但业内专家却非常清楚。

现在，想象你在做一个简单的实验。假设你掌握了制作5种或10种这类棉被属性的方法，你通过考察这些属性的不同组合设计出大量棉被款式，并提议生产150种不同图案的棉被。接下来，你要做一项实验，这个实验看上去非常像一个随机对照实验，但它只使用了一种被试组内实验设计。你要求每位被试在一张偏好量表上评价每种图案的棉被，根据每位被试对每种图案的棉被的偏好程度和不同属性（从专家处获得）的评价，你可以对每个特定的个体做出回归分析，这样你就能根据个体偏好的棉被的各种属性来制作偏好模型。这就相当于一台"判断机器"，只不过它被用于消费者的偏好领域。刚才，你让这些个体想明白了为什么他们喜欢某种棉被而不是其他棉被。你同样可以分析人们对各种消费体验（音乐、食物、服装、电影和艺术品）的喜欢程度，并为他们提供一份消费词汇表。

结果显示，为人们提供一份消费词汇表产生了三种效果：第一，收到词汇表的被试在解释自己的偏好方面做得更好；第二，收到词汇表的人可以更好地理解自己的偏好并能了解更多，他们可以设计自己的实验，例如，他们可以对比除了一种属性之外在其他属性上完全相同的两种产品，以便观察该属性的作用如何，这样他们就可以从每种属性的层面更好地理解自己的偏好；第三，随着时间的推移，那些学习了消费词汇表的人最终会做出更好的选择。他们的偏好会变得更加稳定。他们现在有了一种能够吸引自己的偏好，因此对那些棉被可以说出更多可以调整的偏好。

在本章中，我们利用大部分篇幅考察了做决策时的分析过程与直觉过程的差异。通过为人们提供一份消费词汇表，我们可以选取一个以直觉为主导的过程，并将其转化为一个分析过程。通过为人们提供正确的词汇表，我们便可以为其提供合适的标准，以评估他们对产品的偏好。比如放在我的写字台上的这杯可口的葡萄酒。干杯！

The Last Mile

第三部分

站在最后一英里处：行为变化设计

Creating Social and Economic Value from Behavioral Insights

The Last Mile   09
Creating Social and
Economic Value from
Behavioral Insights

做出更好的选择：关于选择修复

在第 9 章中，你将找到以下问题的答案：

1. 什么叫选择修复？
2. 什么叫去偏和纠偏，两者有何不同？
3. 作为一种选择修复方法，选择架构与拐杖相比有什么相对优势？

在过去大约 20 年的时间里，我一直在做行为科学领域的研究。我逐渐认识到，人类的行为在最好的状态下具备的理性是有限的；而在最坏的状态下，这个故事则一点儿都不美好。一个更重要的问题是：我们如何帮助那些在做出最佳决策上存在明显缺陷的人做出更好的选择呢？这个选择修复过程到底是什么样的？在本章中，我开始搭建一个广泛的框架以应对最后一英里的重大挑战：如何帮助人们做出更好的决策？

在展开深入讨论之前，容我借用一点篇幅来明确一些术语和将要用到的某些词语的意义。第一，我要使用"选择修复"的概念来涵盖帮助人们做出更好选择的任何事情，这里的"任何事情"可以是一种产品、一个计划、一种环境变化、一条信息或一个决策助手，而且它们都可以通过希望改变自身行为的人或通过一个外部媒介来完成。只要有帮助改善选择的积极意愿，我就会把那种活动称为选择修复。第二，我将继续使用"干预"这个词，在我的书中（无论从字面上还是隐含含义上），干预是一种可以用来帮助执行选择修复的特殊工具。刚才，我给出了一种产品、一个计划、一种情境变化、一条信息或一个决策助手的例子，它们都是干预的精彩例证。

我想在认知缺陷和生理缺陷之间做一个简单的类比。几年前，我的儿子当时是一名竞技运动员，他遭遇了很多运动员可能会遇到的一件事：他摔断了脚踝，需要做手术修复受损的骨骼。我可以想象他在整个恢复过程中不仅极其痛苦，而且极其不方便。考虑到儿子的伤腿和为了完全恢复身体机能将要开始的康复计划，显然，我们需要做两件事。第一件事，要确保他处于一个安全的环境中。一位来自辅助生活部门的工作人员登门拜访，并几次建议我们改变儿子的生活、康复状况和环境。工作人员建议的隐含目标很简单：儿子暂时失能的事实意味着他可能在不安全的环境中绊倒或跌倒，而这位工作人员希望将这种风险降至最低。

为了帮助儿子完全恢复身体机能，我们需要做的第二件事就是为他提供可动性设备，并让他配合一位理疗师强化自己需要动手术的部位的功能。我把此类活动统一称为"提供拐杖"。所谓拐杖是指帮助人们提高可动性，并修复和强化问题原始起源的装置。

我也希望借用一种生理损伤来比喻认知障碍。我们首先思考一下前几章建立起来的基本范式。第一个断言是在人们希望做的事和最终做的事之间经常存在差异，而且意愿与行动之间也存在落差。第二个断言是一种暗示性的断言，其目标是精心选择的和依靠最好的意愿构建的。然而，行动会因为某种形式的认知障碍而功亏一篑。这种障碍会因起源不同而有不同的表现形式：或许是选择复杂化和选择超载的问题；或许是存在架构问题；或许是情境为决策者悄悄制造了一个感知问题；或许是认知惰性在发号施令，而选择只是一个被动的选择，并因为根本就不存在一个决策点而不做处理。无论是什么问题，公平地说，总有某种认知障碍在妨碍意愿与行动之间缩小差距。

如果我们基于同样的逻辑，把处理脚踝损伤的思路应用到弥补认知缺陷上，我们会再次发现，我们有两种方法可以帮助人们做出更好的决策。第一种方法是仔细审视并重新设计决策所处的情境，这样在最好的情形下，环境会引导人们去做他们真正想做的事；而在最糟糕的情形下，环境也不会让他们绊倒和跌倒。我把这种方法称作选择架构方法，或称作助推方法。第二种方法是强化人们当初未能正常运转的装置（器官）。这种方法和拐杖方法有关，简单地说就是为人们提供工具让其做出更好的选择。这些工具包括决策助手、更好的信息和反馈，以及通过建议和咨询获取专业知识等，它可能还包括教育——教育人们在许多不同的领域做出更好的选择。

我们应该选择架构和拐杖哪种方法呢？我听说在很多论坛都爆发过此类论战。例如，在财富保障领域，这种争论表现为一种更具体的形式——助推和理财素养哪种是促进财富保障更好的选项呢？助推方法的支持者指出，实验证据显示，人们具备金融知识（普及）计划更能促进财富保障，而实际上，人们具备理财素养并不能真正改善其理财效果。他们还指出，有证据显示，那些储蓄未达预期的人很清楚自己需要做什么，但就是不去做。支持具备理财素养方法的人则提出，教育是赋权，而助推是羞辱。类似地，他们辩称，教育赋予人终生成功的能力，而在健康饮食、体重管理和拖沓控制等方面也存在类似争论。

这两种观点都对。让我们审视一下财富保障、体育与健身活动。对于这两个领域而言，通往成功之路通常都始于一个重要的行动：开立一个退休储蓄账户或者加入一个健康俱乐部。这些都是个体可以获得助推的活动。还有一些活动也可以获得助推。例如，一个默认储蓄计划或者一个默认养生法可能会帮助人们实现最终目标。但同时一个临界点很快就会到来，此时助推的效果可能会变弱。一个人的退休账户里一旦有了一些钱，他就需要知道应该投资何处以及如何投资。类似地，一个健身爱好者需要清楚什么健身方法最适合自己的身体状况，以及其随着时间的推移会如何发生改变。此时，具备相关素养很重要，使用拐杖的方法也变得很重要。另外，经过一段时间之后，让人们继续积极主动地参加活动同样非常重要。我们在本书的最后一章会重提有关激励的话题，并讨论游戏化的概念。游戏化是保持人们的参与度或积极性的工具之一。

我们可以把个体分为三类：第一类人支持助推方法，第二类人支持拐杖方法，第三类人支持激励策略。每一类人都相信自己的方法是最好的。事实上，在我看来，这三种方法是互补的。我们将财富看作一个三条腿的板凳，助推、决策拐杖和激励措施就是它的三条腿。如果你去掉任意一条腿，整个板凳都会垮掉。

行为改变的四大策略

在开始讨论选择修复话题之前，你要在心里要牢记几件事。我要特别强调五个理念。

第一，了解你的工具。 这些工具包括对决策心理的理解和源自前面提到的有关转化活动的实践洞察力。

第二，在开始设计你的干预措施之前，请确认你清楚地知道自己希望改变什么行为。 虽然这听起来简单，但我告诉你，它可能会非常棘手。有时，我们可以在一个非常宽泛的层面上定义行为的变化。例如，我会说希望人们吃更健康的食物，或者希望储蓄率再高些。

但如果你仔细地考虑一下，你会发现这些结果都需要开展若干具体的行动才能获得。例如，我如何才能让人们多储蓄呢？我需要他们确实开立一个退休储蓄账户，确认他们在监督该账户，确认他们正在根据环境变化和自己的收入变化进行评估，并持续做出改变。例如，我希望目前已经持有银行账户的人增加储蓄吗？或者，我希望更多的人开立银行账户吗？这会带来两种非常不同的结果，但它们可能都会带来同样的最终结果，也就是增加储蓄率。如果我希望人们减少电力消耗，我可能会让他们更新能效高的家电，或者减少家电的开机频率或缩短开机时间。

第三，"疏通你的管道"。这是什么意思呢？请看下面这个简单的例子。假设我为一家理财教育机构开办了一家呼叫中心，人们可以打电话咨询如何储蓄。不过我注意到，这一呼叫系统的掉线率很高。通话之所以掉线，是因为人们打进电话后要等待一段时间，如果他们的呼叫没有得到应答，他们便会挂机。

让我们回顾一下讨论时间心理学的那一章，我可以使用许多有趣的行为策略来让那些人安心排队。例如，我可以播放音乐，或者告知呼叫等待队列里的人排在他们前面的人数，或者可以给他们安排一些其他的分心任务，让他们留在排队进程中。

然而，如果我设计了一个错误的呼叫应答程序，这些干预措施便起不到多大作用。例如，假如我没有分流系统（当一个访客打入电话后，报告他们需要获取哪种信息，接着他们就被引导给五位客服代表中的一位），人们最初的等待时间会非常长。因此我真正要做的就是在试图助推人们做自己希望做的事之前，确保我的分流服务达到最好。一条"清洁的管道"会让行为干预尽可能得到完美实施，而一条"堵塞的管道"会降低行为干预的效能。因此在应用任何行为干预措施之前，务必确认你的过程尽可能达到最好。

第四，牢记最终你需要做实验。一旦你想出了一条干预措施（暂且不论是拐杖还是助推），你就需要安排一些人进入对照组，其他人进入实验组，接下来检验助推的效果。所以你需要确认自己所有的进程都是恰当的，只有做到这些，你才能设计出那个特殊的实验。

第五，问自己几个问题。"适合你的特殊情况的最佳选项是助推还是决策拐杖？""还有没有其他替换选项？""一种经济刺激有可能比另一种助推刺激更好吗？"

前面已经叙述过，我们不应该把行为变化的四大策略视为相互竞争的策略。我们需要考虑协调利用它们，以确保最终获得自己所需要的那类结果。类似增加财富保障这样的结果都属于多要素结果，其中一些要素最适合通过经济干预应对，其他要素最好通过劝导应对，还有一部分要素最好交给助推策略处理。有一点很重要，在设计一项助推策略之前，要考虑清楚每种要素最适合的应对策略。

行为修正方法：去偏与纠偏策略

"偏倚"是指与你期望的一位决策者所做的响应或决策不符的任何系统性的偏离。请牢记，这种偏离必须是系统性的，它总会在某个方向上出现，不存在随机性。如果这种偏离是随机的，那么它就是噪音；如果它是系统性的，它就是偏倚。有一种简单的偏倚叫过于自信，这种偏倚是指人类相信自己知道的比实际知道的多。我会在第11章中深入地讨论过于自信的话题，但现在必须指出这是一种偏倚，因为人们确实倾向于相信自己知道的比实际知道的多。如果一些人相信自己知道的比实际知道的多，而其他人相信自己知道的比实际知道的少，这种情况就不是偏倚，而应该是噪音。那种大多数人都相信自己知道的比实际知道的多的认识就是偏倚。现在，你如何修正偏倚呢？有哪些供我们思考修正措施的方法呢？

我们可以使用去偏或纠偏的方法去修正。无论是去偏还是纠偏都是消除偏倚的策略，但它们的操作方式不同，阐述二者之间差别的最佳方式是采用一个简单的视觉隐喻。回想一下那些西部老电影的情节：一家小酒馆内爆发了一场打斗，坏家伙被扔出了门外。如果你闭上眼睛，在心里重现这样一个场景，你会发现门猛地被打开，坏家伙被扔出来，门又倏地自行关上。门是一扇弹簧门，每次你推开时（需要用一些力气），弹簧会压缩，形成将门推回关闭状态的反作用力。这种门不仅在西部沙龙中可以见到，在机场、办公室、仓库和商店等地方也非常常见。但如果弹簧存在缺陷（比如，弹簧坏了），当门处于打开状态时不能产生关门的反作用力了该怎么办？我该怎么解决这个问题呢？

我可以做两件事。第一，从社会科学的角度来说，门被推开后会继续保持开启状态，这一事实是需要我去修正的偏倚。我要做的是请来一位勤杂工，把弹簧拆下，清理干净，将弹簧装回（如有必要，更换弹簧），并确认门目前处于关闭状态。这就是一种去偏机制。我识别出偏倚的原因，并修复原因，因此偏倚就不再出现。

第二，我可以引入锁定的机制——门闩，即当门处于关闭状态时，门闩恰好嵌入到位。每次开门后，我只需将其推回关闭位置，此时门闩嵌入到位，可以让门处于关闭状态。让我们仔细思考下我在这里做了什么，偏倚依然存在，因为出现偏倚的潜在原因——发生故障的弹簧依然存在。但为了抵消缺陷的影响，我将第二种机制强加到第一种机制之上，这就是纠偏。

让我们看一些有关两种机制的简单例子。刚才我简要地叙述了过于自信的偏倚，那么我们如何确保人们不要过于自信呢？事实证明，有两种可以减少人们过于自信的策略。第一种策略是，让人们写下两三个自己的判断或预测可能会出错的原因，然后引导人们思考"如果……将会怎样"的情境，减少过于自信。为什么？因为导致过于自信的认知装置中的故障弹簧就在这里，当人们判断自己具有完成某项任务的能力时，他们会不由自主地记起成功的情景，并且当时能把事情做好。相反，他们通常无法思考妨碍自己取得进展的环境因素。通过明确引导人们正视失败的可能性，你就可以修复故障弹簧和为特定的判断去偏。

现在，让我们看一下第二种策略——没有自控力。我曾多次提及一个事实，人们希望为了未来多储蓄，但在他们这样做时却遇到了重重困难。我提到过一个名为"为了明天多储蓄"的很简单的计划，其理念是为了未来，你承诺把下次一部分加薪放在一边存起来。这一计划很有效。参与该计划的人实际上都存下了更多的钱。然而，人们仍不清楚自己是否在施加自控力或者成为退休储蓄专家方面变得更好。该计划利用了损失厌恶原则和助推人们多储蓄的默认效应。该计划并未修复认知装置，本质上，它只是增加了一个改变结果的"门闩"。这是一个经典的纠偏案例。

表 9-1 介绍了已经得到行为科学研究人员证实的几种常见偏倚的潜在原因、若干修正策略以及使用去偏还是纠偏的修正方法的评价。

我们有三种去偏策略。第一种策略叫激励策略。如果你激励人们想出正确答案，他们就会去做。但我们应该如何激励他们呢？你可以给予他们经济刺激。你可以顺应他们与社会上正确一方的意识保持一致，让他们做出公开承诺，施加同侪压力。一旦出现促使人们更加积极地保持准确性的某些外部刺激物，他们就更有可能有效地处理信息，并且在自己的决策中加入更多的信息。

第二种策略叫认知策略，人们可以用它来减少偏倚。它能让人们产生不同的思路，训练人们，以此产生能够提供正确数据的模板，迫使人们认真思考以模型为基础的决策方法。前面叙述的纠正过于自信的策略就是这样一个例子。

第三种策略叫技术策略。这种策略包括使用决策支持、决策助手或在线数据库为人们提供借此做出最佳选择的数据。

虽然差别并不特别明显，但我倾向于认为选择架构策略属于纠偏策略，而决策拐杖策略属于去偏策略。在接下来的两章中，我们将深入探讨这两类方法。

表 9-1　　　　　　　　去偏策略 VS 纠偏策略

偏倚	原因	修正策略	去偏或纠偏
过于自信 人们相信自己的知识和能力超出了实际具备的知识和能力	有选择性地关注支持选定答案的证据；自然而然地浮现之前成功的情境	生成支持与反对选定答案的观点，并识别事情可能出错的途径	去偏
持续时间启发偏倚 人们相信持续时间长的服务比持续时间短的服务更有价值	内隐信念认为时间是价值的载体，而且随着更多时间流逝，更多价值会积累下来	要求参与者评估服务提供者的效率	去偏

续表

偏倚	原因	修正策略	去偏或纠偏
安慰剂效应 人们相信一种产品的感知价格越高,其表面功效也越大	一种认为价格高的产品是用高质量的原材料制造的信念	关注价格功效信念,并让参与者质疑那些信念	去偏
锚定效应 环境中有一个突出的数字,导致之后的估计值非常接近锚定值	与锚定值相符的知识会增加	要求受访者考虑相反的反应	去偏
合取谬误 人们相信一个联结事件(例如,"菲德尔会输掉第一局,但将赢得整场比赛")发生的可能性大于组件事件(例如,"菲德尔将赢得这场比赛")发生的可能性	推断可能性的能力低下	将可能性转化为频率格式	去偏
消极的工资弹性 事实上,在应该多付出辛苦多赚钱的时候,出租车司机反而降低了高工资日的工作强度	狭窄性取景决策和损失厌恶:人们早早便触及每日限额	增加经验并教育人们掌握好收入与休闲的跨期配置	去偏
信用卡过度消费 日常使用信用卡(与支票对比)支付的人报告自己有更高的购买欲	过往支付的模糊记忆及其令人厌恶的影响	让过往支付的记账以及即时支付折耗更方便的支付手段	去偏
一段时间内的沉没成本效应 沉没成本效应是与货币有关的广泛存在的现象,但不容易检测到在一段时间内的沉没成本效应	成本与收益之间的心理联系和对账户的普遍需要;评估时间成本的困难程度会妨碍记账	列出一段时间内的成本	纠偏

续表

偏倚	原因	修正策略	去偏或纠偏
低启发判断一致性 经过一段时间之后，当同样的线索又面临判断时，他们基于线索的判断会出现变化	因肤浅的认知过程导致个体对形势判断不一致	为人们提供线性统计模型	纠偏
单独评估 VS 联合评估导致的偏好反转 人们在选择成对的选项时，在二元选择环境中被选中的选项可能并不是人们被要求做出满意度判断时的较好选项	属性的可评估性：当将两个选项放在一起时，一些属性很容易被评估，这些属性对选择（而不是满意度）来说更重要	改变属性权重操纵	纠偏
低器官捐献率 很多国家的器官捐献率都很低	缺乏认识和激励	改变器官捐献的默认选项	纠偏
低退休储蓄率 平均储蓄率低于人们的预期	自我控制失败	改变现状并利用预先承诺	纠偏

The Last Mile
Creating Social and Economic Value from Behavioral Insights

10

助推：解决最后一英里问题最有效的工具

在第 10 章中，你将找到以下问题的答案：

1. 有哪些不同类型的助推方法，应该怎样将其分类？
2. 我们是否可以举出一些助推方法的例证？
3. 当你开始设计助推干预时，需要面对的四大问题是什么？
4. 什么叫决策审核？如何开展决策审核？
5. 设计助推的程序是什么？

  在前面的几章中，我们了解了各种行为洞察力，并概述了行为科学家的一些研究方法，还介绍了几个助推实例。对组织及其利益相关者而言，助推或许是让最后一英里更具可通行性的最有效的工具之一。那么，助推的思路从何而来呢？有没有一个可以识别潜在助推的过程？我们应该使用哪种标准在众多可能的助推中做出选择呢？

就特征和实施过程而言，从文本稍做改变到新产品创新，助推有多种多样的形式。不论实施的方法或媒介是什么，这些助推都可以从以下四个维度进行分类：

1. 提升自控力的 VS 激活期望行为的；
2. 外部施加的 VS 自我施加的；
3. 有意识的 VS 无意识的；
4. 鼓励的 VS 阻止的。

第一个维度着眼于一个助推的初衷是否可以提升自控力，并帮助个体做出一个希望实施但过去没有成功实施的决策。例如，促成一个退休计划。针对储蓄或健身之类的特定行为，人们在意愿和结果之间存在差异，而他们旨在帮助提升自控力的助推将弥补这一差异。在其他领域，比如在乱扔垃圾这个问题上，个体可能不会很积极地考虑什么是正确的行为。在这种情况下，助推的目的是激活一种期望行为或规范，并影响个体原本不感兴趣或不会有意去做的决策。对大多数人来讲，这些行为通常不属于他们关注的重点，因此他们不太可能往自己身上施加影响这些行为的助推。因此，此类助推实际上是寻求在人们身上激活潜在的或根本不存在的行为标准，这就要求在他们所处的环境中，那些标准必须处于强势状态。

第二个维度考虑的是一个助推是否会被人们自愿接受。自我施加的助推是指那些希望制定一项自己认为重要的行为标准的人自愿接受的助推。这类助推可能包括使用类似著名的"为了明天多储蓄™"这样计划的产品，或自愿请求降低信用卡额度之类的做法。另一个自我施加助推的例子是一种名为"神奇闹钟"的产品。当使用者试图按下止闹按钮时，这种闹钟可以跑开并藏在卧室的角落里。人们不需要主动寻找外部施加的助推，而宁愿被动地调整自己的行为，因为外部助推为人们提供了可以获得但不会约束自己的选项。

第三个维度考虑的是一个助推是否会指导个体使用更具认知水平、更慎重的决策方法，并去掉环境中通常属于无意识行为影响的呈现结果；或者考虑一个助推是否会使用行之有效的行为或启发式方法，指导人们使用一种更加无意识、更加含糊的方法。有意识的助推可以指导个体进入一种更加受控的状态，并帮助其获得一种虽然渴求但过程很艰难的行为标准。这类助推会影响人们健康饮食、戒烟、健身以及储蓄等意愿。在多数情况下，这些助推可以帮助人们做出更好的跨期选择，使其目前的行为更好地反映对未来的希望。无意识的助推包括使用情感、架构或锚定来动摇人们做决策。

第四个维度考虑的是一个助推是否会鼓励或阻止人们做出某种行为。鼓励型助推可以为一个特定目标行为的实施或延续提供便利。反过来说，阻止型助推会妨碍或阻止被认为令人不悦的行为，或妨碍完成目标行为的行为。

这四个维度结合起来会产生12种不同类型的助推。表10-1是一个根据刚刚讨论过的维度整理得到的分类表框架，它为每一类助推列出了具体实例。其中嵌入了更加综合性的计划或多重"助推"，因此这些计划也有可能横跨多种类别。

表 10-1 助推分类表

		有意识的		无意识的	
		鼓励的	阻止的	鼓励的	阻止的
激活期望行为	外部施加的	简化税收规定，让税单填报更简单	设立标志牌，提醒人们不要乱扔垃圾	广而告之，为了加大回收力度，大多数人正在参与到资源回收工作中	使用假的减速路脊，控制行驶速度
提升自控力	外部施加的	简化大学助学金申请流程，以促进高等教育的发展	为了降低油耗，安装显示里程数据的汽车仪表盘	自动登记处方药，以鼓励患者就医	将不健康的食物放在不容易接触到的地方
	自我施加的	为了坚持日常健身，错过一次健身课便同意支付少量罚金	为了避免酒驾，提前预订代驾服务	加入同侪储蓄团体，以鼓励多存钱	将钱存入不同账户，以减少被花掉的可能性

助推在日常生活的应用

本节将通过几个代表性案例,阐述如何利用助推帮助个体做出更好的决策。每个案例的最后都会附上一个表格,以定位分类表中列出的助推干预措施。

案例1:使用描述性社交规范增加选民的参与度

在很多国家,如何提高投票率是一个普遍问题。竞选活动通常采取的策略是把工作重点放在改善低投票率上,希望鼓励公民投票并给选举带来实质性的影响。相反,把投票当作一项普通社交活动的策略可能会更有效(见表10–2)。

这项由艾伦·戈伯(Alan Gerber)和托德·罗杰斯主持的实验,对比了2005年新泽西州选举和2006年加利福尼亚州选举期间两种策略对选民意愿的影响。他们使用了两组电话助选脚本,开展了一次电话助选活动:一组脚本预计了选民投票率较低(低投票率脚本)的情况,而另一组脚本预计了选民投票率较高(高投票率脚本)的情况。在收听了脚本内容之后,询问受访者在即将开始的选举中参与投票的可能性有多大。

结果显示,在高投票率脚本组中,收到"100%准备投票"的响应的可能性增加了7%。另外,研究人员发现,高投票率脚本对那些偶尔和极少投票的选民最有效。

表10–2		案例1		
		有意识的		无意识的
		鼓励的	阻止的	鼓励的	阻止的
激活一种期望行为	外部施加的			×	
提升自控力	外部施加的				
	自我施加的				

案例2：垃圾箱的助推措施

很多城市都有严重的乱扔垃圾问题。虽然不少人都知道乱扔垃圾的危害，但他们依然乱扔。以哥本哈根为例，据估计有 1/3 的人会偶尔乱扔垃圾。为了解决这个问题，罗斯基勒大学的一个研究团队实验了一种帮助路人避免乱扔垃圾的助推措施（见表 10–3）。

该团队在城市里设置了通往各个垃圾箱的绿脚印，并向附近的路人分发牛奶糖。在分发完糖果后，他们开始观察有多少路人会沿着绿脚印走到垃圾箱处，并将糖纸扔进垃圾箱。结果显示，在使用绿脚印后，街道上乱扔糖纸的现象减少了 46%。

表 10–3　案例 2

		有意识的		无意识的	
		鼓励的	阻止的	鼓励的	阻止的
激活一种期望行为	外部施加的			×	
提升自控力	外部施加的				
	自我施加的				

案例3：健身合约：将激励费作为一种健身的承诺机制

健身是我们许下的一个很普通的新年愿望，但在接下来的一年里，我们却很难坚持健身。根据"健身合约"（Gym-Pact）项目的合作创办人张一帆（Yifan Zhang）分析，其中一个原因与健身会员的缴费方式有关。健身会员通常在年初缴费，一旦走完这个程序，对个体而言就是钱已经花了（沉没成本），缺一堂健身课也不会造成什么损失。于是，张一帆和杰夫·奥博欧佛（Geoff Oberhofer）创办了"健身合约"项目，通过加入所谓的"激励费"来解决这个问题。其规定了参与者每周到健身房健身的次数，他们每错过一堂健身课就要付一笔罚金。

在"健身合约"项目的最初实验阶段，两位创办人为参与者购买了会员资格。参与者并未为自己的会员资格付费，但会承诺每周健身 4 次。如果他们未能履约，参与者就要付 25 美元。如果参与者放弃这个计划，他们就要付 75 美元。

"健身合约"已经成为一项成熟的业务，虽然业务模式稍有改变，但它依然在使用激励费的概念。尤其是，参与者依然要在违背承诺时付一笔罚金，但现在，罚金会作为一种小的奖励重新分给那些努力履行承诺的参与者。该计划很成功，而且在其最初实施的 5 个月里，参与者的履约率达到了 90%（见表 10–4）。

"健身合约"在媒体上有专题报道，而且其业务也在扩大。现在，不仅在健身房里也包括在家里和户外，它都能帮助个体跟踪自己的健身情况。

表 10–4　　　　　　　　　　　案例 3

		有意识的		无意识的	
		鼓励的	阻止的	鼓励的	阻止的
激活一种期望行为	外部施加的				
提升自控力	外部施加的				
	自我施加的	×			

案例 4：以同侪压力作为储蓄承诺机制实现自助

一个研究人员团队研究了自助团体中同侪压力对储蓄的影响，并发现它在帮助个体储蓄方面是有效果的。这个实验是在智利进行的，实验对象为月平均收入 84 188 比索（合 175 美元）的低收入微型创业者。有 68% 的被试在实验开始前并没有储蓄账户，根据被研究者安排加入的储蓄团体的规定，他们都开立了一个账户：

1. 储蓄团体 1：基本储蓄账户，利率 0.3%；
2. 储蓄团体 2：基本储蓄账户，利率 0.3%。被试也是自助同侪团体的成员，在该团体中，他们可以自愿宣布自己的储蓄目标，并以周为基础监督自己的储蓄变动情况；

3. 储蓄团体 3：高利率账户，利率 5%（属于在智利可以获得的最高利率）。

该研究发现，自助同侪团体成员被试（储蓄团体 2）的存钱频率比其他被试高 3.5 倍，而他们的平均储蓄余额几乎是那些持有基本储蓄账户被试的 2 倍。高利率对大多数被试来说几乎没有影响。

为了进一步了解自助同侪团体出现这种情况的原因，一年后，研究者开展了第二个研究实验。被试被分成两组。第一组被试收到通知自己以及其他被试储蓄变动情况的短信提醒。研究者还为他们指派了一位储蓄助手，这个人定期与他们见面，而且让他们为实现自己的储蓄目标负责。第二组被试只收到通知自己以及其他被试储蓄变动情况的短信提醒。

第二组实验结果（见表 10–5）显示，这位储蓄助手的出现并没有起到什么作用，而且被试收到自己以及同侪储蓄变动情况的短信依然很有效。正如研究人员指出的那样，这种同侪团体是一种人们实现储蓄目标的有效承诺机制，但人们没有必要面对面接触。

表 10–5　　　　　　　　　　案例 4

		有意识的		无意识的	
		鼓励的	阻止的	鼓励的	阻止的
激活一种期望行为	外部施加的				
提升自控力	外部施加的				
	自我施加的		×		×

案例 5：节水宝：一种水资源保护设备

节水宝（Waterpebble）是一种旨在帮助人们淋浴时节水的廉价设备。该设备记录下人们首次淋浴的时长，并以此作为以后淋浴用时的基准。节水宝不仅用来显示用水量，还能自动减少淋浴时长，并用一组交通信号灯信号提醒人们结束淋浴的时间。

节水宝并不是要求个体监控自己的用水情况，并据此调整自己的耗水量，而是降低人们减少耗水量的难度，使这一过程毫不费力（见表10–6）。随着时间的推移，个体有可能养成淋浴时间较短的习惯。

表 10–6　　　　　　　　　　案例 5

		有意识的		无意识的	
		鼓励的	阻止的	鼓励的	阻止的
激活一种期望行为	外部施加的				
提升自控力	外部施加的				
	自我施加的				×

如何设计助推干预

作为任何一个领域中的选择架构师，你需要自问自答以下几个简单问题：什么是为了实现任何终极目标需要做的各种不同的行为和活动？你在回答这一问题时要确认个体必须经历的每一个阶段，并把它们像一张流程图一样联系起来。例如，对一个接受流感疫苗注射的人而言，他首先应该认识到这一需要，然后确认自己何时何地接受这次注射，然后在自己的日历上实际规划一次去诊所的安排，最后带着必要的文书去诊所。我喜欢把这个过程想象成一系列管道，个体借此从一个阶段流动到另一个阶段。你的屋子里安装了水管后，这些管道有时会堵塞。在管网环境下，其累积了污垢就会发生堵塞；而在行为环境下，只要存在惰性、现状偏倚或者事先对向前推进的重要性缺乏关注/了解之类的行为现象，就会发生堵塞。就像水管工会用毛刷清理堵塞处并恢复水流畅通那样，选择架构师也需要打开"行为毛刷军械库"来疏通妨碍期望结果发生的瓶颈。

一个有效助推策略设计流程的第一步是审核终端用户的决策过程。它要求人们做环境和任务分析（例如，人们如何做决策？他们做决策的典型环境是什么），然后确认可能会影响决策结果的关键启发式和作用。图10-1确认了助推设计的过程方法。

步骤1：绘制环境图

人们在进行审核决策的过程中可以确认妨碍个体依从自身意愿的因素。这些因素（瓶颈）代表了助推策略可能会产生快速红利的环节。

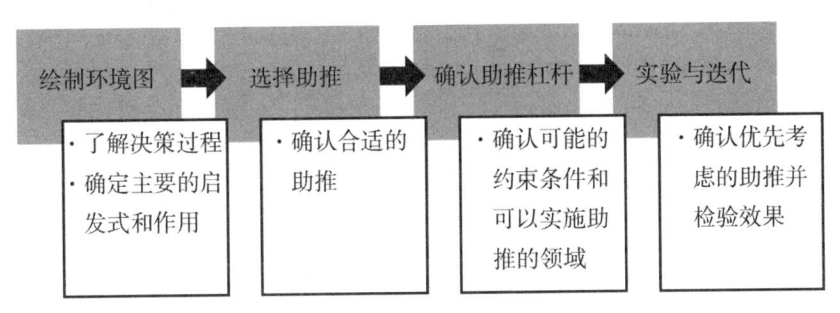

```
绘制环境图 → 选择助推 → 确认助推杠杆 → 实验与迭代

·了解决策过程        ·确认合适的     ·确认可能的        ·确认优先考
·确定主要的启        助推            约束条件和         虑的助推并
 发式和作用                         可以实施助          检验效果
                                   推的领域
```

图 10-1　设计助推的过程方法

本书的附录2是一个工作单，其中列出了一组开展审核时应该回答的问题。这些问题涵盖了决策过程的4个不同方面。

1. 决策过程包括了解与决策相关的奖励、激励措施以及决策受到的关注度在内的**决策的性质**，还包括确认呈现给个体的选择，尤其是默认选项。
2. **信息来源**以及如何收集和表现与决策相关的信息。
3. **个体的心态特征**以及情感是否会影响决策结果。
4. 同侪压力与冗长的申请过程之类的**环境与社交因素**，这些因素也会影响结果。

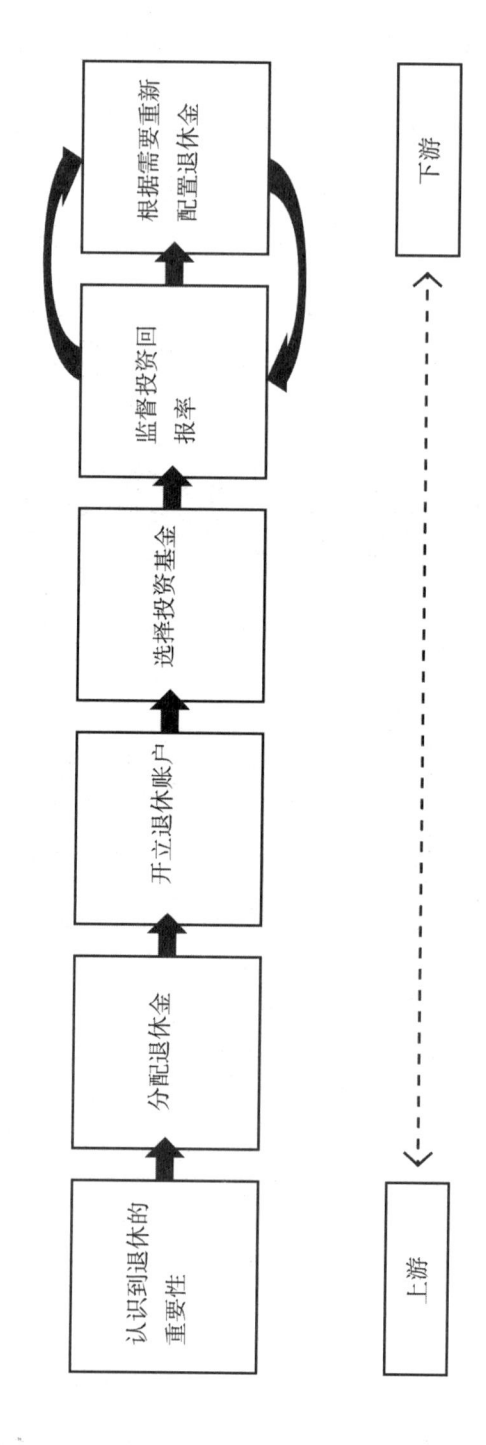

The Last Mile
最后一英里

认识到退休的重要性 → 分配退休金 → 开立退休账户 → 选择投资基金 → 监督投资回报率 ⇄ 根据需要重新配置退休金

上游 ←---→ 下游

图 10-2　退休储蓄计划决策图

决策在接受审核后，就应该制作决策流程图。决策图应该扼要展示与决策过程相关的关键行动，图10-2就是一幅促进退休储蓄计划实施的决策图。

通常，从业者旨在影响的是许多较小决策和行动的结果。以健康或财富管理领域为例。决策结果在年轻人眼中是遥远的，似乎也是不相关的，所以决策面临的一个最大挑战就是增加他们对健康和财富管理重要性的认知。人们对结果的渴望（例如，攒钱买房和满足儿童教育支出）可能是一起重大人生事件（例如，结婚、生子）的结果，而后者可以激励一个个体完成必须采取的行动（例如，开立银行账户、购买基金等）。这些人生事件是助推人们采取行动的美好时刻。

步骤2：选择助推

人们在决策过程中存在的瓶颈是实施助推的良好开端。例如，确定缴纳金额需要做两项评估：确定有多少退休金可供退休储蓄，确定有多少退休金可以满足退休生活需要。第二项评估可能会成为一个瓶颈，因为个体或许没有恰当的计算工具。另一个瓶颈与情感有关，个体可能感觉不到自己有充足的可以用于退休储蓄的资金，以及不愿费心钻研各种选项。还有一个瓶颈会在决策过程进入选择投资基金环节时出现，有太多的投资基金可以作为选项，而且个体没有能力分析所有的选项。

在思考一个个体可能会遇到的瓶颈的解决方案时，我们建议你选择经过架构师认真考虑并映射到分类表各要素中的4个问题：

1. 个体清楚自己需要做但却无法完成的事情吗？或者一种期望行为或行动需要被激活吗？
2. 个体有足够的动力对自己实施助推吗？
3. 个体在行动过程中更有可能受到增强认知能力的推动，还是目前会受到认知超载的阻碍？
4. 期望行动没有完成是因为竞争行动，还是因为惰性呢？进一步说，我们的目标应该会阻止竞争行动，还是鼓励目标行动？

The Last Mile
最后一英里

没有足够的资金用于储蓄

认识到退休的重要性 → 分配退休金 → 开立退休账户 → 选择投资基金 → 监督投资回报率 ⇄ 根据需要重新配置退休金

退休是很久以后的事情且不相关

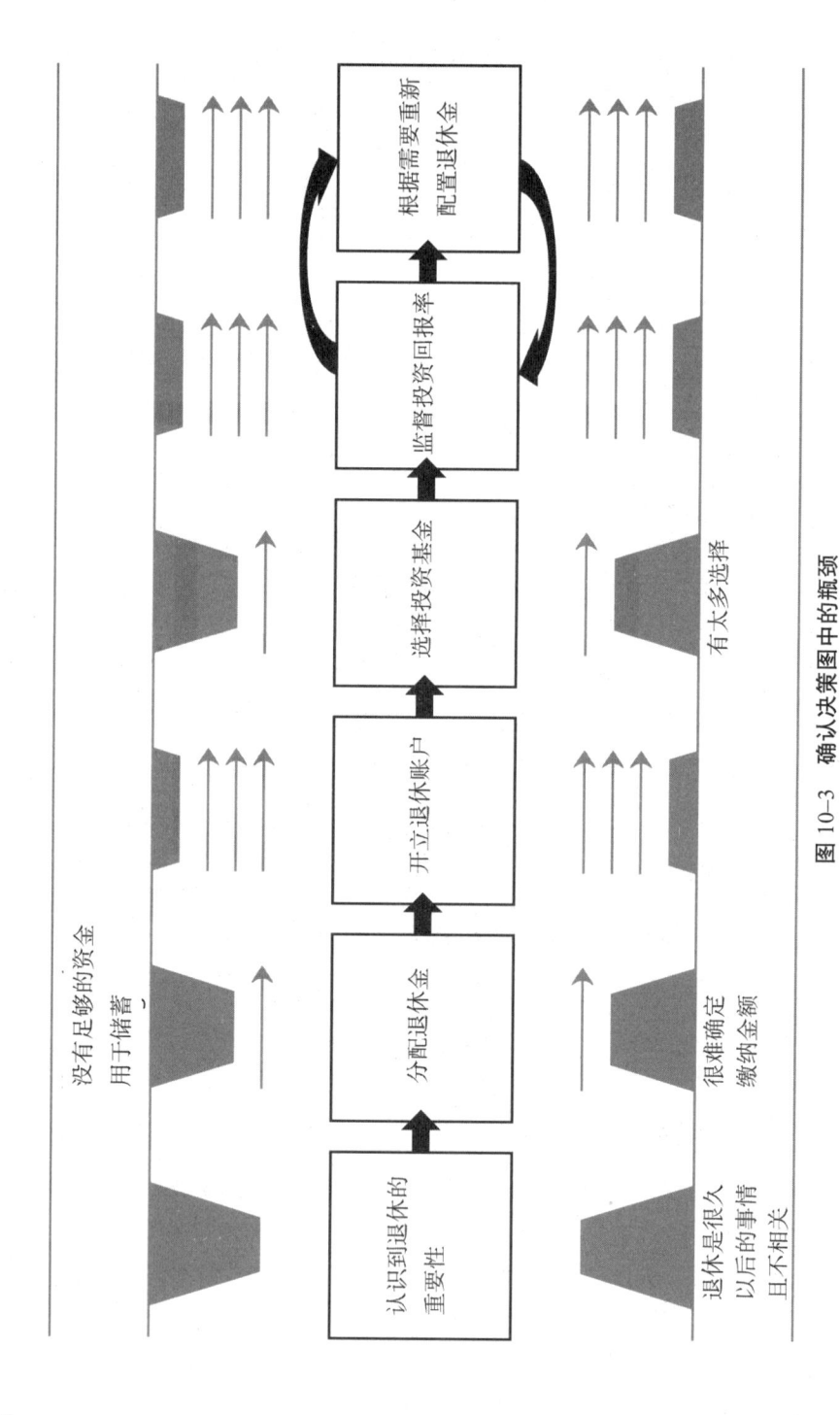

很难确定缴纳金额

有太多选择

图 10-3 确认决策图中的瓶颈

166

图 10-3 是一幅退休储蓄决策草图，其中潜在的瓶颈也被简单地勾勒出来。请注意，这些瓶颈可能是因为一种或多种行为洞察力引起的，本书中对此有相关讨论。

或许，人们在解决退休储蓄问题时遇到的最大瓶颈是需求认知。人们似乎相信，退休依然是很久以后的事情，现在就考虑它未免太早了。其他瓶颈还可能包括认知困难、不具有把事情做好（例如，开立相关账户）的能力，或者被过多的选项搞得晕头转向等。

步骤 3：确认助推杠杆

确认成本和资源可用性以及潜在的助推杠杆之类的约束条件将加快开发流程。什么叫杠杆？简单地说，它就是一种行为干预措施，可以用来处理瓶颈并反转其影响力。正如我们在第 8 章中所讨论的那样，这种杠杆在本质上可能是去偏策略，也可能是纠偏策略。虽然这个步骤主要依赖于已确认的助推类型，但确定以下选项是否可用还是很有用的：

1. 执行一次自动加入程序；
2. 提供一个默认选项，或改变目前的默认选项；
3. 修改或改变目前个体可用的选择；
4. 简化决策过程；
5. 通过技术手段降低（人均）成本或改善可量测性。

另外，人们针对步骤 3 中提出的 4 个问题的反馈，可以让选择架构师把问题所在领域与本章前面介绍的分类表（及案例）匹配起来。这种匹配可能为我们提供瓶颈在其他情境下如何"被消除"的具体思路。

步骤 4：设计与迭代

你也许已经确认把几个助推作为可能的干预措施了。虽然我们一直都能将助推结合起来使用，但优先考虑其中一个或若干个助推还是很有好处的。我们需要考虑的一个因素是与实施相关的操作成本。除了操作成本以外，我们还应该考虑以下几点。

1. 助推需要处理的瓶颈是什么。助推是否应该被优先考虑取决于瓶颈出现在决策过程的哪个环节，我们应该选择解决更靠近决策过程上游瓶颈问题的助推。
2. 相对可及的程度。自我施加的助推（例如预先承诺）可能不会像默认选项或自动加入那样成为很多人的选择，尽管其符合人们的最大利益，但个体可能并不希望提前做出承诺。
3. 可定制能力。像自动加入之类的干预措施都有很高的采用率，但其要求每个人接受同样的条款和收益。例如，一个自动加入程序可能要求个体每个月为某个预先决定的退休储蓄计划缴纳 200 元钱。不过，很大一部分目标受众可能不会从这样一个计划中受益，原因可能是缴纳金额太高，或者投资基金与他们的风险胃纳并不匹配。让每个人决定自己的缴纳金额，并在少数投资基金中做出选择的做法可能更可取。确定部分目标受众是否有不同的行为偏好，我们将会得到这个问题的答案。
4. 助推的长期效果以及这种干预措施是否可以让我们养成更好的新习惯。

我们曾经在前面的章节中讨论过，选择架构师检验并记录助推策略的效果非常重要。为了检验助推策略，理查德·泰勒提供了两点真言：（a）如果我们希望鼓励某种行为，就让它变得简单（和/或让它变得有趣）；（b）我们不能创建一个本应以证据为基础，但实际上却没有证据支撑的策略。除了这两点真言之外，我将给出第三点真言——记录下结果，并将其广泛分享。这将帮助我们创建一个在某种条件下运行的数据库。

我们建议做助推检验时将过程评估与结果评估结合起来，结果评估仅仅确认助推产生了期望的结果。例如，人们针对"提高储蓄参与度规划援助"项目所做的结果评估，其显示了被随机分配获得助推的人的参与程度远远高过没有得到随机分配机会的人，而过程评估会为关键性机制寻找支持。例如，得到助推的人会报告称，他们可以更加轻松地理解材料，而且填写必要的表格时耗时更短。

我愿意为读者留下许多精神食粮。很多人都读过泰勒、卡尼曼、艾瑞里等行为科学家或者英国行为洞察力团队成员（仅举几例）的著作，他们都会问我这样的问题：研究人员是怎么想出这些精彩的干预措施的？难道就是因为他们专注于心理学研究而成为相关专家，并能直观地使用同样的思路吗？还是他们本身就是非常聪明的人呢？虽然我并不怀疑以上两点都是正确的，但我还是愿意奉上另外两点见解：第一，从本质上讲，本章中深入探讨的绘制决策图和确认瓶颈再利用杠杆疏通的过程，这是由很多成功的行为科学研究人员建立起来的一个优秀的同质异形模型；第二，很多读者因为科学出版流程的性质而成为可用性偏倚的牺牲品。更特别的是，大多数读者只读到了成功的故事，而没有读到失败的故事。经过多年开发并检验干预措施，我们的成功率大大提高，但依然没有达到100%。

成功率没有达到100%的一个关键原因基于一个简单却强有力的事实，在需要做选择时，每个要素都至关重要！当你走进一家商店时，你周围的一切肯定会影响你的购买决策：商品陈列、价格、背景颜色、客流、环境温度、气味等，不胜枚举。而且，这些因素还能相互影响。举个例子，价格非常重要，但只限于特定类别。因此，很多决策科学家都预测价格在某些环境下有效，但在其他环境下却并非如此。如果我们希望创立一系列全面的决策理论，就需要我们将数量庞杂的因素，甚至将这些因素之间更大规模的互动归纳成理论并检验。考虑到人类行为的内在随机性，完成这样一项任务不仅看上去艰巨无比，而且坦率地讲也是不可能的。总之，甚至像物理学这样的自然科学都未能整理出一套包容一切的理论。

所以，现实情况是，在我们寻求助推干预的过程中，理论的作用就到此为止了。理论可以指引我们前进的方向，但如果不用前文提及的实验设计原则检验干预措施，我们便有可能冒失败的风险，因为隐藏在背景环境中的某些东西会干扰干预措施的效果。

The Last Mile
11
Creating Social and Economic Value from Behavioral Insights

五大决策拐杖

在第 11 章中，你将找到以下问题的答案：

1. 为什么在收到电话账单之后，人们的长途电话通话量会暂时减少？
2. 像慧俪轻体（Weight Watchers）、Fitbit 和丰田这样的公司如何利用人类的基本需要来处理反馈信息？
3. 如果两位专家针对一个判断向你提出了建议，你该如何将他们的建议结合起来？
4. 什么叫以模型为基础的决策支持系统，什么叫以案例为基础的系统？哪种系统更好些？
5. 一个模型怎样才能与管理直觉结合起来获得最好的结果？

第三部分
站在最后一英里处：行为变化设计

在介绍完帮助人们做出更好选择的选择架构方法之后，我将在本章中介绍助力最后一英里决策的决策拐杖。本章会特别阐述5种不同形式的决策拐杖。

拐杖1：反馈。向人们提供他们过去所做的选择以及结果的反馈可以改善决策。
拐杖2：建议。向人们提供正确的建议可以改善决策。
拐杖3：过往案例。向人们提供与目前情境相似的情境，而由此带来的结果可以改善决策。
拐杖4：模型。向人们提供一个结构模型可以帮助他们做出更好的决策。
拐杖5：消费词汇表。向人们提供一个消费词汇表，让他们更好地了解和检验自己的偏好。

反馈：改善决策过程

你可以向人们提供的最简单的拐杖就是数据或反馈。让人们烦心不已的行为比比皆是，例如控制消费、健康饮食、行为拖沓和节能等，所有这些方面都是分散决策的典型例子。什么叫分散决策呢？根据已故哈佛大学心理学家理查德·赫恩斯坦（Richard Herrnstein）和麻省理工学院德雷泽·普雷莱克给出的定义，分散决策是"在一段时间内分散做出的许多较小决策的集合"。换句话说，你去商场买一次东西不会让你破产，吃一次巧克力蛋糕不会损害你的健康，吊儿郎当地混一天不会让工作堆积如山，偶尔一次忘了关灯也不会耗尽全世界的能源储备。然而，你长期做出这样的选择确实会带来消极的结果。

分散决策方式的一个推论被定义为做出每个单独的决策（即每个选择）都不需要付出极其重大的努力，而事后也不会留下极其深刻的印象。显然，对于这个定义而言存在某些例外。例如，吸烟者经常回忆起自己第一次吸烟时的情景并将其视为一次重要的决定，而一个挥金如土的人可能回忆起自己某天在购物中心挥霍的情景。尽管有这些特别值得回忆的瞬间，但是人类的大脑很难把过去的各种瞬间一一记录下来。当你从钱包里取出一张信用卡轻松地结了一次账，或者离开家时忘记检查是否已关闭了不用的灯或家用电器,过去的事就让它过去吧,我们通常不会背负过往瞬间的记忆。根据对启发和偏倚的研究,过往瞬间通常无法为我们所用。那么,如果让它们为我们所用会怎样?

在第4章中,我介绍过我在几年前做的一次实验。当时,我邀请许多被试到实验室里再现了他们用支票和信用卡支付的过程。在为期一个月的实验中,被试用信用卡或支票模拟了多次支付过程。到"月末"时,每个人都获赠了一次任意购物的机会,也就是他们可以买自己本来不需要但就是想买的商品,使用信用卡的人更有可能憧憬这次购物机会。

不过,我给这个故事增加了一点曲折性。在同一个实验的第二组条件下,我向实验被试提供了反馈,特别是在该"实验月"的每天早上告诉他们截至当前的累积消费额。这一干预措施有两方面的效果。第一,使用信用卡和使用支票的被试之间存在的差别消失了,现在在他们任意购物的愿望并不取决于自己过去使用的是哪种支付手段;第二,他们任意购物的愿望整体下降了。很显然,反馈起到了至关重要的作用。由于大多数过往支付相当平淡且没有什么值得记忆的内容,所以提供反馈能够让被试准确校正自己的过往消费经历,并做出一种更加知情的购买决策。

提供反馈的第二个例子来自我和学生于2004年至2005年在多伦多市开展的一次非正式实验。我们对如何鼓励人们加大回收力度并减少他们制造的垃圾量产生了兴趣。垃圾问题是一个不值得人们回忆的分散决策的经典例证,每周,各家各户都会把他们的垃圾丢在路边,市政部门安排垃圾车沿途收集垃圾。我们为人们提供了他们在特定时间段内产生垃圾量的反馈。每个家庭都会收到一份清单,这份清单很像信用卡的消费清单,上面显示了我们估计的他们的垃圾制造量。我们发现,让人们更加清醒地了解他们的垃圾制造量,能够促使其减少垃圾制造量,并致力于增加垃圾回收量。

提供反馈的第三个例子来自我和在中国香港有过合作的研究人员薇薇安·拉姆(Vivian Lam)所做的研究。这项研究完成于20世纪90年代——一个用家庭电话打长途还相当昂贵的时期。我们在科罗拉多收集到很多人在一段时间内的长途电话通话记录。我们掌握了这些人的通话时间、每次通话的费用、收到电话账单的时间以及他们支付账单的时间等信息。我们发现，在消费者收到账单之后不久，他们的长途电话通话量出现显著的减少，甚至在其通话活动频繁的月初，这一影响也非常明显。显然，有关消费者长途通话的反馈导致了该消费行为骤减。

除了大量学术研究案例显示反馈有助于决策之外，还有很多企业依赖反馈的例子。在减肥领域，慧俪轻体公司便非常依赖反馈原则，它创建了一个系统，系统用户可以持续跟踪他们的卡路里摄入量并反馈他们可以交叉分析的信息，以帮助他们做出更好的膳食选择。为了鼓励人们保持身体活力，Fitbit 公司要求用户佩戴监控身体活动的设备，公司也向他们提供身体活动的反馈信息，他们以此作为在其他日期进行活动或其他活动的参考。类似地，为了帮助用户获得良好的睡眠，智能手机应用 SleepBot 提供详细的睡眠模式反馈。另外，类似普锐斯这样的混合动力汽车的仪表盘也为司机提供了目前汽车各项性能指标的反馈值，这样他们便可以采取适当的行动提高汽车的性能并减少燃料消耗。

提供反馈不仅可以帮助人们做出更好的消费决策，还可以通过应对其他决策偏倚帮助人们改善决策过程。例如，我们知道，过于自信是行为科学领域相关文献中记载最多的偏倚之一。我们曾经在第 9 章中探讨过这种偏倚。过于自信偏倚是指人们相信自己比实际知道的多的理念，提供迅速且毫不含糊的反馈是纠正过于自信偏倚的有力手段。我们举例来说明。壳牌石油公司的地质工程师做出预测：在特定的地点可能有石油。他们因为过于自信，导致在寻找石油的过程中出现大量人力、物力、财力和时间的浪费。鉴于此，壳牌公司开发了一种训练程序，为地质工程师提供过去的案例，要求他们做出预测，然后针对该案例给出实际结果的即时反馈。另外在本书中，你还会注意到天气预报员都会得到大量快速而清晰的反馈。因此，我们在这些天气预报员身上几乎看不到过于自信也就不足为奇了！

如何获取建议

我们都去过本地的各类展会和主题公园,其中通常会有一个人气颇高的"糖罐里的糖豆"竞猜活动。游戏的思路很简单:在一个玻璃糖罐里装有许多糖豆,而你要做的就是猜糖豆的数量。猜测结果与实际数量最接近的人获胜(在很多情况下,你可以将糖豆连同糖罐一起拿走)。

那么,一个人如何估计糖罐中的糖豆数量呢?或许,你们中有人知道一个常见的糖罐可以装多少个糖豆,这样你就可以估计出糖豆所占空间的比例,继而估算出糖豆的具体数量。或者,你可以估算出两个数量:一个是如果把糖豆在糖罐里铺满一层的话有多少个糖豆,另一个是层数。然后,你将两者相乘得出一个估计值,或者可以直接请教你的朋友!

让我们假定我们知道糖罐里有 40 个糖豆。现在,你分别问两个人糖罐里有多少个糖豆。假设两个人都给出了自己的估计数,你如何把他们的估计数结合在一起形成自己的判断呢?

我之所以喜欢"糖罐里的糖豆"这个游戏,是因为这是一个隐喻,它包含了我们做出的有关未来会发生什么事的各种判断。当你雇用了一名新员工,你会做出一个判断,估计这个人会为你做出多大贡献。当你买入一只股票,你会判断从现在开始 5 年内股价会如何变动。我们每天都会做出很多这类判断,而在做出这些判断时,向其他人或专家寻求建议通常是一种非常好的策略。

现在,让我们回到糖罐的话题。你请教了两位专家,一个人估计有 50 个糖豆,另一个人估计有 60 个糖豆。我该怎样处理这些估计数呢?你可以做两件事。你可以决定哪位专家更可靠,而选择他的估计数;或者你可以把两个估计数简单地取个平均值作为自己的答案。哪种方法是最好的策略呢?

假如我们知道正确答案是 40 个,也知道两位专家的估计数都超出了实际数,其中一位专家超出了 10 个，另一位专家超出了 20 个。但现在，让你给这两个估计数取平均值。平均值是 55，因此平均误差是 15。这个平均值比其中一位专家的估计数好，但不如另一位专家的估计数。第二种可能性是其中一位专家的估计数超过实际数，而另一位专家的估计数低于实际数。我们继续举例说明，其中一位专家告诉你糖罐里有 50 个糖豆，另一位专家估计有 28 个糖豆。现在的平均值是 39，平均误差是 1。

概括起来，如果你向别人求教估计数，会有两种情况发生：第一种情况，两个人都高估或低估了糖豆的数量，你得出的平均值会比其中一位专家好，但不如另一位专家；第二种情况，其中一位专家被低估，而另一位专家被高估。如果发生这种情况，你得出的平均值总是比任意一个单独的判断好。

各位读者可以悟出什么吗？这些告诉我们，在很多现实世界的情形中，将两个判断值取平均值往往比其中任意一个判断好，也绝对比试图猜测两位专家哪位更可靠，然后便选择那个人的估计值的做法好。尤其是当你可以判断出两位专家的差别很可能源自其中一位高估而另一位低估时，那么与选择其中一位的估计数相比，取平均值肯定是更好的策略。

来自杜克大学的两位教授杰克·索尔和里克·拉瑞克（Rick Larrick）奠定了该领域的研究基础。杰克和里克的基本观点是：虽然我们可以通过数学方法证明取平均值的做法是一种优势策略，但我们中的大多数人并不相信这一点，他们认为取平均值的做法是一种中庸的判断。显然，这是不正确的，取平均值的做法是一种卓越的判断。

让我们从稍微不同的角度来审视这个问题。假设你需要听取某种相关情形的建议，而你在需要做出评估时遇到了困难。你已经有了自己的评估结果，但还是希望得到他人的意见，有两位专家 A 先生和 B 女士可以帮到你。A 先生和你的背景相同，接受的训练也相同；B 女士有不同的背景。你会选择听谁的意见呢？很多人都会告诉你，他们倾向于选择 A 先生，因为他和你有相同的背景。但是实际上，B 女士可能是更好的选择。为什么？因为你和你的判断会将不同的信息摆到桌面,将两个人的判断综合起来可能会有更准确的判断。

我们再说第二个场景,我们还是思考同样的情形。你需要做出评估,你可以求助X女士和Y先生。X女士看到的是你之前看过的评估报告,而Y先生拿到的是另一份不同的报告。你应该听取谁的建议呢?同样地,大多数人会告诉你,你应该选择X女士,毕竟你们有共同的观点,而且看的也是同一份报告。但同样,Y先生或许是更好的选择,因为他给你将要做出的判断带来了更多的数据和信息。

多年以前,丹尼尔·卡尼曼和丹·洛瓦洛(Dan Lovallo)写了一篇相当有趣的论文,内容讲的是组织内部有关问题或预测的"内部观点VS外部观点"。试想一下,像这些研究人员一样,你一直在研究初创企业,试图了解其中一些企业取得成功的原因。你向这些创业者提出了许多问题,比如:"从现在开始的5年内,你认为贵公司取得成功(此处的成功有明确的定义)的可能性有多大?"我们假设创业者的回答是50%。你接下来指出,本行业的平均成功率只有10%。创业者可能回答:"是的,但我们不会犯很多同类公司犯的错误。"这两个估计值50%和10%之间的差别就是内部观点和外部观点之间的差别。

外部观点会收集各种不同的信息,并采取一个与内部观点不同的视角。内部观点看到的是内部人的能力,而外部观点看到的是外部环境并提出一个问题:"环境中有什么因素会出错呢?"卡尼曼和洛瓦洛的结论是,将内部观点与外部观点结合起来会给你带来更好、更全面的观点,因为它会为你提供更多的信息。

中国有句著名的谚语"三个臭皮匠赛过诸葛亮",这句话是千真万确的;还有一句话叫"众人拾柴火焰高"。赢得一场"猜糖豆"比赛的最佳方式是让尽可能多的人告诉你他们的估计数,然后你要做的就是将它们取平均值,这一平均值很可能比任何一个人的估计数都要准确。

我们是不是该有所感悟了?上面的例子为我们提供了4个有趣的观点,帮助我们思考如何获取建议。

观点1:从那些与你不同的人中寻求建议。他们可能拥有不同的学科背景,并接受过不同的训练；他们可能来自世界的其他地方；他们可能拥有不同的经验；他们可能掌握不同的数据。

观点2：赋予你的评估和专家建议相同的权重。我们中的大多数人倾向于接受他人的意见，如果它证明了我们的观点，我们就接受它；但如果它没能证明我们的观点，我们就舍弃它。这是一种错误的策略，请务必赋予专家建议和你的意见相同的权重。

观点3：从尽可能多的专家处得到建议。如果说两个判断的平均值优于一个判断，那么取三个、四个、五个或更多意见的平均值会更加准确。

观点4：如果你无法获得专家建议，连一位可以求助的人都没有，那么请把自己作为第二个评估的人。我说的这番话是什么意思呢？请在不同的环境下再次做出相同的评估。例如，如果你在繁忙的会议期间做出最初的判断，那么请尝试换个不同的环境来思考同样的问题，比如，在放松的时候或坐在家里的时候。仅仅是思考环境不同，你就有可能做出不同的判断。然后，你取其平均值，这个平均值就有可能优于其中一个单独的判断。

决策支持系统：以案例为基础和以模型为基础

决策支持系统（DSS）是指利用可以帮助人们做出更好决策的、任何以计算机为基础的数据传输系统。决策支持系统有两种形式：第一种是以模型为基础的决策支持系统；第二种是以案例或以数据为基础的决策支持系统。时任芝加哥大学教授的斯蒂芬·霍克（Stephen Hoch）和在加州大学圣迭戈分校任教的大卫·施卡德（David Schkade）教授联合撰写了一篇十分重要的文章，阐述了这两种形式的决策支持系统及其相对效用。这两种不同的决策支持系统到底是什么呢？

我们先介绍以模型为基础的决策支持系统。你还记得我们在第7章中讨论过的透镜模型吗？我们在很多情形下都会看到，一位裁判或专家正在试图就一种叫作"真相"的变量做出预测。我们沿着这条线索思考。假设你是为一家银行工作的信贷员，你收到了来自小公司的大量贷款申请，现在你需要就某个特定申请人的信用可靠性做出一个判断，并由此决定是否贷款给它。让我们进一步假设，有四项标准（或者说四种属性）被用来做出相关判断：该公司的负债比率、现金流、盈利趋势及其坐落地点。一个反映这个判断的模型可能如下：

信用可靠性 = $\alpha + w_1 \times$ 负债比率 $+ w_2 \times$ 现金流 $+ w_3 \times$ 盈利趋势 $+ w_4 \times$ 坐落地点

实际上，你可以从很多不同的渠道得到 w_1、w_2、w_3 和 w_4 的估计值。例如，你可以召集一群经理人或专家来集体讨论并决定这些数值。或者，你可以使用从先前的出版物中获得的这些属性（我们在第 7 章中将其称作"线索"）的信息资料，关注这些公司的成长道路，然后借助回归分析得到描述它们成功路径的 w_1、w_2、w_3 和 w_4 的真实值。最后，你可以根据第 7 章中的提示启动一台判断机器。

那么现在，如果你有一套使用这个方程式的计算机系统，你需要做的只是输入这四种属性的值，随后计算机会为你提供作为结果的信贷评级分值。接下来，你就可以以此评级为基础做出放贷决策。从本质上说，这就是一种简单的以模型为基础的决策支持系统。

现在，请移步以案例为基础的决策支持系统。当你收到一份申请时，你可以请求系统检索之前收到的类似申请，该系统将使用某些简单的数学算法识别你已经给出的许多信贷评级信息案例。例如，系统可能会提取 A、B、C、D 四家公司的案例。接下来，你可以使用其中一家公司的案例作为新申请人的参考案例，先要考察申请人的信用可靠性分值，并在这两家公司之间可感知到的差异基础上做出主观调整。我们所遵循的做出此类判断的心理过程被称为"锚定与调整"。决策支持系统为你提供一个过往案例供你锚定。比如，你认定新申请人与 B 公司的情况最接近，而后者的分值是 45 分。接下来，你会将锚定值设在 45 分并做出调整。例如，你可能会说 B 公司虽然只有 45 分，但它位于东海岸，通常，坐落在中西部地区的申请人的信用可靠性会稍低一些，所以你可能会把申请人的分值降低到40分。

在一系列实验中，霍克和施卡德对这两种不同的系统做了实际对比。他们请经理人在两个不同的领域做出判断。他们采用了全交叉2（以案例为基础的DSS：否或是）×2（以模型为基础的DSS：否或是）设计，获得了四组条件。经理人可以使用非决策支持系统、使用其中一类决策支持系统，以及同时使用两类决策支持系统。

他们有什么发现吗？他们发现，当环境稳定的时候，没有重大变化发生、没有新产品发布以及没有明显的收入下跌，以模型为基础的决策支持系统的实际表现要优于以案例为基础的决策支持系统。换句话说，与使用以案例为基础的决策支持系统的经理人相比，使用以模型为基础的决策支持系统的经理人最终会做出更准确的判断或预测。然而，当环境比较嘈杂的时候（例如，当遭遇到经济衰退或者新产品已经发布或一项新规定已经执行的情况），此时老模型可能就不再真实了，以案例为基础的决策支持系统实际上会稍稍优于以模型为基础的决策支持系统。然而，颇为有趣的是，不管环境如何变化，同时使用两类系统做参考要优于只借助其中一种系统做参考。

使用决策支持系统遇到的另一个关键问题与你将决策支持系统的结果和自己的判断整合在一起有关。我们中的大多数人都要在工作中或生活中做出选择。我们应该利用我们的直觉、判断和专业知识，还是应该依靠一个模型来做出选择或判断呢？

为什么依靠一个模型会比依靠一位专家做出的选择或判断更好呢？有三个简单的原因。第一，模型始终如一。说到底，它们就是数学方程式。我们可以用其进行卓越的计算，也可以进行稳定的计算，它还永远不会感到厌倦。无论何时，你向系统内输入一组数据，它总会返回相同的预测。第二，模型永远不会出现偏倚。这些模型并不关心架构，它们对信息做出最基础的解析，而且不受组织政策的影响。它们也完全没有情感，不会对任何选项留存任何个人依恋或归属感。第三，模型没有疲倦的时候。某个问题无论是已经被解决了上百次，还是第一次被着手解决，模型给予这个问题的关注都是一样的。再说专家，他们在这三方面都存在问题。不论我们是否喜欢，我们都受环境影响，我们受身心疲劳的影响，而且我们也是有情感的动物。这就是说，专家在这个世界上占有一席之地。

从专家的角度讲，专家做出的决策或判断优于模型可以归结为 3 点理由。

第一，一个模型只知道专家告诉它的内容。专家决定哪些线索是相关的，并决定如何评估那些线索。如果你没有专家助阵，你也不会早早地拥有一个模型。

第二，当你思考属性时，有些属性（比如说价格）很容易被评估。然而，有些属性却并非如此。举个例子。你正在招聘，寻找拥有创造力的人。创造力并不是一种容易测量的属性，尤其是对机器和模型而言。专家擅长评估难以评估的属性，而模型根本不知道如何评估。

第三，专家可以根据时间和环境中发生的变化改变策略。如果出现了经济衰退，专家知道哪种属性需要增加权重、哪种属性需要降低权重。如果一个竞争者发布了一款新产品，专家知道如何调整相关属性的权重，而模型却不知道该怎样做。最终，专家比模型获得更多的线索和信息。

这样看来，无论专家还是模型都占据某些优势，那么我们该如何选择呢？这一问题也是由鲍勃·布拉特伯格（Bob Blattberg）和斯蒂芬·霍克撰写的一份研究报告中最让人感兴趣的内容，两位作者对比了一个模型和一位专家在 6 个不同领域中所做决策的质量。在每个领域中，经理人和模型都获得了同样一组数据，并要求他们就某类时装的销售量或优惠兑现率做出预测。让我们回到第 7 章，经理人和模型各自的表现由其预测和真相之间的相关性所决定：实际的销售量和实际的优惠兑现率。

研究人员计算出经理人和模型在每个研究领域里的表现，以及两个预测的加权平均值。他们发现，模型和经理人的平均表现优于模型或经理人的单独表现。

现在，我们之前看到的情节又出现了。在讨论专家的作用时，我们提到过同样的事。如果你获得了两位专家的帮助，你将两位专家的预测取平均值，这个平均值就优于任何一位专家的预测。请把经理人和模型当作两位专家，他们各具特色，拥有不同的技能。一位专家带来了一致性，而另一位专家带来从不同角度审视线索的能力。所以当你取其平均值时，你最终将获得一个优于每位专家各自性能的超级引擎。

所以，当你想知道应该使用决策支持系统，还是依赖于自己的判断时，你应该问自己的不是"我应该选择哪一个？"而是"我怎样才能把它们结合起来呢？"而且，基于你刚刚看到的研究成果，最简单的方案是50:50。让模型做出它的判断，你独自做出自己的判断，考察各自的结果取平均值，在这种情况下，你所做的综合判断要优于各自的判断。

第5种形式的决策拐杖可以参考我在第8章所做的深入探讨，为人们提供一个消费词汇表可以增强他们开发决策框架的能力。艺术品、葡萄酒、精美的棉被和古典音乐都很难让人们做出评估，因为他们并不十分清楚这些事物的相关属性。因此，为人们提供评估词汇表以及为每种属性赋予权重都将改善他们的决策质量。

The Last Mile

12　Creating Social and Economic Value from Behavioral Insights

如何让信息披露更有效

信息披露（Disclosure）：公开新的或秘密信息的行为。

（《牛津英语词典》2014 年版）

在第 12 章中，你将找到以下问题的答案：

1. 为什么大规模的信息披露有时会导致更糟糕的选择？
2. 一家代理商将利益冲突公之于众为什么会减少其客户的福利？
3. 什么是"去他的效应"，它如何影响信息披露的效果？
4. 什么能让信息披露更有效果？
5. 什么是聪明的信息披露以及如何实现？

最后一英里面临的一个关键挑战是认真思考向消费者和利益相关者提供产品相关信息的意义。作为最普通的干预措施之一的信息披露被全世界的政策制定者、政府以及市场营销人员用来确保对消费者的保护。我们大家可能都看见过随购买行为（例如，处方药、公寓楼、信用卡、金融产品以及医疗或保险服务等）获得的（有时很丰富的）信息。"本包装非玩具"或"不要在行进中的火车顶部行走"之类的警示语也是一种信息披露的形式。

"信息披露"这个词通常用于描述要求公司企业做到信息公开、畅达，以便让其客户或消费者做出更好决策的干预措施。

近年来，信息披露的使用呈迅速增加之势，最常见的信息披露有三种形式。

第一种形式的信息披露是与产品和服务购买有关的"特征信息披露"。这些特征可能包括多重属性信息、与使用这种产品相关的潜在风险和潜在成本，以及改变这些信息的可能性。与你的信用卡账单相伴的信息披露会提供一份利率表和可能适用的收费，以及显示这些收费可能会发生变化的条款。类似地，伴随处方药物而来的信息披露会总结性地提供服用药物可能造成的副作用或并发症。

第二种形式的信息披露叫"利益冲突信息披露"。在相关情形下，一位代理人（比如一位顾问）向委托人（比如一位客户）做推荐。当向客户提供最大价值的结果和向代理人提供最大价值的结果之间存在不一致时，就会发生利益冲突。让我们做个假设。你雇用我做你的顾问，并要我推荐最适合你申请的 MBA 课程计划。在两个可能的选项中，让我们进一步假设，我每向一个课程计划（比如课程计划 X）成功推荐一名学生加入，便能从该课程计划获得一份现金奖励。我现在有两个独立的奖励：一个让我的个人利益最大化，促使我推荐课程计划 X；而另一个让你的利益最大化，并导致出现课程计划 X 或课程计划 Y 两种推荐结果。这类情形随处可见。例如，科学家为了开展新产品效用的研究可能从一家公司接受资金支持，医务工作者可能从制药公司那里收到有形的或无形的礼物，而理财顾问则可能因推荐理财产品从基金公司那里获得现金奖励。在涉及利益冲突的信息披露过程中，科学家、医务工作者和理财顾问可能需要在客户基于接收到的信息和建议做出选择或得出结论之前，向他们的客户展示经费、礼物或奖励。

第三种形式的信息披露叫"公共信息披露"。虽然公共信息披露可以采取多种形式，但我在此只提出一种形式，即相信信息披露会创造一种让人们最终遵照执行的激励措施，并导致人们行为上的变化，从而含蓄地或明确地公布没有遵守相关规定的实体名单的行动。例如，加拿大新斯科舍省的劳动与高等教育部负责本省医疗与安全工作者的履职监管，该部每季度会公布一个"违规行为"清单，这个清单包括违反法律规定的组织名称和违规的具体内容及其招致的处罚结果；加拿大阿尔伯塔省在工作场所安全领域也有类似规定；而美国的《有毒物质排放清单》同样披露了违反工业毒物安全标准的公司。这种形式的公共信息披露通常称作针对行为变化和合规管理的"公开谴责"方式。

这三种形式的信息披露针对不同的对象，因此我将分别予以介绍。不过请注意，它们在最后一英里问题上都以同样的假设为基础。第一，它们假定被披露的信息是可以让用户读到和理解的；第二，它们假定信息将成为后续选择的一部分；第三，它们含蓄地假定信息越全面，信息接收者的处境就越好；第四，它们假定信息用户看重的内容与政策制定者看重的内容是一致的——信息丰富、透明，而且任何时候从积极的角度看都是一种激励措施。到目前为止，根据我们已经走过的最后一英里的行程看，我们现在知道所有这些假定都是存在问题的。

产品特征信息披露

在世界范围内，信息披露的使用越来越广泛，但有一个假定隐藏其中：强化信息披露会提高消费者的福祉。强化信息披露暗示消费者可以获得更多信息，因此更可能做出一个合情合理的决策。不过有两个隐含的假定构成这个逻辑链条：第一个是消费者有能力处理附加的信息；第二个是他们有做出更准确决策的动机。这两个假定同样存在问题。

经常有人问我这样一个问题,即与卡尼曼的系统一和系统二[①]处理模式有关的信息与披露计划目标的区别。这个问题可以大致表述如下:"系统二处理模式导致'更好的'决策过程出现,其中包括消费者寻找并使用所有有助于做出充分知晓的选择的信息。这样来说,消费者保护政策的目标是不是鼓励所有消费者都使用系统二处理模式呢?"

不过我认为,情况并不是这样的。消费者保护的目标并不是无论采用何种方法都要影响消费者的决策过程,而是确保消费者在做出选择时掌握最适当的信息。因此,我们应当完全让消费者自己去选择一种适当的决策策略。不管怎样,消费者保护要求消费者有权获得做决策时会用到的所有信息,这些信息应该是清晰的和毫不含糊的,而且应该是以一种消费者可以高效处理的方式获得的。在提供相关信息的过程中,有三种特定的方式可能会出错。这些方式之间的差别可以通过一个购物场景来阐述:消费者在一家网站上购物,网站会把消费者购买的商品从一个海外商家处送到消费者手中。

第一种错误是信息披露的绝对错误。假设这位消费者点击商品,并用信用卡购买。在她的信用卡已经经过核准且订单已经确认的情况下,她看到一行信息说所有寄往加拿大的货物都要收 5 加元的附加费。该收费在整个购物过程中一直没有披露,因此这就是一个信息披露绝对失败的例子,如果披露了这条重要数据,便有可能影响到消费者的购买决策。

第二种错误与延迟或长间隔信息披露有关。还是假设这位消费者点击商品,并准备用信用卡购买。在最终界面上,她了解到自己需要付 5 加元附加费后才能在加拿大收到货物。到了这个阶段,她在心理上已经决定购买该产品,因此与在产品主页面看到这一信息相比,现在她受影响的程度要小得多。换句话说,该信息本该在一个比较靠前的页面上(但不是显示价格信息的那个页面)披露过。

第三种错误叫"掩盖"或"模糊处理"。公司可能会在包括其他购买信息的同

[①] 卡尼曼把人类使用的两种类型的决策分为两个系统,其中系统一是直觉系统,而系统二是思考系统。——译者注

一个页面上披露附加费信息,但这种披露做了"掩盖"处理,使其不容易读到和解释。人们有许多不同的方式对披露信息做掩盖或模糊处理:(a)使用小字或其他不容易辨识的字体很有可能让消费者忽视披露信息;(b)将附加费继续拆分为更小的金额,使消费者一方只有通过计算才能得到总费用;(c)当确实无法回避附加费问题时,使用复杂的或令人困惑的语言。

研究信息披露效果的研究人员得出一个简单的结论:仅仅强制信息披露,并不能保证信息披露的效果。在金融领域信息披露方面,一些研究显示,在涉及投资基金信息披露的问题上,政府增加信息披露的努力一直是不成功的,因为其发布的信息通常使用很糟糕的格式、使用复杂的语言、提供过量的信息,而且在图表设计的运用上也很拙劣。这些研究人员还发现,简化信息披露并不会显著地影响结果,但会让消费者处理信息更容易。在按揭贷款领域中,研究人员研究了消费者搜索的广度与其初级按揭贷款年利率(APR)之间的关系。他们发现,增加搜索对贷款重组人(而不是对其他消费者)有效。这些研究人员还提出了另外一个重要问题:增加信息披露会让很多并不了解复杂的金融信息披露细节的消费者感到困惑,所以这样做通常只会让那些有相关经验和掌握金融知识的人受益。当然,信息披露的政策对象应该得到益处,而且人们应当更加注重保护作为新手的消费者而非专家。无论如何,从最后一英里的角度考虑,我们可以看到,信息披露的复杂性可能对意欲披露的信息产生适得其反的效果。那么,针对与披露信息复杂性有关的问题,解决办法是什么呢?

答案是:简单化!1997年,有研究人员做过消费者信贷方面的研究,将一份标准合同(通常非常复杂)与一份经过简化并容易理解的合同进行了对比。数据显示,合同的简化让高收入消费者的理解力提高了10%~15%,从而为其带来了一定的好处。然而,数据也显示,低收入消费者总理解力的改善程度高达50%~60%。这些结果似乎暗示,着重解决信息披露的简单化和可理解程度(而不是仅仅关注信息披露的数量)可以较好地将结果与潜在的政策对象匹配起来。显然,有些注意事项不得不提,有时过于简化的拥有微妙含义的金融概念会招致风险。然而,替代信息披露格式经过严谨的实验室检验,其会让政策制定者在过于简化和过于复杂之间找到最佳的折中结果。

人们可以决定信息披露效果的另一个变量是披露信息的格式。为了确保信息披露成功，消费者合同应当在信息负载、格式的可理解程度与对概念和理念的熟悉程度之间获得良好的平衡。我们知道，浏览大量文本内容可能需要一定的认知水平，因此适当使用图形和图表会增加披露信息实际被理解和使用的可能性。金融决策（可能也包括很多医疗决策在内）主要是根据在风险和回报之间的权衡做出的。人们可以通过信息呈现的具体方式而对风险的感知发生改变，下面这些研究成果就很有用处。

人们通过架构以及使用图表和数字信息搭建的格式，专注于某些方面的信息披露，从而影响了接受者对风险的感知。例如，与以频率的形式展示的披露内容相比，以百分比的形式展示的披露内容更让人感觉问题不大。图表通常是描述数学运算以及以简洁方式展现信息的有效方法。简而言之，格式对消费者而言属于一种适当而有效的信息沟通工具，我们应该对其给予重视。

人们用于信息披露的字体和颜色也对消费者决策有影响。一项针对万事达卡申请表格的研究显示，虽然适当的内容已经在信用卡申请表上有所披露，但字体太小很难阅读，所用语言还需要律师做出解释，条款看起来也难以理解。

这就是说，我们距离一个精密的理论还差得很远，所以无法准确解释什么格式最有效。一种借助实验项目和实验检验来确认最合适的格式选项的方法可能是最好的。

利益冲突的信息披露

一个公认的看法是顾问应当披露任何潜在的利益冲突，但这样做真的会增加客户的福祉吗？研究显示，当顾问披露让自己看起来自私自利的信息时，客户通常会不适当地或以违反直觉的方式使用这些信息。站在客户的角度看，信息披露会增加信任感，显示一位顾问的专业身份，当然也会让客户感到困惑。当你的理财顾问向你披露，只要他成功推销了 ABC 银行的基金就会得到一笔佣金，你可能会想："噢，他这样坦白地告诉我这些真是不错，这是一个诚实而正直的人！"

研究人员苏尼塔·沙赫（Sunita Sah）及其同事乔治·列文斯坦和戴利恩·凯恩（Daylian Cain）开发了用于研究利益冲突信息披露效果的经典范式。假设做这样一项实验。一位参与者可以掷两个骰子中的一个（骰子在此处暗指不同的金融工具），根据掷得的数字，它们代表了不同的收益（也就是说，每项收益都存在一个发生的概率）。进一步假设，在概率分布相同的条件下，其中一个骰子（蓝色骰子）支配另一个骰子（红色骰子），它的奖励是丰厚的，但消费者无法轻易看清支配与被支配的关系。消费者现在可以请教一位顾问（他对所有有关奖励的细节是知情的），问他推荐哪个骰子。这位顾问每次推荐红色骰子（处于劣势的骰子）时都会得到一笔佣金，因此他总是推荐红色骰子。

在这种基本范式下，沙赫及其同事考虑了两个场景：在其中一种条件下，顾问不披露自己的利益冲突；而在另一种条件下，顾问选择披露自己的利益冲突。结果很有趣：在不披露利益冲突的前提下，有 42% 的参与者选择了糟糕的建议（也就是说，接受顾问的意见并选择红色骰子）。然而，当利益冲突披露后，有多达 76% 的参与者接受了糟糕的建议。显然，这是信息披露减少消费者福祉理念的例证。虽然有关利益冲突信息披露的研究刚刚起步，但这些初步研究成果还是为授权发布此类信息披露敲响了警钟。用乔治·列文斯坦及其同事的话说就是："信息披露无法履行其保护承诺。"

公开信息披露

什么叫公开信息披露？就其基本形式来讲，这个概念非常简单。一个权威机构（比如，一个政府、一个监察机构或者一个产业协会）希望一个实体（比如一家公司）依从某种行为。例如，一个政府希望企业照章纳税，并按时提交各种报告；一个监察机构希望企业制定安全规程，保证职工安全；一个产业组织希望会员分享行业的相关数据。然而，对于个体而言，意愿与行动总是存在差距，所以各个成员可能出于几点原因并不希望遵照执行：即使不遵照执行也没有什么成本，或者不执行反而更简单，或者有其他更急迫且需要优先解决的事情，或者可能有理由相信服从并不符合自己的最佳利益。

权威机构于是引入了公开信息披露程序。特别是当它决定每季度公开一份违反者清单，上面列出那些没有遵照执行的公司时。这份清单会广泛传播，同时还会召开新闻发布会。这种做法会对一个实体造成多大影响呢？

如果这个实体是个人，那么个人可能会感受到遵照执行的压力，因为其会产生负罪感或羞耻感。这两种情感都属于反感的范畴，并且可能危及其社会关系。但如果这个实体是一家公司会发生什么情况呢？公司没有羞耻感，也没有社交生活。

且慢，公司确实有比情感和社交生活更有价值的东西。它们有信誉，而且我们从大量研究中了解到，信誉的损失是有后果的，而且是真实的货币后果。一家公司的信誉是其产品与服务的质量、战略、计划以及前景展望的公共标志。信誉会让这家公司为自己的产品标出高价，也会在进入市场的过程中获得心仪的合作伙伴。更进一步讲，个人或机构投资者在做市场决策时也依赖该公司的信誉，所以公司募集资金的能力可能会因信誉受损而弱化。另外，与信誉为伴的还有其他社会效益，这种效益可以强化承诺、合作和公民行为。意料之中的是，企业会努力避免对其信誉造成任何损害。未能遵守公开信息披露要求就会造成这种影响，因此无论是在工作场所还是在侵犯人权等领域造成的安全、债务、环境污染、性犯罪和其他犯罪问题，公开谴责程序都已经变成一种相当普遍的干预措施。

尽管这些论点听来很强大，但当我们设计一套公开信息披露程序时，为了做到行为上充分知情，我们还需要做些什么吗？心理学上有一种非常迷人的效应，叫作"去他的效应"。这个效应最早是由心理学家薇诺娜·科克伦（Winona Cochran）和亚伯拉罕·特斯（Abraham Tesser）提出的。他们举了一个学生的例子。这个学生正在努力减肥，他为每日的饮食设定了严格的卡路里标准。有一天，他意外地超过了自己设的限度，未达到自己的目标。他没有控制接下来的消耗量，而是做出了这样的反应："去他的吧，我已经破了戒了，那就再放纵一次吧。"阿马尔·奇马和我做了很多组实验，我们发现这种效应确实会在很多领域发生：一个超出每周支出目标的人很有可能在余下的几天里继续挥霍，而错过某项工作最终提交时间的人很有可能继续拖延下去。

所有这些对于公共信息披露而言意味着什么？它意味着当一种信誉已经被一套公开谴责程序摧毁的时候，一家公司几乎没有反抗的机会。这家公司接下来面对信誉已经千疮百孔的事实可能做出"去他的"反应并继续违反相关规定。

行为洞察力为试图设计此类程序的政策制定者提供了两条具体建议。第一条建议与我们刚才的立论有关：一个与遵守某项要求的能力相伴的针对信誉的威胁可以创造出准备行动的强烈动机，但公开谴责可能做不到这一点。让我们假设一下，两个月前，一家监察机构就需要提交工作场所安全报告了，其给仍然没有根据要求采取行动的公司发出了一封信。这封信转到公司的首席执行官手中，信的内容是这样的："亲爱的首席执行官：仅有几家公司还未向我们提交必要的信息，贵公司便是其中之一。假如我们在（截止日期）之前仍未得到附件中列明的信息，贵公司将会出现在违反规定的公司清单中。宣布这个清单的新闻发布会草稿已经随信附上，同时附上的还有提交信息的详细指南。"这封信很有可能达到预期目的，因为它做了三件事。第一，它摆出了威胁信誉的姿态。第二，它提供了一份新闻发布会草稿，这让威胁更突出也更生动。这样的威胁还可以发出得更强烈些，你可以创造出一种信念，让公司相信这份清单并不只是作为一个年度报告中无足轻重的内容，它还会广泛传播。第三，它为接收者提供了一套清晰的填报指南以及充分的时间。

第二条建议与违规行为的相对频率有关。假设我们处在一个大多数公司都违规的领域内，而遵照执行的情况屈指可数。在这样的情况下，抛出一份违规者清单可能不会产生引人注目的效果，因为毕竟大部分公司都在那份清单上，因此其根本就不是一种反常行为，此时一个表扬名单可能比一个羞辱名单更有效果。

另一个需要介绍的信息披露是强制信息披露，也就是产品风险信息披露，但其效果与公开信息披露相当。因为消费者存在注意力集中时间有限、不在乎错过信息等心理因素，所以在改变其行为预期方面，信息披露规定经常并不那么有效。然而，伴随着信息披露，生产者或信息披露者却经常改变行为，这是因为他们体会到了与心理学上的聚光灯效应类似的效应。所谓聚光灯效应是指人们倾向于相信自己被关注的程度高于实际被关注的程度，并由此改变自己的行为，就好像他们正处于被监视中的现象。由于这种倾向的存在，信息披露者对于被披露信息正在聚集的监视程度会产生一种夸大的感觉，并有可能改善产品性能，从而让披露信息看起来更好。信息披露通过影响那些因信息披露所涉及的实体行为而发挥作用。我们可以用一个实例来证明汽车翻滚测试结果的公布促使厂商生产出更安全的汽车。类似地，在洛杉矶餐馆公共卫生分级卡片信息披露制度实施的当年，与食源性疾病有关的住院治疗病例就减少了13.1%。

什么让信息披露政策有效果

尽管信息披露是一种非常普遍的政策干预措施，但我们对其效果却知之甚少。一个人在什么时候会说一种信息披露有效果呢？通过翻阅以往的研究成果，我可以确认有4种因素在影响信息披露的效果。

1. 领悟。该指标可以回答这个问题："消费者了解披露信息吗？"
2. 决策。该指标可以回答这个问题："披露信息会让决策变得与政策目标更一致吗？"
3. 体验。该指标可以回答这个问题："披露信息为消费者提供更好的到店购物体验了吗？"
4. 福祉。该指标可以回答这个问题："披露信息改善全体消费者的福祉了吗？"

如何判断有效的决策源

既然我们已经一路看过了信息披露的风景,在此我希望回到最后一英里的核心问题上:"一个有效的决策源自何处?"以下便是我的检查表。

简单化。使用简单的语言和纯净的视觉形象来传递关键信息。
全面性。专门用于消除信息披露绝对错误或由"掩盖""模糊处理"所招致的错误的和优秀的指导方针。
消费者相关性。与消费者决策过程有关的变量的信息披露。
阶段性。一段时间内(在申请/购买过程的不同阶段,此时相关信息最有可能被用到)的信息披露,或者通过媒体发布的信息披露(某些信息可能通过申请表或计划书提供,其他信息披露可能是在网上发布)。
细分。核心信息的披露并辅以一系列面向拥有特定属性消费者的附加信息披露。

标准固然有了,但说句公道话,当涉及了解信息的披露效果时,我们现在掌握的知识还不全面!我们已经有了大量可以概括的原则(例如,信息披露的格式和时间选择与内容一样重要),但几乎没有哪项研究可以将这些原则转化为受信息披露者控制的、具体的实施变量。我们也需要更好地了解信息披露的消极效果。我们中的很多人都想当然地认为信息披露总之是好事,而实际上,向消费者提供更多信息只能帮助他们提高一段时间内的福祉。我们在前面讨论选择问题时遇到了同样的情况,但我们现在知道,太多的选择会让人无所适从。既然头顶着"行为理论家"的帽子,我也不敢有所保留,我总结出了信息披露可能会带来许多有害后果的三种场景。

1. 利益冲突信息披露的相关研究显示,信息披露会带来信任感和可信性。人们将该推理扩展到金融信息披露领域,在披露文件的前面列出消极属性(比如,一项小额费用)的信息会强化消费者的信任感,并让他们更有可能购买品质差的产品。
2. 决策过程的一个主要的心理动因是对做出错误选择感到后悔和预期后悔。在金融产品中披露的众多风险都是产品内在的风险,然而,清晰地披露这些风险有可能导致消费者在做决策时受到过度的影响。这种情况之所以会发生是因为风险的显著性增加了潜在的预期后悔(可以从"如果投资基金经营不好,而我曾经受到过警告,我到时候肯定会感觉自己很傻"这样的反应中看到)。另外,在面对一个消极的结果(例如,一只不良基金)时,投资者或许对自己的决策感觉更糟。

3. 众所周知,消费者并不擅长评估哪种信息最具相关性,而且他们在做决策时通常会尽其所能搜集更多的信息。一般而言,这种情况发生的原因是,在消费者心里有一种模糊的信念,即理性的行动者会向其提供与其决策相关的信息。因此,一种有可能发生的情况是,如果某次信息披露提供了与每位接收信息的消费者并不相关的信息,那么这些消费者可能最终会使用不相关的信息。

这些都只是推测,而非大家都知道的结果,但它们看上去确实很有道理,而且我相信,总有一天有人可以证实这些想法。但以我对决策理论的理解,我对我们将来会拥有一整套信息披露理论持怀疑态度。相反,我们的目标应该是培育实证检验文化。

理查德·泰勒和威尔·塔克(Will Tucker)最近发表的一篇论文也着重探讨了信息披露的未来。按照这些作者的思路:"针对改善信息披露效果的反复尝试包括将晦涩的合同文本转变成直白的文字,这仅仅取得了一定程度的成功。"而且,他们相信"现代技术与政府新政策的强力结合将会改变信息披露的状况,而且会使信息披露成为各经济领域的根基。逐渐地,政府拥有的数据和私营公司的信息披露将会以计算机可读的格式出现,从而促成我们所谓的'选择引擎'(解释此类数据的技术)的发展"。

从本质上讲,泰勒和塔克提倡一种新形式的信息披露,他们称之为"智能信息披露"。从个体消费者手中以计算机可读形式收集数据的政府和机构可能有义务向个体消费者公布这些数据(只有消费者自己的数据,不包含其他消费者的数据)。消费者接下来可以使用这些数据并借助智能手机应用或网络工具对其进行分析,从而做出更好的决策、跟踪自己的消费行为或做出更好的消费权衡。在英国,实现智能信息披露的第一步已经通过名为 Mi Data（精确获得相关数据）的自愿项目的发布而得以完成。

这一论点可做如下完美表述："只有当消费者拥有可以帮助自己使用披露数据的工具时，信息披露才会有效。"而且，人们除了通过消费者友好型设计改善信息披露的效果之外，还有非常重要的一点，就是通过提供电子选择引擎和"金融医生"的专家意见之类的支持来帮助消费者评估强化信息披露，并做出更好的选择，进而使其关注整个生态系统。

The Last Mile

Creating Social and
Economic Value from
Behavioral Insights

13

零售中的消费者行为洞察

在第 13 章中，你将找到以下问题的答案：

1. 为什么价格展示与价格设定一样重要，甚至比后者更重要？
2. 行为洞察力如何做到让价格以最佳形式展现出来？
3. 零售商如何挣到钱？
4. 行为洞察力如何帮助零售商在零售店面挣到钱？

在当老师和顾问的这些年里，我与经理人之间通常会有这样一种非常典型的对话："我们有一种非常优秀的产品，而且其市场营销也做得很出色。人们喜欢我们的广告，在概念测试时，他们给这种产品的打分也非常高，然而，我们的销售情况并不像预想的那样好。"

在一种产品及其进入市场策略的发展过程中,零售是任何商业活动的关键一环。零售是实际交易发生的节点,是允诺变成购买行为的时刻,也是消费者在付钱补偿你在开发产品和服务过程中的投资。零售是所有有形和(在很多情况下)无形的产品和服务的"最后一英里"。

有多少公司认真地思考过零售环节呢?近期,我与多伦多大学的两个学生贾尼斯·查(Janice Cha)和琳达·刘(Lynda Liu)合作,对部分品牌和服务的经理人做了调查,请他们回答认为会影响消费者购买决策的关键因素是什么。除了提到常规的最后一英里要素(例如广告、品牌推广和产品特色)之外,人们通常会告诉我们价格是影响其购买的主要因素。用一位受访者的话说:"说到底,想让人们在零售场所买你的产品就要价格合适。"然而,通过研究获得的行为洞察力告诉我们,经济刺激只是影响决策过程和销售的众多因素之一。

考虑到消费者在决策时感知到的定价的重要性,我愿意在本章中做两件事。我想先简要探讨一下影响经理人如何考虑展示价格(不是指制定价格)的行为洞察力。在本章中,我的目标不是关注将价格定在多高合适,而是提供应该如何展示某些产品的价格的思路。我将提出一个简单的观点:通常,价格展示与你为产品或服务所制定的实际价格一样重要,甚至更重要。在本章的后半段,我将展示一个思考零售经济学的大框架,并提出许多问题,例如,"零售商如何挣钱?"以及"为了帮助零售商将允诺变成交易,我们可以从行为经济学领域借鉴些什么?"等。

行为定价策略:展望理论与价格展示

让我们从行为定价范畴说起。几年前,我的博士生麦琪·刘和我合写过一个章节,对这一领域的研究做了总结,建议对这个领域感兴趣的读者可以去阅读一下那个章节。

本书的第 4 章介绍了货币心理学领域的大量研究成果。尤其是,它探讨了心理账户以及因货币的来源不同而让人们对待货币的态度也有所不同的理念。它还讨论了展望理论——预测消费者如何评价货币结果的模型。在此简单重复一下，展望理论包含三个非常简单的理念，其核心理念是声称人们并没有一个非常好的内部机制来评估货币结果；相反，它们却很擅长评估那些与参考点有关的结果。例如，如果一种产品标价100元，大多数人都不确定这笔交易是否划算。但如果他们知道这种产品的平均价格是150元，在这种情况下，你花100元就可以将其拿下，这样说来，它算是一笔好买卖。

我在这方面曾经做过的工作是价格评估，也就是与某个内部标准做对比。这个所谓的内部标准是我从自己的大脑里检索出来的，它可以是我之前已经付过账的一个价格，或是基于与朋友的交谈获得的经验价格，或是一个广告价格，或是我之前已经付过账的一种具有可比性的产品或服务的价格。我们进一步解释展望理论。如果货币的结果（比如某个价格）比参考点好，人们就会以为自己赢得了交易。从另一方面讲，如果参考点的价格更便宜，他们就会认为输掉了这笔交易。展望理论认为人们体验一笔收益时的幸福感与体验一笔损失时的悲伤感并不相等。

这是一个相当复杂的概念。不过，有件发生在我身上的事情可以很好地阐释它。几年前，当我在亚洲生活的时候，有一位地毯推销员登门拜访。他试图说服我购买一块印尼产的手工地毯。应当承认，这块地毯绝对漂亮，不过当时让我花几千美元买这样一块地毯，我真的下不了决心。于是，我礼貌地拒绝了。

我对这块地毯的喜爱完全写在脸上。就在我拒绝之后，地毯推销员直视着我，眼里闪着亮光："先生，我给您提个建议。我可以把这块地毯放在您家里两周，绝对没有任何附加条件。两周期满，如果您还是不想买的话，我会把地毯取回。"

类似情况我已经遇到很多次了。请记住，这是一位地毯推销员正在试图把一件昂贵的产品卖给一位专门讲市场营销的教授，而且我认为自己在这方面绝对是个内行。我向他指明，我已经预料到两周后，他到我家声称我已经隐含着同意买下这块地毯了；或者他有可能指出我的一点过失，并建议我应该买下这块地毯。但这位地毯推销员很友善，他很坚定。他说自己愿意签署任何书面文件，以豁免我因为要承担责任而买下这块地毯。到了这份上，我还是不确定自己为什么要相信他，但我照做了，我把这块地毯放在家里两周。

两周后，他又来了，敲门并问我是否希望留下这块地毯，我拒绝了。我预料他会百般抵触；我预料他会继续努力，硬将地毯卖给我，努力让我相信它真的非常适合我家，让我不得不买下它。相反，他简单地说"好吧"，就把地毯卷了起来，扛在肩上，之后就离开了。我感到惊喜也很感激，因为我没有看到他进一步地死缠烂打。我心里暗想："迪利普大战推销员，1∶0获胜。"我跟在他的身后关上门，转身回到客厅里。

这看上去太可怕了。试想一下，多年以来，你的客厅里连块地毯都没有，或者你的壁炉上方连一幅装饰画都没有！在过去的两周里，这块地毯已经成为我客厅的中心装饰品。为了配上地毯的颜色，我花钱买了坐垫和沙发罩。如今，地毯已经被搬走了，我突然觉得这似乎是一种损失。

请注意，地毯推销员通过这种干预活动做了什么。为了让我把地毯留下，他设法把我的一种潜在收益变成了一种潜在损失。两周前，当我准备买这块地毯时，我权衡了从这块地毯中获得的好处及其几千美元的成本。今天，我权衡这块地毯带给我的潜在损失与同样的价签。由于损失的价值远远大于收益的价值，我现在觉得自己希望拥有那块地毯。地毯推销员很清楚自己的展望理论，至少他做起事来好像胸有成竹。我几乎要冲出去买下那块地毯了，但幸运的是，理智占了上风，我没有那样做。

这个故事阐明了展望理论的基本特性。如果你开始思考展望理论以及它是如何用于定价的，你会发现许多不同的含义。展望理论的一个特殊含义是所谓的"一线希望原则"，它的意思是当消费者遇到一个大损失时（比如一种高价产品的收益非常小，或许其收益就是一点儿折扣或一件礼物），将损失与收益分割开来要比二者结合在一起更好些。换句话说，最好把损失和收益看作两个单独的项目，而不是看作一个综合性的损失。

举个例子。我们中的很多人要去商店购买汽车轮胎。购买轮胎或许是人们经历过的一种最纯粹的损失,没有人计划和期望购买汽车轮胎。通常,只有当你不得不这样做(比如轮胎损坏或者轮胎没气了)时,你才会去购买轮胎。

让我们做个假设,一个特定品牌的轮胎价值200元钱,针对这款产品,经销商愿意给你10元钱的折扣。那么经销商如何在这10元钱的折扣上做文章呢?在第一种情况下,经销商可能会说:"你看,我的轮胎的正常价格是一个200元,给你10元钱的折扣,所以我以190元钱的价格卖给你。"在第二种情况下,经销商可能收你200元钱,然后经过一周左右的时间,他们会送给你一张10元钱的支票或一套10元钱的优惠券以履行承诺的折扣。对比这两种情况,哪一种会让你更开心呢?一些研究和轶事的证据显示,你在第二种情况下会感觉更开心,因为你现在已经接受了200元钱的损失,而10元钱的折扣(或礼物)会表现为一个单独的奖励,这会让你感到更快乐。在第一种情况下,你花190元钱体验到的损失与花200元钱体验到的损失之间的差别并不大,因此你会因折扣感到满意,但并不是特别开心。所以定价的展望理论所蕴含的一个简单且强烈的含义是:如果你有一个高价项目,而且可以就此提供少量的折扣,那就将折扣单独包装吧。

用另外一种不同的方式包装一个大损失和一个小收益,这就是改变小收益的模式。还是以轮胎为例。推销员提供了10元现金形式的折扣,但你可以提供别的折扣。假设你去高档商店买香水或化妆品,这些产品都相当昂贵,所以都被装在特别小的瓶子中。如果你正准备花100元钱买一小瓶香水,那么你是收到10元钱的折扣而感到高兴,还是你宁愿收到一份礼物而感到高兴呢?所谓礼物,就是一个你可以用来装香水瓶的小袋子,以及许多会花掉经销商10元钱的小样。化妆品公司可能更愿意提供一份礼物而不是一个折扣,因为其把小收益与大损失分开了。

最近,有的研究考察了分割定价对消费者决策的影响。让我们假设,你已经决定购买一种标价为100元的产品。但在其基础价格之上,你要付20%的税和10%的附加费,或许你还要付20元的运费和操作费,因此这件商品最终可能会花掉你150元钱。请问卖家如何在自己的网站上做到以最佳方式展示这些价格呢?他们应该说这件产品标价150元且所有费用都包括在内,还是应该说给它标价 100 元 +20 元 +10 元 +20 元呢？

由维琪·莫维茨（Vicky Morwitz）、埃里克·格林利夫（Eric Greenleaf）以及埃里克·约翰逊所做的研究显示，最好采用分割定价的方式，价格以 100 元 +20 元 +10 元 +20 元的形式标出。他们辩称，其理由是人们在心理上倾向于锚定基础价格。在本案例中，锚定基础价格就是 100 元钱，应该将其用于评估产品而不是堆积其上的所有附加项目。

一个类似的问题是："展示折扣的最佳方式是什么？"例如，如果我有一种产品，我过去将其标价 100 元钱，提供 10 元的折扣，接下来，它还有二次折扣 10 元，那么我是应该选择 100 元 –10 元 –10 元这样的表现方式呢，还是直接将其标价 100 元，但现在提供 20 元的折扣呢？行为洞察力似乎暗示，你提供多重的小额折扣效果会更好。因为在消费者眼中，他们得到了好几样东西，而不仅仅是一个折扣。正如我在前面曾经讲过的，在很多消费者进行决策的场景下，人们倾向于为自己得到的一件礼物或一个折扣的事实估值，而不是为它们的实际价值估值。

针对一种颇为引人注目的最后一英里定价现象，我的同事尼娜·马萨尔开展了一项有趣的研究，她和同事研究了消费者在一件高质量、高价格的产品和一件低质量、低价格的产品之间做出选择的情况。使用架构这项决策最简便的方式是人们在获得的多余质量（ΔQ）和为了获得多余质量而支付的附加价格（ΔP）之间做出权衡。当然，如果 ΔQ 和 ΔP 是常量，那么两种选项之间的选择应该不会改变。不过，尼娜及其同事说，情况不完全是这样！

在他们做的其中一项实验中，所有被试都面临在一块瑞士莲松露巧克力和一块好时巧克力之间做出选择。ΔQ 通常就是这两种巧克力在质量上的差异。而对所有被试而言，ΔP 都是 0.14 元。然而，二者之间的相似之处仅此一点。在第一种情况下，贵的巧克力标价 0.15 元，而便宜的巧克力标价 0.01 元。有 36% 的被试买了瑞士莲巧克力，有 14% 的人买了好时巧克力，而 50% 的人什么都没买。在第二种情况下，贵的巧克力标价 0.14 元，而便宜的巧克力免费。现在，瑞士莲巧克力的销量降低到 19%，好时巧克力的销量陡然上升至 42%，而什么都没买的人占39%。显然，与0.14元的ΔP相比，"免费"产品增加了相当大的价值。价格特别降至零（或者说"免费"）这一事实存在许多最后一英里的含义。例如，它暗示与其为产品提供10%的折扣，倒不如在购买了10件产品之后免费送一件更有效果！

折扣的设定对消费者行为的影响

当我还在做博士论文的时候，我便对一系列名为"可拉伸定价"的研究产生了兴趣。当时我住在芝加哥，我被此前很少见到的频繁的促销活动所震撼。其中最常见的一种广告促销形式是这样的："店内每件商品都打3至9折。"在这种场景下，我肯定会得到一种折扣，而只是不知道自己得到的折扣有多大。不过，还有另外一种形式的促销广告："所有带红点标志的商品都打4至6折。"对于这种广告，我不仅不能确定折扣的力度，连自己是否能得到折扣都没把握。

桑杰·达尔（Sanjay Dhar）、克劳迪娅·冈萨雷斯–瓦莱若（Claudia Gonzalez-Vallejo）和我针对折扣的可能性和折扣力度都不确定的情况做了研究，这类不明确的折扣被称为"可拉伸折扣"。在一个实验中，我们与校内一家商店合作，并在糖块上标注我们所谓的"概率折扣"。商店内的每块糖果上都有一张贴纸，它在收银台结账时会被揭下：如果贴纸遮盖的区域显示一种特定的颜色，消费者将会得到一定的折扣；如果没有显示正确的颜色，消费者则不会有折扣。消费者知道自己正在通过类似彩票的玩法来赢得折扣。

在不同的日子里，我们会改变获得折扣的概率（普通的概率、80%的高概率或25%的低概率）以及实际的折扣力度（精确的或可拉伸的）。我们发现，当赢得折扣的概率低时，人们首选可拉伸的定价模式。如果赢得折扣的概率高，精确的折扣力度就成为了人们优选的对象。现在问题来了，为什么会出现这种情况？我们在此给出一些见解。当促销变成一种类似赌博的活动时，人们带着买彩票的心态进入卖场，他们通常对自己即将获得的折扣力度非常乐观。折扣被视为一种收益,人们对自己的收益程度保持乐观。从另一方面讲,当他们几乎肯定自己要赢得折扣时,可拉伸折扣就增加了损失的可能性。从我们的研究成果中可以得出清晰的结论:当赢得一次交易的可能性较低时,可拉伸折扣会给人们带来更高的参与度和趣味性!

消费者眼里的公平定价

我们知道零售商和生产商通过定价策略获取利润。其实还有一种行为变量会对利润产生极大的影响,我们称之为"公平"。如果消费者认为公平,他们将接受价格差异或涨价;如果他们认为那些涨价行为不公平,他们将会拒绝。一个很自然的问题是:"到底什么是公平?"公平属于这样一种概念,当有人违反公平原则时你会看到它,但你又很难给它下定义。

在很早以前由丹尼尔·卡尼曼、杰克·克内奇(Jack Knetsch)和理查德·泰勒合作撰写的一篇论文中,他们做了很多实验,尝试并确认涨价是否公平的判断。例如,受访者可能被告知,有一家五金店的清雪铲卖15元钱一把,但一场暴雪过后,价格涨到了25元钱。虽然此番涨价符合供需原则,而且从经济学上讲也是一种聪明的举动,但大多数受访者报告称,涨价是不公平的。在另一项实验中,研究人员告诉参与者,某一款畅销车型出现缺货,消费者必须等待一段时间才能到货。经销商的报价并没有执行挂牌价,而是高出挂牌价200元钱。在另一种情形下,受访者了解到同一款车型缺货,但被告知这款车此前销售时一直有200元钱的折扣,但现在折扣取消了。结果显示,参与者认为第一种情形的涨价是非常不公平的,而在第二种情形中取消同样数额的折扣却是完全可以接受的。

这一发现符合展望理论的价值函数。当价格涨到200元时,你有了一种新的损失,而如果没有了折扣,只是一种减少的收益。我们知道损失的影响力大于收益,所以当价格上涨时,人们感觉到的更多是一种不公平。

我认真分析了这项研究,并在中国香港的一间购物中心做了一番有趣的观察。

我发现很多商品（估计有70%）总是在打折销售。我和商店的经理聊起这件事情，他和我分享了他的见解，其竟然与卡尼曼、克内奇和泰勒等人的实验结果惊人地一致。他说自己在相当长的一段时间内都很难提价，因为他的顾客不希望看到那种情况，否则他将面临顾客们的强烈抵制。但他降低折扣就没有问题，他的顾客一点儿抱怨都没有。

通过分析上面的例子，我认为对于价格是否公平的理解源自四点因素。第一，如果涨价有增加的成本支撑，那么就可以认为是合理的。如果你坦白地告诉人们原材料涨价了，所以你不得不涨价，这种情况被认为是合理的。但因为一场暴雪你就提高清雪铲的价格，肯定被人们认为是不公平的。第二，如果涨价伴随着产品与服务质量的改善，那么我们认为涨价也是合理的。第三，如果消费者有能力选择替代产品，涨价在很大程度上也可以被认为是合理的。例如，你可能为某种产品增加了一种特性，但依然允许消费者以基本价格选择老产品或者说基本型产品，此举将被认为是合理的。但如果让基本型产品退出市场并迫使消费者购买更为昂贵的新产品，这种做法可能被认为是不公平的。第四，正如我们刚才所讲，如果涨价被架构为一种减少的损失而非一次绝对的涨价，那么你的涨价也不一定让人反感。

零售商店如何挣到钱

在颇费心力地为大家介绍过几种有用的最后一英里定价现象之后，现在我愿意占用几页篇幅退后一步，以更广的视野看问题，也就是说，我愿意提出更大的问题，例如："零售商如何挣到钱？"以及"其他非价格干预措施如何帮助提高零售最后一英里的效率？"等。下面的内容参考了对零售商店经理人的观察和访谈，但零售商的名称已做匿名处理。

零售业的基本收入模型可以通过审视三间虚构商店：T店、C店和B店，获得最佳的阐释。T店是一间全国连锁药店。与本地区其他连锁店相比，T店的月收入比业内平均值高出 20%。尽管与类似商店拥有同样的产品结构，但 T 店做得更为成功，原因是它经常更新橱窗。T 店在每周投递的促销广告单上列出当周的促销品种。而且 T 店的店内展示也促进了客流量的提升，从而增加了它的总收入。

C 店是本地一间服装精品店。店面装潢看上去与任何其他服装零售店无异：服装挂在衣架上和摆在货架上，或者穿在展示整套服装效果的人体模特身上。为 C 店带来更多销售额的一个关键的不同点既微妙又有效：在每个人体模特旁放几张照片和一块黑板来提示人们可以穿着这套服装的场合。商店的每个部门都是按场景设计，允许顾客穿着选中的服装想象参加一次约会或一次早午餐以直观感受穿着效果。C 店通过让顾客轻松实现想象自己参加某次特定活动的效果而增加了最终购买的比例。

B 店是一间百货店，正在大力促销 A 品牌的两升盒装奶。不过店家发现即使两升装有折扣，顾客还是继续购买 A 品牌的一升盒装奶。为了解决这个问题，B 店决定重新布置奶品部的货架。他们不再将一升装和两升装的牛奶放在同层货架上，也不再将四升装放在本部门货架的另一端，而将一升装牛奶放在顶层货架上，将两升装放在中层货架上，并将四升装放在地面层。牛奶还都在同一个部门销售，但却被放在不同的货架层上。一旦 A 品牌的两升装牛奶成为了一升装和四升装牛奶的中间选项，这种规格牛奶的销售量便立刻增加。B 店不仅通过提高不太畅销品类的销售量，还通过增加单次购物额扩大了总销售额。

任何商店的收入都是客流量、转化率和单次购物额的综合产物（见图 13-1）。

客流量	转化率	单次购物额
入店独立访客的数量	完成购物的访客所占比例	每单交易的货币价值

收入 = 客流量 × 转化率 × 单次购物额

图 13–1　收入的基本要素

店面陈设如何设计才能让客流量最大化

通常,一家商店的客流量都是由促销力度、店内广告、店面吸引力、在线推广等因素所驱动的。但有一类购物者,他们最初没有进店的意愿,即使进来了也只是逛一逛而已,你如何把他们留住呢?

芭比丽是一间专门销售浴皂的商店,店内摆满了物美价廉的商品。但它是如何与其他百货店或精品店竞争的呢?究其原因,还是要仰仗芭比丽的个性化服务。从简单的问候语到基于过往购物记录所做的适当的产品推荐,越来越多的消费者期待个性化服务。芭比丽作为本地一家精品店,通过提供独特的和相关的浴皂品牌的方式提供个性化服务,店员根据每位顾客的品位给出真正个性化的建议。这种积极的购物体验塑造了顾客的忠诚度,并吸引顾客再次光顾本店。

因此,客流量的两大推动力是相关店面的店堂布置(参考 T 店的例子)和个性化服务。作为商店的经理,我需要认真考虑三个具体问题。第一,针对客流量所做的努力是专注于我的特定目标群体吗?例如,如果我是一家本地的精品店,我的产品契合本地的利基市场吗?如果我是一家全国性的连锁机构,我的橱窗展示是针对进入本店的顾客群体吗?第二,我的产品或服务可以被架构为一次"体验"吗?比如,我卖车时确实没有把部件和车架作为卖点,而是主打其家庭友好型的特征、勇士族的爱车或标准的商务用车等!当消费者可以获得产品的直观感受时,他们更有可能买下它。第三,存货和人员配置可以有效应对当前的客流量和客流特点吗?例如,一天中的哪个时间段应该引起销售人员的充分重视呢?另外,卖得最好的品种可以稳定供货吗?

把逛客变为买家:提高转化率的秘诀

在很多情况下,商品就是因为这一关键阶段出问题而没有形成销售热潮。获得高转化率意味着很大比例的逛客变成了买家。由于大多数顾客并不十分确定自己需要什么，所以一个符合环境要求的、聪明的组合策略将增加转化率，并实现销售收入最大化。

一家名为布洛克斯的家具店在经营上一直优于同街区的一家全国连锁店铺。布洛克斯以相似的或稍低的价格提供与竞争者类似的产品。该店的销售人员并未以总价推介自己的产品，而是以每月费率设计价格，使顾客更轻松和更少纠结地接受他们的产品。而且，到了付款阶段，布洛克斯会把各种可用付款选项都告诉顾客，着重推荐更为透明的支付方式，例如使用信用卡或为期数月的融资。通过重构产品的价值，消费者心理账户的运转变得简便，而且支付也变得不再痛苦。尤其对于高价产品或季节性产品而言，帮助消费者使用分期支付会鼓励他们完成这笔交易。

现在，很多消费者购物时都在追求方便和效率。这就是纯肤健康美容用品店将独具特色的产品描述贴在货架上的原因。纯肤没有使用促销海报解释显而易见的事实或宣传模糊不清的益处，而是用一张对比性的图表展现自己的产品与相关产品在当前市场上的地位。这些独特的产品描述让消费者很容易找到满足自己需要的梦寐以求的产品。除了上述产品描述之外，纯肤还摆出一组经过仔细挑选的、范围有限的产品，以确保不会把过多的选择堆在消费者眼前。

没有人愿意错失良机。作为一家全国性的服装零售商，科顿深谙此道。为了吸引顾客的注意力。店内海报将促销活动做了专门设计，如果消费者决定不买特价商品，他们将失去省钱的机会。通过明确告知消费者："不买这件西装，你下次去买面试服装时就会多花钱。"以此增加了科顿服装店的转化率。

概括起来说，转化率的三大驱动力包括：（1）简单的心理账户；（2）合理化的决策；（3）选择架构。作为一个经理人，你有需要认真思考三个具体的问题。第一，顾客如何逛店，也就是说，什么是最长和最短的逛店线路，我如何策略性地布置我的产品才能满足这种需要？第二，哪个货架区拥有最高的转化率？我想卖的产品就在这个区域内吗？第三，正如在本章开头讨论的那样，为了提高转化率，什么是展示价格和折扣的最佳方式？

如何提高消费者的单次购物额

我们来聊一聊购物篮。从零售商的角度看，在让顾客把第一件商品放进购物篮之后，零售商的目标是让其放入第二件、第三件、第四件，甚至更多件商品。或者，零售商的目标可以是让消费者升级到更高品质的（大概也是利润更高的）产品。从市场营销的角度看，一家商店可以利用捆绑、折扣和分层销售之类的方法，但我将探索商店视为可以用来化解最后一英里问题的其他方式。

产品促销，尤其是产品的具体陈列方式，是一种重要的驱动力。霍利之家并没有简单地把所有同一类产品陈列在一起，而是把与某一特定活动有关的产品搞成搭配展示。例如，店家将一套高档茶具与一套茶匙摆放在一起。通过这种手段，店家实现了高价产品和小件产品的并排展示。因为对比效应的作用，购买大型产品很容易带动小件附加产品的销售。由于顾客已经在某一产品上花了一大笔钱，再花些小钱对其而言真的不算什么。

希尔斯是一家高档鞋店，它非常清楚选择架构的威力。当顾客购买一双鞋时，他们在收银台会收到为这双鞋配的一副鞋垫。一位顾客可能要求不买这副鞋垫，并以低于店员最初告诉自己的价格付账。然而在多数情况下，如果选择中已经包括了一件附加产品，而且之前沟通的价格中也已经包含了这件附加产品，那么顾客将不会经历选择性退出的额外步骤。

总而言之，单次购物额的三大驱动力包括"神奇的"中间选项（参考前文介绍过的 B 店）、对比选项和选择性退出架构。

作为一位经理人，你有三个具体的问题需要考虑。第一，什么是我家店铺理想的平面布局？到底是传统的垂直布局还是更具创造力的"迷宫式"布局（比如说宜家的布局）更能影响顾客决策呢？第二，对一家网上商店而言，为了鼓励顾客多购物，我有没有策略性地设计布局呢？实体店的退货政策（如果适用的话）可以通过退货鼓励销售吗？第三，产品搭配提供了过少、过多，还是刚好合适的选择机会呢？切记，选择超载会抑制顾客做出选择！

行为干预的最佳实验场所

零售商店（不管是实体公司还是网络公司）都是最后一英里的经典例证。除了作为一个最适合做实验的领域之外，考虑到零售商拥有的与消费者庞大的互动规模，零售业还是一个海量数据环境。在实体店中，现代电子扫描系统意味着零售商有能力慢慢聚拢大量交易数据并做交叉分析。在线上，交易数据也可以得到行为数据的补充。例如，一个网络零售商可以跟踪网页访问量、每个页面的停留时间、页面访问的顺序，甚至消费者具体使用的网络工具。最后，零售商对零售环境做出的任何改变都可以得到快速且清晰的反馈。例如，今天价格展示的改变将导致明天购物模式的改变，而本周一个货架位置的改变可能会影响到本周结束时市场份额的数据。纷繁的行为现象、丰富的数据和快速的反馈或许让零售业成为检验行为干预措施的最佳实验场所之一！

The Last Mile

Creating Social and
Economic Value from
Behavioral Insights

14

最后一英里的最后一英里

在第 14 章中，你将找到以下问题的答案：

1. 政府和其他组织怎样把行为洞察力嵌入它们的运行之中？
2. 成为一个实验组织意味着什么？
3. 为了真正拥有行为洞察力，你的组织需要构建什么样的资源和能力？
4. 真正拥有行为洞察力的组织怎样做到既做得与众不同又做得更好？

我们已经来到了最后一英里的最后一英里节点上。各位读者是否还记得我在本书开篇呼吁大家就像认真对待第一英里那样对待最后一英里的问题。我认为在商业领域，第一英里反映了我们在设计策略、设计产品和设计计划等方面付出的努力。通过研究和开发，以及通过在政策开发和产品开发两方面所做的广泛投资，第一英里在会议室里落下帷幕。

另一方面，最后一英里主要集中在战术问题上，它关注的是方法和时间。它关注的是让人们真正买你的产品、接受你的服务或消费你的出售物。简而言之，让你的顾客和利益相关者按照你所希望的方式改变他们的行为。最后一英里通常谢幕于零售场所、消费者服务场所、你的呼叫中心、你的网页和你的服务热线，以及你的员工与你的顾客的互动上。

我在本书中还明确指出，我们大家，不管是一个政府、一家营利机构、一家非营利机构，还是一家小型初创企业，从根本上讲都是在从事改变人类行为的事业。这正是在最后一英里处所发生的事情。最后一英里的科学是有关行为变化的科学。本书后 12 章涵盖了涉及大量行为科学不同方法的内容，它们探讨了行为理论和框架以及影响行为的选择架构方法与决策拐杖之间的差异。

最后一个问题是："若要最后一英里问题获得圆满解决，我们需要做什么？"我曾在第 1 章中指出，一个试图掌控最后一英里问题的组织需要致力于三类活动：转化（将学术发现转化为管理上易于使用的洞察力）、应用（审核和监控公司与利益相关者之间的最后一英里互动）和干预（开发行为变化干预措施并通过对照试验检验它们）。而本章将进一步探讨为了实施上述三个策略，组织需要做的工作（见图 14-1）。

解决最后一英里问题

转化	应用	干预
将学术研究转化为易于理解的洞察力	审核决策过程	设计助推干预
提出规范的建议	监控决策过程的效率	试用干预，开展对照试验
仔细思考应用领域	确定瓶颈和待改善领域	监督成功的过程
	使用心理学工具确认机遇	重复和确认长期成功的因素

图 14-1 解决最后一英里问题

任何事情都是重要的

为了让行为变化成为企业运行乃至你的企业理念的中心，你需要在最后一英里处将两件事烂熟于心：请记住任何事情都是重要的。当你的顾客做出选择时，他们不仅受到你所提供的信息、你的产品的优点以及你的竞争对手产品的缺点的影响，还受到环境和他们当时情感状态的影响。从本书列举的各种例证可以看出，消费者的决策受你的产品展示方式、信息呈现方式、他们自己心态的影响，而且也受他们购买产品的迫切程度的影响。事实上，事物的多重性也对消费者决策有影响。

在开发你自己的最后一英里框架时，很重要的一点是避免怀揣"什么会奏效，什么不会奏效"这种先入为主的想法去靠近最后一英里。即便如此，还是有一些非常简单的指导原则供我们遵循。我们曾经在讲决策点的那章中讨论过一个原则，其具体内容是在决策过程中插入几个决策点可能影响人们改变他们的行为，尤其是他们的消费行为。类似地，如果你希望人们接受任何特殊行为，你的目标应该是使人们尽可能既轻松又充满乐趣地去实施那种行为。一方面，让决策变得轻松意味着移除决策点，并减少消费者在完成某一特殊行为时可能经历的摩擦。另一方面，如果你想阻止某些行为，那么你的目标将是引入若干决策点，供实施那种行为的人参考。不过，你通常需要牢记的是通过精心的实验收集干预措施的证据这件事非常重要。

有人可能辩称，很多公司为了推广并销售自己的产品，它们已经在使用我在本书中谈到的绝大多数理念。其实，我非常赞同这种说法。但与此同时，我很想知道这些公司在销售或推广自己的产品方面取得的成功是否源于一个专门为最后一英里开发的、以科学为基础的框架，或者是否源于少数几个人在最后一英里问题上的精彩发挥。

在政府层面或者在政策领域，已经有不少成功的选择架构的例子，它们帮助公民做出了更好的选择。例如，伴随行为洞察力团队（BIT）的组建，英国政府已经开始集中管理它的行为提案。这个团队还有一个称呼，叫"助推单元"。几年来，助推单元一直是一个与企业、非政府组织以及其他政府部门开展合作的独立的政府部门，它的作用是开发并检验干预措施。该团队组建于2010年，自此以后，它开展了多次实验，涵盖的领域包括能源利用、债务与舞弊、慈善捐助和守法纳税。通过出版报告和主持研讨会的方式，该团队在英国政府内教育并普及应用于公共政策和公共福利计划等领域的行为经济学方法。该团队自组建以来取得了极大的成功，已经确认了一系列行为维度，并节省成本逾3亿英镑。

该战略的成功也吸引了澳大利亚政府和新南威尔士州政府聘请该团队帮助它们将行为经济学方法应用于公共政策提案。英国政府最近将助推单元私有化，并使其成为非政府组织内斯塔（Nesta）的一个分支。此举为该团队提供了更大的活动空间和投资，增加了为政府乃至纳税人创造收入的潜力。

简单地说，英国政府创造出了一个集中式的内部咨询模型，为各政府部门提供行为洞察力，以帮助它们实施助推类型的干预措施。

在美国，卡斯·桑斯坦（目前在哈佛商学院工作）便曾担任信息管制事务办公室（OIRA）的行政长官。在其任期之内，桑斯坦提出了很多助推提案，其中包括智能信息披露提案和对美国农业部食物金字塔重新设计以及油耗标签。鉴于行为洞察力团队的成功，美国政府也组建了自己的社会与行为科学团队，以配合各类政府机构检验并实施行为干预措施。

在加拿大，联邦政府和安大略省政府最近均宣布了有关政策与福利计划的行为洞察力提案。

在世界其他地方，丹麦没有集中式的行为科学机构，但有几个政府部门均属于所谓的"丹麦助推网络"的成员，包括新加坡、欧盟、加拿大和印度在内的其他国家也在致力于将行为干预措施结合到它们的政策和福利计划之中。因此，公正地说，至少在政府和公共福利组织层面上，采用行为洞察力改善公共计划和实施过程的例证层出不穷。生态系统也因支持行为知情政策和福利计划的学术机构

（例如，BEA@R at Toronto）和非营利机构（例如，ideas42）的发展而进一步得到加强。

拥抱行为洞察力

在思考组织需要怎样做才能完全拥抱行为洞察力文化时，我愿意从两个层面探讨一下。

第一个层面与这些组织在工作中采用完全行为方法可以获得的结果有关。第二个层面涉及这些组织在工作中的方式方法。换句话说，它们在最后一英里问题上如何充分拥抱行为方法呢？

让我们首先把关注点放在第二个层面也就是需要采用的方法上。我认为使用最后一英里行为方法可以帮助机构获得三种结果，它们可以设计行为上更为知情的产品和政策。换句话说，创新经常失败的原因在于创新者对终端用户心理的理解存在缺陷。创新者通常认为，他们的产品或服务对终端用户的好处是显而易见的，因此终端用户或消费者将扫清他们所面临的任何障碍，以便购买和使用那种产品或服务。从另一方面讲，消费者根据环境构建价值，而且未必受真正理性的考虑驱动。牢记这一简单的洞察力将会鼓励创新者在行为上开发更为知情的产品和服务。

你怎样才能实现行为上更为知情的创新呢？第一，你要在生产和销售某种产品前清晰地表达出预期的价值定位。产品或服务会为消费者提供什么？用简单的消费者语言将其写出来，而非滔滔不绝地介绍产品或服务的属性。第二，你需要思考使用选择架构方法助推消费者购买和消费你的产品。第三，将创新（新产品）整合到现有的行为生态系统中也很重要。如果你的一款产品要求在消费行为上出现巨大变化，那么你的产品被你的消费者群体拒绝就不会让人感到奇怪。

我们再回到第一个层面，最后一英里行为方法肯定会帮助一个组织改善其生产和营销产品的方式。使用最后一英里行为方法的第二个好处是它可以帮助组织

The Last Mile
最后一英里

开发选择架构和决策拐杖方法，以引导消费者的决策。如果你是一家营利机构，你希望把消费者引导到对你有利的环境中。如果你是一家非营利机构或一个政府，你希望把消费者引导到对他们有利的环境中。无论在何种情况下，你都需要设计出可以引导消费者进入他们认为对自己有利的环境中的干预措施。这种方法还允许组织开发细致入微的方法，以便设计出类似决策拐杖这样的反向助推机制，帮助消费者获得更多数据并做出更好的决策。

最后一点，采用最后一英里行为方法将有助于公司或组织完全基于行为方面的考虑设计产品和服务。我们在本书中举过这样一个例子——"为了明天多储蓄"计划。这是一个胜过很多其他计划的很简单的行为计划。此类案例中还有一个名为"神奇闹钟"的产品，这款闹钟基于一个简单的理念，即当我们大家睡觉的时候都有意在早上 6 点钟醒来，但当早上 6 点来临时，我们都在试图按下止闹按钮。"神奇闹钟"采用一种简单的技术让闹钟从试图按下止闹按钮的睡觉者床边跑开。闹铃一响，它就从主人处跑开，借助传感器将自己隐藏在床下或角落里。等到睡觉者最终发现并按下止闹按钮时，他已经睡意全无，可能再也无法睡个回笼觉了。

然而，我有必要介绍另外一个使用行为方法设计产品或计划的例子，它源自沃顿商学院教授凯蒂·米尔克曼（Katy Milkman）。米尔克曼和她的合作者设计了一种由自己命名的"诱惑捆绑"计划，支撑该计划的理念非常简单。还记得我前面提到的复杂消费者吗？诱惑捆绑应用于此类消费者身上效果非常好，例如那些希望自己多锻炼但缺乏意志力的消费者。该计划进一步假定这些消费者喜欢某种类型的小说，比如说科幻小说。但他们还会产生罪恶感，认为阅读他人可能视为无用的此类文字是在浪费时间。

米尔克曼和同事提出了一个问题："如果这些消费者在健身房健身时只允许自己阅读科幻小说，将会出现什么情况？"这将鼓励他们开启前往健身房的探索之旅，他们很想知道小说中接下来的情节。更有趣的是，当把健身和读小说结合起来之后，他们还会更喜欢它们，因为他们降低了阅读的罪恶感，同时还因坚持有规律的锻炼而增加了一种成就感。如果有种方式能让你把应该去做的和希望去做的事情有效结合起来，那么你就实现了诱惑捆绑。

为了验证诱惑捆绑是否真的有效，米尔克曼及其同事在健身房开展了一项研究。他们随机将数百位健身会员分成两组。第一组（诱惑捆绑组）中，被试收到了一部借给他们使用的 iPad 以及从事先已经证明非常有吸引力的一份书单中挑选出的 4 部有声小说。在选择了这些小说后，被试一边开始收听一部小说的开头一边完成了一次锻炼。如果他们想知道接下来的小说情节，他们只能回到健身房，重新打开 iPad 并选择继续收听。

第二组也就是对照组中，被试开始也是完成了一组 30 分钟的锻炼，但他们并未收到有声小说，而是收到某书店的一张礼品券。研究人员发现，与对照组的被试相比，诱惑捆绑组的被试在该研究开展前 7 周内的健身率提高了 50%。

构建资源与文化

现在，让我们聚焦一个组织为了在最后一英里问题上成为行为专注的组织而要做的具体工作。在此，我们提出两大问题。第一个问题与组织正在从事改变行为的事业这种认识有关。在过去 20 年左右的时间里，我与几家营利的和非营利的组织有过合作，就与消费者在决策过程中采纳和效率有关的行为问题向它们提出过建议。所有与我合作过的组织都有一位经济顾问，但很少有哪家组织有行为顾问。在最后一英里问题上变得行为专注的第一步是认识到行为变化的重要性。

在如何将行为科学真正融入到组织中去的第二个问题上，有两大解决办法。正如我们看到的英国政府助推单元的例子，第一种方法就是创造一种集中式的行为团队，然后作为内部顾问就如何开展实验、设计助推和检验那些助推的效果等问题向其他团队提供专业知识。第二种方法是将行为专业知识以各种数据流的形式灌输到组织中。如果你身为一家典型性的商业组织的领导者，你可以把一位行为专家安排在你的产品开发团队，第二位行为专家放在营销团队，还有第三位行为专家为你的沟通团队服务。只要这些行为专家齐心协力，并就你寻求改变的行为的确切本质达成共识，那么无论你采用两种方法中的哪一种，它们都会为你的组织效力。

让每个组织变成所谓的"实验组织"也很重要。一个组织成为"实验组织"意味着什么呢？仅仅具有创新能力并不能让你的组织成为实验组织。类似地，仅仅偶尔尝试一些新东西也不会让你的组织成为实验组织。实验组织是致力于使用对照实验检验潜在干预措施效果的组织。

一个组织若变成实验组织需要做哪些工作呢？它应该有能力生成实验所需要的少量消费者、公民或选民子样本。另外，它很重要的一个特点是能够生成检验某一特定想法的一组对照条件以及最佳处理条件。你可以通过将消费者随机分配到不同的组别生成此类子样本。但请记住，实验组还可以细分。这就是说，你还需要把不同的干预措施传递到每个实验组中，而且要符合时间成本效益。

这种传递可以采用多种途径。你可以向不同的收件人发送内容不同的邮件，或者根据不同的对象提供不同的产品。关键在于，你能生成各种样本组，并通过不同的沟通方式或不同的产品对他们采取不同的对待方式。

你需要一个可以提供快速反馈和快速数据分析的系统。在你启动了一项实验并让不同的消费者群组接触到不同的产品或广告信息之后，你就需要一套程序来帮助你快速了解自己正在试图测量的结果变量受到了何种影响。结果变量可以是选择或态度上的变化，或者为你的产品付款意愿上的变化。

一旦你有能力收集这种快速反馈，你也希望确认自己可以高效地分析数据，然后把分析结果传递给可能需要开展后续实验的人。

退一步讲，让所有这一切发生的根源在于两种品质。第一种品质是对良好过程的需要。在前面的章节中，我用很大的篇幅谈到过确认和检验优秀助推干预措施的开发过程。真正希望接受行为方法的组织需要将这些过程真正地、深入地和广泛地灌输到组织中。要有能力自动审核消费者决策，确认决策过程瓶颈会被程式化地识别出来，并反馈给能够设计干预措施和消除那些瓶颈的人。这一点非常重要。

第二种品质是一种经验主义文化——一种看重具体信息价值的信念。那些希望采纳某种行为方法的组织需要接受数据,并承认有那些数据可以告诉你什么是真的,以及有哪些数据与之相对而仅仅停留在理论层面。

到目前为止,行为洞察力理论所拥有的活力还不足以与传统经济学理论的活力相提并论。这一点比较好理解,因为传统经济学理论面对的是人造的世界,而非真实的世界。也是因为行为科学还很年轻,而且它探索人类行为,同时影响人类行为的各种事物的数量又极其庞大。为了获得广泛的决策理论,我们需要一个包容我们在周围世界看到的几乎任何事物的理论。

这需要时间。在我们进入自由王国之前,我们中那些在该领域耕耘的人能否接受实证决策的概念,这点非常重要。我们需要借助证据告知政策,我们需要借助证据告知新产品的介绍性内容,而且我们需要借助证据把最有效的服务传递给消费者和我们的公民。

如果我们拥有实证行动文化,那么我们就能够有效利用实验有针对性地改善过程、产品和政策。

在本书已近尾声之际,我希望讨论几个经常被问及的问题。不过在此,我不会去辩论一个问题:"助推是邪恶的还是道德的?"我不希望辩论这个问题的理由是理查德·泰勒和卡斯·桑斯坦已经在他们的《助推》一书中做过极为深入的探讨。不管怎样,我将从两个层面上给出简要的意见。如果人们并不反对借助经济激励或广告影响自己的行为,那么他们也不应该反对使用选择架构影响自己的行为。进一步来讲,根据定义,任何让消费者完成他们希望完成的事情的选择架构干预措施都是道德的,而非邪恶的。只要我们拥有一种透明文化,即清楚地表明干预措施是如何设计的以及它们的设计初衷是为了获得什么,那么我认为,我们可以从使用任何和所有可供我们支配的工具设计行为变化的进程中受益。不管我们是否喜欢,我们所做的每一个决策都有一个默认选项,我们所做的每一个决策都处于一种环境下,我们所做的每一个决策都有以一种给定的方式呈现在我们面前的信息。

这些都是企业、政策制定者以及公共服务的传递者用以帮助人们做出更好决策的工具。在我看来，我们应当尽可能高效地利用它们，但需要制衡到位。

选择的大一统理论

我有个经常提到的问题关注了理论与实践的区别。请认真思考以下具体问题："从一个领域的角度出发，我们应当着力开发一种决策的大一统理论，还是应当仅仅注重发展一种实验文化呢？"

辩论双方都可以摆出很多好论点。从学术的角度说，如果我们没有理论，只做实验，那么我们作为专业学者根本不是在做我们应该做的事情。我们的学术目标是从理论上尝试并了解行为驱动力。所以说到底，决策行为领域的专业学者将寻求设计一种统一的决策理论。

以好理论作依托非常重要，因为理论指导我们实践。它知道我们正在检验什么，知道为什么那些特定的效应会发生，而上述两点进而告诉我们应该怎样去干预以及应该检验什么样的助推。另外，虽说我们永远不会拥有一种完美的理论，但不能就此认为我们应该放弃寻找完美理论的努力。与此同时，我们有具体的事情要做：处理实验过程中出现的各种问题。理论可以为我们指明方向，确认正确的干预措施，但理论并不擅长预测哪种干预措施占据主导地位或者它能产生多大影响。这样便可以解释，作为一位专业学者或者作为一个组织，我们培育一种实验文化并让数据告诉我们接下来该怎么做是非常重要的。

实验室实验还是现场研究

我经常提到的第二个问题与我们应当开展的研究或实验的类型有关。最佳的洞察力是源自人们在实验室环境下做出假定决策的实验，还是通过现场实验获得的？这一问题尤其令我感兴趣，因为它是 1993 年芝加哥大学博士生（本人也在其中）综合测验的一道题。

很显然，这些年来我一直在思索这个问题。我认为答案取决于我们处在研究和发现的哪个阶段。我认为科学（不论是自然科学还是社会科学）都要经历四个阶段的演化。我把第一阶段称为"发现阶段"。在这个阶段中，研究人员介入该领域并记录下新的现象。例如，很多年以前，伊塔马尔·西蒙森首先记录下了人们面临三种选择倾向于选择中间选项的事实。他做了几次实验来证明这一假设，并由此发展出一套被称为"折中效应"的理论。类似地，研究人员继续并系统性地观察到默认效应、持续启发，甚至前面章节讨论过的每日一便士效应之类的现象。

研究的第二阶段是理论检验阶段。在这个阶段，我们试图了解特殊现象发生的原因。为什么人们选择折中选项？为什么人们选择默认选项？可以增加人们购买可能性的每日一便士价格是什么意思？在这个阶段，研究人员都在尝试多次迭代，以便排除替代解释并发现基础理论的过程证据。如果我们有了很好的、理论性的表述来预测将要发生的事，我们便可以设计出严谨的实验，这样在特定条件下，理论便可以做出一项预测。在其他条件下，理论可能做出不同的预测。

处在设计行为变化环境下的第三阶段属于助推设计阶段。事实上，在这个阶段，如果我们希望通过某种特殊的策略帮助人们做出更好的选择的话，那我们就会仔细思考在整个过程中哪种类型的干预措施可能最好。我们可能会考虑在一个特定的时间点上采用若干不同的干预措施。我们可能希望尝试几种（也许有五六种）干预措施，以便确认哪种干预措施能给我们带来始终如一的效果。

最后，我们进入第四阶段，也就是所谓的"效用阶段"。在这个阶段中，我们已经选定了一种特殊的助推。为了尝试并改变我们的研究对象的行为，我们已经决定了我们希望做的事情。现在我们希望开始实验，并观察干预措施的影响有多大。

总而言之，研究分四个阶段。我需要指出发现过程最好在现场展开，因为一天下来，我们都在寻找可以概括为经验的东西。我们可以看到发生在多重地点、多重时间和多重文化综合作用下的各种现象是最强健的，现场就是一个展现发现过程的宏大场景。

理论的检验或许最好在实验室环境下完成，因为我们在这个阶段希望思考多重解释，我们试图收集能让我们的洞察力直达隐藏在这些效应背后的心理学的那些数据，我们期待做需要很高控制水平的实验。在现场环境下实现控制并非易事，因此第二阶段最好在实验室进行。

从后两个阶段的情况看，它们非常适合做现场实验。当你设计一项助推时，你已经清楚那种现象发生的原因。现在你知道，就你的干预措施而言，你可以控制它们。你可能会考虑把随机对照实验作为一种方法，以此确认在你已经识别出的因素中是哪个因素在现实世界里发挥实际作用。

当你检验效用时，你也会希望在现场考察它，因为那正是你要使用干预措施改善决策的地方。

助推还是素养

我经常提到的第三个问题是这样的："在改善福祉的问题上，助推或素养哪种方法更好？"我根本不认为这是一场争论。我认为把助推和素养作为竞争性的策略是不适当的。在帮助改善消费者福祉的问题上，两种策略均能发挥各自的作用。

事实上，正如我在前面已经指出的那样，我把福祉看作一个三条腿的板凳，其中有一条腿就是助推，另外两条腿分别是素养和激励。当你考虑设计任何计划以改善福祉时，你会面临三个不同的任务。第一个任务是帮助人们启动计划。在这方面，助推是一个特别有效的工具。

第二个任务是让人们参与该计划，让他们精神饱满地坚持到终点。此时助推可能还会派上用场，但另外两种方法可能更有帮助。前已述及，其中一种方法叫"游戏化"。

第三个任务是一旦消费者进入到计划当中,他们需要有一定程度的专业知识才能成功地完成计划。例如,如果这是一项金融福利计划,他们需要知道自己的经济目标是什么,以及什么样的投资组合才能帮助他们实现那个目标。在减肥项目中,他们需要知道健康饮食和锻炼达到怎样的平衡才能帮助他们完成目标。

当我把这三种驱动力比作一个板凳的三条腿时,你可以看到这个比喻是很生动的。如果你把三条腿的板凳去掉一条腿,整个板凳都会垮塌。我们应该把助推、素养和激励策略之间的平衡视为一个三条腿的板凳。

一次一个助推

直到我提笔写下最后一段文字时,我才意识到距离理查德·泰勒和卡斯·桑斯坦出版《助推》一书已经有 6 年之久了。在这 6 年间发生了太多的改变,但依然有更多的事情等待改变。6 年过去了,泰勒和桑斯坦用在《助推》封面上的大象已经成为人所共知的助推"代言人"。展望未来,为了把行为科学洞察力成功地植入政府和营利机构的 DNA 中,我们依然任重道远。我希望我们能够一次一个助推地前进。

附录1 The Last Mile
Creating Social and Economic Value from Behavioral Insights
行为洞察力与助推设计集锦

主动选择与强化主动选择

强调了需要做出的某个决策会增加决策过程关注度的事实。这一点在当选择通常为消极选择（例如，接受流感疫苗注射、续订健身俱乐部计划以及器官捐献等）时尤其有用。强化主动选择是指强调做出一项"否定"选择的代价的选项表述。

例证：

诊所并不是等个体光顾时才去动员其接受流感疫苗注射，而是主动询问其是否愿意接受一次（主动选择）。或者，可以为个体提供两个选择：(a) 是的，为了保护我和我的家人，我将接受一次流感疫苗注射；(b) 不，我甘愿让我和我的家人暴露在疾病的威胁之下。在主动选择时，接受流感疫苗注射的可能性应该会增加，而在强化主动选择时，这一可能性会进一步增加。

锚定

数值判断倾向于受到环境中可以获得的突出的数字的影响。这些突出的数字——我们称之为"锚"，甚至都不用将其与判断发生联系。

例证：

我们请来两组人估计澳大利亚城市珀斯的人口。在开始估计之前，一组人被问到是否想过该市的人口是多于还是少于5万人。第二组人被问到是否想过该市的人口是多于还是少于1000万人。两个实验组的实际估计值都显著偏高。

类似地，那些在之前的购物之旅中接触到高价商品的购物者更有可能在日后购买更便宜的商品。

非对称优势 / 诱饵

考虑两个在两种属性上有所不同的选项。A 在属性一上比 B 好，但在属性二上不如 B。现在加入第三选项 B*。B* 在两种属性上都不如 B，这样一来，人们把选择都转向了 B。B* 可以称为一种"诱饵"，因为它并非真正的优选对象，而是让选择在其他两个选项间漂移。

例证：

一位消费者无法在两种头戴式耳机间做出选择。耳机 A 的音质指数是 100，舒适度指数为 50。耳机 B 的音质指数是 50，舒适度指数为 100。第三种耳机 B* 的音质指数是 40，舒适度指数为 90。B* 将增加消费者选择 B 的可能性。

自动参与

让人们自动参与福利计划或公积金，但为他们提供退出选项，这会增加他们继续参与福利计划或公积金的可能性。

例证：

A 公司要求所有希望参与福利计划的员工签署一份表格，并将表格提交给人力资源部。B 公司让所有员工自动参与一个完全相同的福利计划，但允许他们不受任何处罚地退出，届时他们只需签署一份表格，并将表格提交给人力资源部即可。最终，B 公司福利计划的参与率显著高过 A 公司。

渠道因素

在一个任务导向型环境中，物理空间与环境的特征可以促进或者阻碍任务的完成。消除阻碍任务执行的特征将增加任务完成的可能性。

例证：

两组低收入消费者参加同一场有关开立银行账户重要性的讨论会。讨论会结束时，一个实验组拿到了开立银行账户的表格，而另一个实验组拿到表格之外还有一份地图和前往银行的交通指南。第二个实验组中开立银行账户的人明显超过第一组。

选择 VS 拒绝

人们被要求在两个选项中做出选择的方式可能改变他们用于做决策的信息。特别需要指出的是，要求人们在 A 和 B 之间做出选择会导致他们关注选择的理由（积极因素），而要求人们拒绝 A 或 B 会导致他们关注拒绝的理由（消极因素）。

例证：

一位经理正在准备从两位求职者中雇用一人。A 先生的所有四种相关属性较为均衡，而 B 先生有两种属性占优、两种属性较弱。当这位经理在二人当中选择时，他倾向于把 B 先生作为首选对象（有更多的理由选择 B）。而当经理拒绝其中一位时，他更倾向于拒绝 B 先生（有更多的理由拒绝 B）。

折中效应

当人们在三个选项（在两个维度上存在差异）中做出选择时，位居中间的选项（在两个维度上比较均衡）更有可能被选中。反过来说，如果把某个选项作为"折中"选项，那么该选项被选中的可能性会增加。在很难评估其质量的选项中做出选择时，这种效应表现得尤为强烈。

例证：

1. 一家加油站销售 89 号和 91 号辛烷汽油。在该站引进 94 号辛烷汽油之后，91 号汽油销量上升，因为它现在成了"折中"选项。
2. 在大多数出售三种规格饮品的咖啡店中，中间规格的咖啡是卖得最好的饮品。

解释水平

当事件将要在未来发生时,人们会从更高层次的利益角度来观察它。当同样的事件现在发生时,人们会根据具体的细节来观察它。对于那些具有高层次抽象利益却又牵涉到大量具体细节(努力)的事件而言,当临近发生日期时,人们的解释水平的变化会导致事件的吸引力减小。

例证:

尼尔被一则能学到一门新语言的广告给迷住了,便注册了会在两个月后开课的日语班。两个月过去了,由于公共交通不便、需要买书,还要放弃休闲活动,这些代价似乎太大了,于是他决定取消注册。

决策点

人们经常在做出消费决策后才开始进入消费场景,但其接下来就会被动地继续消费,直到消费受到限制为止。为了停下来并以一种积极的方式(决策点)思考消费,插入一个机会将会提高人们的警惕性,进而增大停止消费的可能性。决策点可以以提醒、小额交易成本或者实体分割的形式出现。

例证:

X 先生得到一大桶爆米花。Y 先生也得到了同样数量的爆米花,但将其装在四个相同大小的袋子里。假定他们都在有意控制消费,最终 Y 先生的消费量会少于 X 先生。

默认选择:选择性加入 VS 选择性退出

任何决策任务中的默认选择都是指如果个体未做选择,结果也会发生。如果人们选择不做选择的可能性高,那么把一个期望结果作为默认选择将会增加它被选中的可能性。

例证：

1. 在加拿大，希望捐献器官的公民必须履行登记程序。在法国，假定每个人都将捐献器官，但希望不捐献器官的公民可以履行一个取消登记程序。法国的器官捐献率明显高于加拿大。

2. 在 A 国，信用卡申请人必须签署一份同意书，允许将他们的邮寄地址共享到邮寄名单中。在 B 国，申请人为了防止他们的地址出现在邮寄名单中需要签署一份协议。A 国的普通公民收到的垃圾邮件要比 B 国少得多。

专款专用

指定面向某项特定事业的资金更有可能花在那项事业上，专款专用可以通过实际分拆资金的方式实现。

例证：

研究人员为印度的劳动者设定了在一个时间段内每天节省 40 卢比的目标。其中一些人被鼓励留出 40 卢比放在一个信封里专款专用，这些劳动者更有可能存下钱。

架构：收益 VS 损失（损失厌恶）

与将结果呈现为收益相比，将同样的结果呈现为损失会产生较大的心理影响。

例证：

1. 当一项 3% 的信用卡附加费被架构为现金折扣时，信用卡支付和现金支付的价格差更容易被视为是可以接受的。

2. 在一个街区内，一家公用事业公司的员工试图通过"如果你使用这些家电，你每月会节省 10 元钱"这样的宣传语劝说居民家庭购买节能家电。在第二个街区内，这一宣传语被改为了"如果你不使用这些家电，你每月将损失 10 元钱"。在第二个街区内，购买节能家电的可能性明显更高。

架构：每日一便士

让一大笔钱与每日费用数额相当可能会增加这笔费用被接受的程度。然而，如果每日费用数额非常大，该效应是相反的。

例证：

一家慈善机构动员人们为了某项事业捐献 350 元钱。后来，他们改变了请求，将这笔钱架构为"每天不到一元钱"。捐款显著增加。

目标可见性

当人们处在目标导向型任务之中时，如果目标是看得见的，那么为了完成这个目标，他们会非常努力地工作。

因此，提醒人们不要忘了他们的目标，让这个目标变得更突出或可见会增加他们的积极性。

例证：

1. 当游泳选手在游泳过程中面对泳道的终点时，他们会游得更快；而当他们从终点游开时，他们会游得较慢。
2. 把孩子的照片贴在存钱的信封上会增加那些正在为孩子攒学费的父母的储蓄率。

快乐编辑

人们为了受到最大的心理冲击会整合或分解货币结果。尤其是：

- 当单个损失优于多个损失时；
- 在存在大损失和小收益且收益应当与损失分开的情形下（一线希望原则）；
- 当多个收益优于单个收益时。

例证：

一家换胎收费 200 元钱的轮胎店推出了 10 元折扣，但这样的小收益与大价签放在一起真是微不足道。而另一家轮胎店在主顾换完轮胎两周之后为他们寄出一张价值 10 元的礼品券，通过把这个小收益分隔开来，他们让它的心理价值变大了。

心态：选择 VS 评估

所谓心态是指人类大脑处理信息的方式。当一个人已经做了大量选择时，他更有可能将接收到的（不相干的）信息视为一个选择问题。

例证：

一组人被要求在很多鸟中做出选择，"在下面这些鸟中，哪一种更具典型性呢？"（例如，"乌鸦还是企鹅呢？"）。第二组人被要求在一定规模的鸟类中评估（不是选择）更具典型性的鸟类。两组人都获得了购买商品的机会，他们可以选择 A 产品、B 产品或根本不选择。与那些仅仅做评估的人相比，那些在鸟群中做出选择的人更有可能做出选择，因此会做出购买的决定。

心态：审议 VS 实施

所谓心态是指人类大脑处理信息的方式。当一个人面临一大批事件并着手处理它们（而不仅仅是思考它们）时，他更有可能把接下来的事情都做了。

例证：

A 女士和 B 女士手头都有一项工作，要在三周之内完成，她们被问到什么时候着手做这项工作。在此之前，A 女士被问到已经完成的另外五项工作的价值；而 B 女士被问到她是如何完成另外五项工作的。B 女士更有可能早早启动自己的新工作。

支付痛苦和支付透明度

除了支付一定数额时存在消极性之外，支付方式会导致进一步的消极性。与其他并不那么透明的支付方法（例如，电子支付或直接借记）相比，某些特别透明的支付方法（例如，现金支付或支票支付）会带给人更多的痛苦。支付的痛苦决定了花钱的意愿。

例证：

1. 当一间自助洗衣店从接受现金支付改为接受预付费卡支付时，分类洗涤衣物的人数增加了。

2. 当中国香港一间自助餐厅从接受现金支付改为接受八达通卡（一张预付费电子卡）支付时，甜点和饮料的销量增加了。

分割 / 圈出

将具有多重属性的对象分割为单独的类别会增加那些替代选项之间在选择过程中的种类。

例证：

一家投资基金公司将所提供的投资基金按照来源国分类。其结果是，它们的客户因试图从不同的国家购买基金而实现投资多样化。当属于同一组的投资基金根据产业类型分类时，其因国家因素带来的多样化会减少，而因产业因素带来的多样化会扩大。

支付贬值

支付完成后，随着时间的推移，支付的痛苦会得到缓解。因此，沉没成本效应（消费已经付款事件所承受的压力）的强度也会随着时间而减弱。

例证：

自从交了会员年费之后，一家健身中心的会员出勤率便逐渐下降。相反，随着时间变化，那些按月付费的会员表现出更稳定的出勤率。

同侪计划和社会比较

在同侪存在的情况下做出承诺会增加跟随承诺出现适当行动的可能性。拥有高水平成就的同侪的存在也会增加取得类似成就的积极性。

例证：

1. 当一家自助团体储蓄计划成员定期碰面讨论进展和结果时，他们的储蓄率会增加。
2. 英国的家庭会收到鼓励他们按时纳税的信函。当这些信函中包括一份同侪表现的报告（例如，《90%的英国人按时纳税》）时，它们的效果会更好。

可感知到的进展

当执行目标导向型任务的人收到他们取得进展的反馈时，他们会更加积极地完成任务。他们的积极性不仅源自进展的实际程度，也源自他们对进展的感知。

例证：

1. 我们经常会遇到排长队的情况。排队通常有两种形式，一种是一字长队，当有人接受服务时，队列便向前移动；另一种是取号排队。站在第一种长队中的人更有可能继续等待下去。
2. 两组人拿到400行的待校对文稿。第一组收到了每页20行的文本，共20页；第二组收到了每页10行的文本，共40页。第二组的成员发现他们的翻阅速度更快，取得了更大的可感知进展，因此更有可能完成任务。

预先承诺

当人们审视未来的事件时，在做出选择的问题上，他们更有可能是理性的和聪明的。当同样的事件发生在当前时，人们会做出冲动的行动和愚蠢的选择。因此，助推人们做出明智选择的最佳方法是要他们为了未来做那些选择。

例证：

一家机构的雇员被问及他们是否愿意增加未来的储蓄率。大多数人表示同意，并承诺将他们未来涨的工资拿出一部分存入单独的储蓄账户。那些被要求多储蓄的人明显比那些接受传统理财师指导的人存的钱多。

自我意识 / 认同

任何增加人们作为"有道德人士"认同感的干预措施都将增加他们做出道德选择的可能性。然而，重要的是干预措施必须发生在选择做出之前。

例证：

无论是纳税申报表还是保险申报表，人们经常会在某些领域做出谎报（欺骗）的行为。在多数情形下，人们需要签署并声明该表内容为真，但这份声明是印在表格最后的，不管怎样，报告内容已经完成了。当声明被放在报告之前做出时，谎报和欺骗行为会明显减少。

单级决策 VS 多级决策

将同样的选择呈现为一个多级决策而不是一个单级决策可以改变选择任务的结果。

例证：

1. 第一组人（A 组）被告知，他们将玩一把彩票，并有 25% 的机会晋级下一轮。在本轮中，他们被要求从以下选项中做出选择：
   选项 1A：肯定得到 300 元钱；
   选项 2A：有 80% 的机会赢取 450 元钱，否则什么也得不到。
   第二组（B 组）被要求在两个赌注之间做出选择：
   选项 1B：有 25% 的机会赢取 300 元钱，否则什么也得不到；
   选项 2B：有 20% 的机会赢取 450 元钱，否则什么也得不到。

选项 1A 等同于 1B，选项 2A 等同于 2B。然而 A 组的人宁愿选择 1A 也不选择 2A（虚幻的确定性），而 B 组中的人宁愿选择 2B 而也不选择 1B（现在 450 元显然大于 300 元，而 20% 和 25% 之间的差别似乎并不大）。因此，将一次赌博呈现为一个两阶段决策可能会创造出一种虚幻的确定性并改变选择。

2. 一群朋友正在决定去哪家餐馆吃饭。在场景一中，他们被要求从中餐、意大利餐或泰餐中选一种。在场景二中，他们首先被问及是否愿意吃中餐，如果选否，再问他们喜欢泰餐还是意大利餐。在场景二中，选择中餐的可能性大大增加了。

沉没成本效应

已经为某项消费活动付费的人一直受到消费意愿的驱动，这样他们便可以心满意足地且没有损失地关闭他们的心理账户。预付费金额越高，消费的动力越大。

例证：

杰克和吉尔都拿到了一场篮球赛位置极佳的座票。在比赛当天，下了一场暴雪，比赛在电视上也有直播。吉尔决定待在家里看直播，而杰克不畏恶劣的路况继续去现场看球。吉尔是作为礼物得到那张球票的，但杰克为此付出了 100 元钱。

诱惑捆绑

创造一种机制，只有当消费积极向上的产品时，人们才能消费自己嗜好的东西，由此会增加积极向上的产品被消费的可能性。

例证：

有两组人被鼓励多多锻炼。其中一组人只有当他们在健身房时才能观看他们喜欢的电视剧，而另一组人却没有这样的限制。第一组中的人锻炼的频率更高，因为他们可以将自己的诱惑物与锻炼捆绑在一起。

交易脱钩

如果某个交易的具体形式很难把一个价签与每一笔消费联系起来，那么沉没成本效应的强度可能会变弱。

例证：

杰克和吉尔都有自己最喜欢的球队的季票。虽然他们花的钱相同，但季票的具体模式有所不同：杰克的季票采用一套优惠券的形式——每场比赛使用一张优惠券；吉尔的季票采用会员卡的形式，她每次进场看球前出示该卡。在一场比赛的当天，突遇暴雪，但这场比赛有电视直播。吉尔决定待在家里，而杰克不畏恶劣的路况继续去现场看球。他的球票形式使他更清醒地认识到如果不去看球，那他就是在"浪费"钱。

附录2

The Last Mile
Creating Social and Economic Value from Behavioral Insights

选择架构工具

工具1：审核决策检查表

决策的性质

1. 决策对个体重要吗，还是它几乎不受重视？
2. 什么样的时刻或事件激励个体依照决策行动？
3. 这是一个积极的还是一个无意识的、消极的选择？
4. 有多少选项是可用的？如果一个个体决定什么都不做，那么该决策的默认选项是什么？
5. 反馈是可用的吗，而且它是即时反馈吗？
6. 什么是激励机制？哪种激励机制居支配地位？哪种激励机制处在次要的位置？
7. 什么是附带成本（财务成本、社会成本、心理成本）？

信息源

1. 做一个决策需要具备什么知识或专长？
2. 信息或知识如何传递给个体，是通过图形、语音还是文本？
3. 信息流动是有序的吗？什么信息会首先呈现？什么信息会最后呈现？

个体心态的特征

1. 一个好决策带来的好处是延迟呈现还是会立刻体验到？
2. 决策通常是当个体处在情绪激昂的状态时做出的吗？
3. 决策需要运用意志力还是自控力（例如在吸烟、饮食和锻炼等方面）？

环境因素

1. 决策是在孤立的环境中还是在社会环境中做出的？
2. 决策是受媒体提供的信息影响还是受专家意见影响？
3. 同侪是决策主要的信息源吗？
4. 决策是否有一个应用过程，而且这个过程很难操控吗？

工具2：设计助推时需要提问的问题

启发式助推设计

1. 个体意识到自己需要做什么但却不能完成了吗？或者一种期望行为或期望行动需要被激活吗？

肯定回答：考虑自我控制策略。

否定回答：增加期望行为的突出性。

2. 他们受到的激励足以引发对自己的助推吗？

肯定回答：开发复杂的消费者可以接受的产品或服务。

否定回答：考虑可能被所有人看到但对那些受到激励的人特别有效的环境变化（默认选项、自动加入、信息呈现策略等）。

3. 采取行动时更有可能伴随认知水平的提高吗？或者个体目前受到认知超载的束缚了吗？

肯定回答：以最引人注目的方式提供相关信息。

否定回答：简化信息并提供决策助手。

4. 期望行动未能完成是因为一次竞争性行动还是因为惰性？那么，我们应当阻止这种竞争性行动还是鼓励目标行动呢？

肯定回答：锁定竞争性行为并采取助推措施阻止它。

否定回答：锁定焦点行为并采取助推措施完成它。

译者后记

The Last Mile
Creating Social and Economic Value from Behavioral Insights

　　这是一本好书！我想每位读者读到这里都会产生一种意犹未尽的感觉。迪利普·索曼不愧是一位拥有极高学术造诣的教授，他在本书中提供了很多知识"干货"，也解答了萦绕在很多人心头的种种疑问。

　　"最后一英里"问题并不是一个新问题，但长期以来并没有得到充分解决。究其原因，无论"最后一英里"涉及的各行各业还是社会生活的方方面面，它都处在整个价值创造链条的末端，带给我们的价值终归是有限的和非决定性的，且在不同环境下的应对之策也各不相同，所以在缺乏系统理论指导的情况下，这方面的进展并不令人满意。相信这本书的出版能够在解决"最后一英里"问题上助我们一臂之力。

　　在翻译这本书的过程中，有两方面让我感触颇深。

　　其一，这本书"很应景"。近年来，随着中国经济的快速发展，"最后一英里"问题也变得很突出，尤其在最接近原始主题的交通设施建设方面。以我所在的天津市为例。这几年地铁事业发展较快，地铁线路快速延伸，但因规划与现实并不同步，很多站点都修在远离居民区的位置。囿于运营效率和运营效益等诸多因素的影响，肩负解决"最后一英里"重任的公交行业并未立即在地铁站设站，或虽已设站但线路少、车辆间隔长，从而导致地铁站辐射区内的百姓享受不到舒适快捷的地铁服务，地铁运力也得不到充分发挥。鉴于此，西青区中北镇于2015年建立了政府主导的公共自行车系统，围绕地铁站、公交站、居住区和商业区设点，投放自行车400余辆，初步解决了交通出行的"最后一英里"问题。这个思路当时即借鉴了国外的公共单车模式。当然，自2016年以后社会资本涌入共享单车市场，形成遍地开花的局面，使得共享单车成为中国经济的新名片，也让我们的出行从未像现在这样轻松。

其二，这本书很实用。作者列举了很多我们生活中都会遇到的事例，并运用行为科学、心理学、管理科学和市场营销等多个学科的知识解释和解决"最后一英里"问题，让读者产生一种顿悟的感觉，也让这个话题变得生动有趣、易于理解。例如，折中效应的利用：当人们在三个选项中做出选择时，位居中间的选项更有可能被选中。最明显的例子是三种规格的咖啡一起卖，中间规格的咖啡卖得最好，即使实验设计者改变设计，将原本小杯咖啡变成了新的中杯咖啡，消费者竟然浑然不知，依然选择中杯咖啡，想来很是有趣。再比如，我们现在很多小两口花钱如流水，守着很高的收入却存不下钱。如果借鉴书中"白信封"的方法，改变储蓄行为，腾出其中一个人的余额宝、京东小金库或腾讯零钱通（制造少量交易成本），每个月一发工资就转进去500元钱，再专门建个电子记账本，名称就叫"给未来宝宝准备的托儿费"（增加提醒物）。几年之后，当他们真的有消费的需要时，是不是手头就宽裕了？

我在翻译过程中还出现了一个小花絮。作者在第1章中提到，在一次美国自驾游期间，作者在行驶了6个小时之后，终于在波士顿城外见到了一块交通指示牌，上面写着"波士顿，1英里"，然后便是各种堵车。其实我也有类似的遭遇，记得前几年开车送儿子到青岛上大学，在济青高速赶上大堵车，耽误了两个小时，我在见到"青岛市区"的路标后刚放下心来，随后同样遭遇了各种修路、架桥，而且交通导行标志也不清楚，又绕了近两个小时才抵达宾馆。这种同病相怜的感觉让我每次看到这本书的英文版封面上的"NUDGEVILLE 1 mile"，便恨不得将其改成"Qingdao 1 km"。

家庭是最温馨的生活港湾，最后还是感谢我的夫人张书芝女士和我的儿子王鹤冰在我翻译本书的过程中给予我的支持。

谢谢你们！我的家人和我的读者！

译者 王尔笙
2018年3月于天津

The Last Mile: Creating Social and Economic Value from Behavioral Insights by Dilip Soman

© University of Toronto Press 2015

Original edition published by Rotman-UTP Publishing

University of Toronto Press

Toronto, Canada.

Simplified Chinese translation copyright © 2018 by China Renmin University Press Co., Ltd.

Published by special arrangement with University of Toronto Press

ALL RIGHTS RESERVED.

本书中文简体字版由 Dilip Soman 经 University of Toronto Press 授权中国人民大学出版社在全球范围内独家出版发行。未经出版者书面许可，不得以任何方式抄袭、复制或节录本书中的任何部分。

版权所有，侵权必究。